"十二五"国家重点图书出版规划项目

西方古典学研究　*Library of Classical Studies*

编辑委员会

主　编：

黄　洋（复旦大学）

高峰枫（北京大学）

编　委：

陈　恒（上海师范大学）

李　猛（北京大学）

刘津瑜（美国德堡大学）

刘　玮（中国人民大学）

穆启乐（Fritz-Heiner Mutschler，德国德累斯顿大学；北京大学）

彭小瑜（北京大学）

吴　飞（北京大学）

吴天岳（北京大学）

徐向东（浙江大学）

薛　军（北京大学）

晏绍祥（首都师范大学）

岳秀坤（首都师范大学）

张　强（东北师范大学）

张　巍（复旦大学）

柏拉图的次优城邦：
《礼法》导论

三联剧：
《苏格拉底之后》

Plato's Second Best Society: An Introduction to the Laws
Trilogy: After Socrates

〔加拿大〕托马斯·罗宾逊（Thomas Robinson）著
张新刚 译 刘玮 编校

著作权合同登记号　图字:01-2014-4567

图书在版编目(CIP)数据

柏拉图的次优城邦:《礼法》导论;三联剧:《苏格拉底之后》/(加拿大)罗宾逊(Robinson,T.)著;张新刚译.—北京:北京大学出版社,2014.7
(西方古典学研究)
ISBN 978-7-301-24488-3

Ⅰ.①柏⋯　Ⅱ.①罗⋯②张⋯　Ⅲ.①古希腊罗马哲学-文集　Ⅳ.①B502.232-53

中国版本图书馆 CIP 数据核字(2014)第 153528 号

Plato's Second Best Society:An Introduction to the Laws;Trilogy：After Socrates.
© Thomas Robinson
Simplified Chinese Edition Copyright © 2014 by Peking University Press.
Published by arrangement with the author, Thomas Robinson.
All Rights Reserved.

书　　　名:	柏拉图的次优城邦:《礼法》导论;三联剧:《苏格拉底之后》
著作责任者:	〔加拿大〕托马斯·罗宾逊　著　张新刚　译　刘玮　编校
责 任 编 辑:	王晨玉
标 准 书 号:	ISBN 978-7-301-24488-3/B·1212
出 版 发 行:	北京大学出版社
地　　　址:	北京市海淀区成府路 205 号　100871
网　　　址:	http://www.pup.cn　新浪官方微博:@北京大学出版社
电 子 信 箱:	pkuwsz@126.com
电　　　话:	邮购部 62752015　发行部 62750672　出版部 62754962 编辑部 62752025
印　刷　者:	北京汇林印务有限公司
经　销　者:	新华书店 965 毫米×1300 毫米　16 开本　18.5 印张　227 千字 2014 年 7 月第 1 版　2014 年 7 月第 1 次印刷
定　　　价:	38.00 元

未经许可,不得以任何方式复制或抄袭本书之部分或全部内容。
版权所有,侵权必究
举报电话:010-62752024　电子信箱:fd@pup.pku.edu.cn

出于友谊和尊敬,我将本书献给刘玮,同时对他致以最诚挚的谢意

To Liu Wei, in friendship and respect, and with the deepest thanks.

"西方古典学研究"总序

古典学是西方一门具有悠久传统的学问,初时是以学习和通晓古希腊文和拉丁文为基础,研读和整理古代希腊拉丁文献,阐发其大意。18世纪中后期以来,古典教育成为西方人文教育的核心,古典学逐渐发展成为以多学科的视野和方法全面而深入研究希腊罗马文明的一个现代学科,也是西方知识体系中必不可少的基础人文学科。

在我国,明末即有士人与来华传教士陆续译介希腊拉丁文献,传播西方古典知识。进入20世纪,梁启超、周作人等不遗余力地介绍希腊文明,希冀以希腊之精神改造我们的国民性。鲁迅亦曾撰《斯巴达之魂》,以此呼唤中国的武士精神。1940年代,陈康开创了我国的希腊哲学研究,发出欲使欧美学者不通汉语为憾的豪言壮语。晚年周作人专事希腊文学译介,罗念生一生献身希腊文学翻译。更晚近,张竹明和王焕生亦致力于希腊和拉丁文学译介。就国内学科分化来看,古典知识基本被分割在文学、历史、哲学这些传统学科之中。1980年代初,我国世界古代史学科的开创者日知(林志纯)先生始倡建立古典学学科。时至今日,古典学作为一门学问已渐为学界所识,其在西学和人文研究中的地位日益凸显。在此背景之下,我们编辑出版这套"西方古典学研究"丛书,希冀它成为古典学学习者和研究者的一个知识与精神的园地。"古典学"一词在西文中固无歧义,但在中文中可包含多重意思。丛书取"西方古典学"之名,是为避免中文语境中的歧义。

收入本丛书的著述大体包括以下几类:一是我国学者的研究成果。

近年来国内开始出现一批严肃的西方古典学研究者，尤其是立志于从事西方古典学研究的青年学子。他们具有国际学术视野，其研究往往大胆而独具见解，代表了我国西方古典学研究的前沿水平和发展方向。二是国外学者的研究论著。我们选择翻译出版在一些重要领域或是重要问题上反映国外最新研究取向的论著，希望为国内研究者和学习者提供一定的指引。三是西方古典学研习者亟需的书籍，包括一些工具书和部分不常见的英译西方古典文献汇编。对这类书，我们采取影印原著的方式予以出版。四是关系到西方古典学学科基础建设的著述，尤其是西方古典文献的汉文译注。收入这类的著述要求直接从古希腊文和拉丁文原文译出，且译者要有研究基础，在翻译的同时做研究性评注。这是一项长远的事业，非经几代人的努力不能见成效，但又是亟需的学术积累。我们希望能从细小处着手，为这一项事业添砖加瓦。无论哪一类著述，我们在收入时都将以学术品质为要，倡导严谨、踏实、审慎的学风。

我们希望，这套丛书能够引领读者走进古希腊罗马文明的世界，也盼望西方古典学研习者共同关心、浇灌这片精神的园地，使之呈现常绿的景色。

"西方古典学研究"编委会

2013 年 7 月

编校者导言

这里呈献给读者的是多伦多大学的托马斯·罗宾逊(Thomas Robinson)教授及夫人2012年10月应聂敏里老师之邀作为"中国人民大学古希腊哲学名师讲座系列"的第三位主讲人(前两位分别是德国汉堡大学的多罗西娅·弗雷德[Dorothea Frede]教授和美国加州大学伯克利分校的安东尼·朗[Anthony A. Long]教授)访问北京的成果汇编,包括了他在人大就柏拉图的《礼法》(或译《法篇》或《法义》)所做的六次讲座,三部精选的哲学戏剧和他在北京第二外国语大学和北京师范大学讲座的文稿。

罗宾逊教授生于1936年,1967起任教于多伦多大学哲学系和古典学系,直到2002年荣休,他是国际知名的古希腊哲学专家,尤其以对前苏格拉底哲学和柏拉图哲学的研究闻名。他的主要贡献包括编辑、翻译和注疏了赫拉克利特的残篇(*Heraclitus: Fragments*, Toronto: University of Toronto Press, 1987*);编辑了智者研究的重要文本《对立论证》(*Contrasting Arguments: An Edition of the Dissoi Logoi*, New York: Arno Series, 1979);撰写了研究柏拉图灵魂学说的重要专著《柏拉图的心理学》(*Plato's Psychology*, Toronto: University of Toronto Press, 1970; 2nd ed., 1995),研究柏拉图《蒂迈欧》的专著《作为技艺对象的宇宙》(*Cosmos as Art Object*, Binghamton University: Global Academic Publica-

---

* 中译本:《赫拉克利特著作残篇》,楚荷译,广西师范大学出版社,2007。

tions, 2004),以及论文集《逻各斯与宇宙》(*Logos and Cosmos*, Sankt Augustin: Academia Verlag, 2008)。此外他还发表了百余篇学术论文,编辑了一些重要的古希腊哲学论文集和著作。

除了这些学术产出之外,罗宾逊教授在推动希腊哲学成为一个世界性学科方面做出了突出的贡献。一方面,他与几个希腊哲学研究的重要团体都有着密切关系:他是国际柏拉图学会(International Plato Society)的创始人之一,并在1995—1998年担任主席,他始终的理念都是让这个学会保持高度的国际性和民主性;他曾担任古希腊哲学协会(Society for Ancient Greek Philosophy)主席(1993—1995);他还是国际希腊哲学协会(International Association for Greek Philosophy)的荣誉主席(1993年至今)。另一方面,他以旺盛的精力努力以更加通俗的方式让更多人接触希腊哲学、理解希腊哲学,这包括录制有关希腊哲学和希腊思想的电视和电台节目;多次访问中国、日本、墨西哥、秘鲁、委内瑞拉、巴西、哥伦比亚、智利、南非等希腊哲学研究相对不够发达的国家,推动当地的希腊哲学研究;他还以自己出色的文学天赋,撰写了大量哲学戏剧,力图以更加平易的方式让希腊哲学走进更多读者、观众和学生的心灵(这些戏剧也被翻译成了希腊语、意大利语、德语、西班牙语等,并在一些国家上演)。由于罗宾逊教授在推广希腊哲学方面的突出贡献,1998年希腊政府授予他"亚里士多德奖"(Aristotle Award)。

罗宾逊教授此次访问带来的是他近年来主要关注但尚未发表的有关《礼法》的研究。《礼法》因为内容的庞杂和细节性,很长时间都没有得到学者们的广泛关注。最近的二十年间,这种情况有了明显的改观,在鲍伯尼奇(Bobonich)、梅修(Meyhew)、布里松(Brisson)、普拉多(Pradeau)、拉克斯(Laks)、利希(Lisi)、硕普斯道(Schoepsdau)等学者的推动下,《礼法》及其与柏拉图其他作品的关系得到了越来越多的关注和越来越细致的讨论。

罗宾逊教授的系列讲座充分结合了上面提到的这些研究成果,并在很多方面提出了自己的见解。在两周的访问时间里,他围绕《礼法》做了六次讲座,言简意赅地讨论了《礼法》与《理想国》《政治家》的关系,《礼法》中的主要论题(包括与柏拉图之前的政治哲学一脉相承的对德性的教育、与之前政治哲学不同的对民主制和君主制的混用、《礼法》中特有的对违法行动的惩罚、以神[而非形式或理念]为一切政治和道德学说奠基的观念,以及如何维系这个次优政体),最后以整体评价《礼法》的主要贡献和依然存在的疑虑作结。他用并不非常技术化的方式全面地处理了《礼法》的起承转合、前因后果。他还为读者准备了详细的参考文献说明,按照主题将相对晚近的重要文献分门别类。这些都对读者进一步阅读和研究《礼法》很有指导意义。罗宾逊教授讲座的一个独特之处在于他充分发挥了自己撰写戏剧的文学天赋,在前五次讲座最后,他都引入了读者和柏拉图的虚拟对话(那些我扮演"读者",他扮演"柏拉图"的有趣对话让我难以忘怀)。这些对话或者强调重点、或者推进讨论、或者提出质疑,他有时让柏拉图做出澄清、有时为柏拉图进行辩护、有时也迫使柏拉图做出让步,但是无论如何他都是在尽可能地用柏拉图自己的方式来理解柏拉图、思考柏拉图。我希望这些讲稿的出版,能在国内学者中间引发对《礼法》的进一步讨论。

罗宾逊教授的夫人,加拿大著名历史和政治作家爱尔纳·帕里斯(Erna Paris)女士也应我们的邀请,在"人大伦理学论坛"上做了题为"政治 vs. 正义:国际刑事法院的惊人诞生"的讲座。

除了在人大的讲座之外,罗宾逊教授及夫人还应王柯平和胡继华老师之邀访问了北京第二外国语大学,在那里他做了题为"未择之路:对女性和动物本性的古典理解"的讲座,并组织学生朗读并讨论了他的哲学戏剧《伯里克利与阿斯帕西亚》。罗宾逊教授及夫人还应廖申白老师之邀访问了北京师范大学,再次做了"未择之路"的讲座。在这里我要感谢三位老师让罗宾逊教授的此次北京之行更加丰富多彩。

在最终编订这部文稿的时候,罗宾逊教授从他已经完成的 17 部戏剧中挑选了与理解柏拉图哲学关系最为密切的三部,希望它们能够在一定程度上补充理解柏拉图的历史背景,提供进一步思考柏拉图以及《礼法》的线索(尤其是第三部直接与《礼法》相关),同时给阅读带来更多的兴味。同时,令人高兴的是,这也是他的哲学戏剧第一次被译为中文出版。

  我要感谢罗宾逊教授及夫人带来的精彩讲座;感谢所有参加讲座的老师和同学对"名师讲座系列"的支持;感谢好友张新刚为翻译这部集哲学与文学于一身的文集所付出的努力,他在哲学上精到、在文学上幽默的译笔无疑为本书增添了很多光彩。最后,感谢北大出版社的田炜、吴敏和王晨玉三位编辑,她们的出色工作保证了这部文稿能以高质量和高效率与读者见面。

刘玮

2014 年 6 月 23 日

于中国人民大学人文楼

作者序言

一目了然,本书分为两个部分。第一部分是关于柏拉图《礼法》的标准学术著作,源于2012年春我在中国人民大学做的一系列讲座。第二部分是发生在公元前4世纪的三联剧,柏拉图是戏剧的主角。就我所知,将这两类内容放进一本书中的尝试尚属首次。

对于柏拉图的学术著作部分我没有太多要交待,只想指出我在每一章最后都利用采访技巧,来进一步阐发我认为柏拉图在《礼法》某一卷或某几卷中讲述的核心议题。就戏剧部分来说,需要告诉那些不太习惯看到历史人物通过戏剧出场的读者,我将这部分放进本书的初衷。最近这些年来,我一直尝试用与著名历史人物戏剧性的相遇来补充我的学术讲座,有时候是我和这些人进行一对一的讨论;而另一些时候,在戏剧语境之中那些著名人物不是和我讨论,而是彼此互相讨论。这些戏剧的大部分场景都设置在举办奥林匹克赛会的年份,在三个连续的寂静夜晚,参与者暂时从观看激烈竞赛的紧张中得到放松,并代以参加他们自己的心智奥林匹克赛会。

戏剧中的很多人是著名的哲学家,如柏拉图和亚里士多德,其他人还有知名的建筑师、雕塑家、剧作家或政治家。但是他们有一点是共同的,都愿意参与对普天之下任何事情的热烈讨论,其中也包括哲学。辩论有时会很激烈,但是像阿里斯托芬或其他类似人物在场会确保气氛不会太过沉重。

在本书中,我之所以将三联剧《苏格拉底之后》放进来,是因为这三部剧贯穿了柏拉图从开始写作(396BCE)到哲学写作的高峰(前360)再到辞世(前348)的整个阶段。在这三部戏剧中,柏拉图讨论了其著作,而在最后一部中,由于受到学园中带有疑虑的学生的巨大压力,柏拉图花费了很大力气来捍卫自己在之前八到九年间一直在写的著作中提出的观点,也就是本书所要处理的对象——《礼法》。

托马斯·罗宾逊

2013年3月

于多伦多

目 录

"西方古典学研究"总序　　1
编校者导言　　1
作者序言　　1

柏拉图的次优城邦:《礼法》导论　　1

第一章　作为范型的美丽城　　3
第二章　德性教化　　21
第三章　民主转向　　40
第四章　犯罪与惩罚　　56
第五章　神权转向　　74
第六章　城邦的维系　　94
参考文献导言　　111
参考文献　　117

公元前4世纪的三联剧:《苏格拉底之后》　　135

引言　　137
人物　　140
第96届奥运会:回忆苏格拉底　　145
第105届奥运会:搏击　　185
第108届奥运会:陷入困境的柏拉图　　226

附录　未择之路:对女性和动物本性的古典理解　　273

柏拉图的次优城邦:《礼法》导论

第一章　作为范型的美丽城

首先我要交待一下本书的结构。因为《理想国》是大部分人都会阅读的柏拉图对话，所以我只用一章，也就是第一章来谈论它。在剩下的章节中，除了第二章开篇简要概述《政治家》外，其他内容都集中于柏拉图的最后一篇对话《礼法》。因为《礼法》仍然是阅读者寥寥的对话，所以我花了很多时间来阐发柏拉图如何在该书中讨论我认为政治哲学中最重要的论题。同时，我也借此机会从他所说的内容中探索更具推测性的观点，这部分以我与作者对话的方式展开。大部分章节的对话都相对较短，只有第五章的较长，交谈也相对充分且紧张。在最后一章的结尾，我对我认为的柏拉图最后一部对话所达至的结论做了自己的评价。

毋庸置疑，到了"特定年纪"的大多数人都能回忆起自己在听到约翰·肯尼迪遇刺的消息时正在做什么，以及这则新闻对自己产生的影响。同样的，很多人似乎也能回忆起他们第一次阅读柏拉图的《理想国》产生的影响。这种通常会持续一生的影响非常多样化，在开篇这一章中，我计划先考察一下为什么会这样，以及它在目前我们所关心的很多领域中可能的启示。我对此有特别的兴趣，还因为我在很久以前就发现这是许多人阅读过的柏拉图的唯一一部政治对话，并以此为据对柏拉图进行评价。在本书结束之前，我希望能展现一幅更为复杂的柏拉图政治思想的图景，并使我们能更精微地评价柏拉图的成就。

首先我简要梳理一下这部对话的起承转合。之后，我将具体地考察对话中提到的一些主题,多年来这些主题对很多读者来说都是惊人的,我会特别注意它们在不同的政治和其他形式的信念中对读者产生的不同、有时甚至截然相反的影响。此后,我会将注意力转向探究这一现象之所以产生,以及实际上将继续发生的原因。究竟是《理想国》的形式,还是其内容,抑或这两者,使得它可以有如此多样的解释?在结论部分,我会提出一些原因来说明为什么以及以何种思路,《理想国》仍然是非常值得阅读的,我会通过与柏拉图的简短交流来阐明我的观点。

《理想国》有六个对话者,其中有两个只是在开篇的时候在场,之后再也没有出场。在其他地方几乎不为人知的智者色拉叙马霍斯(Thrasymachus)是第三个对话者,他在第一卷中是强有力的参与者,在发表了一番粗鲁的评论之后在整部对话中都保持沉默。其他三个人,苏格拉底和柏拉图的两个兄弟格劳孔(Glaucon)和阿德曼图斯(Adeimantus)是自始至终的主要参加者。讨论的话题是正义,并很快导出苏格拉底的观点,即正义很显然是一种以基本而持久的方式对我们一直有益的德性,而不管在大部分人看来它会给个人和社会带来可怕和无法忍受的后果。苏格拉底并没有被色拉叙马霍斯的相反观点和嘲笑吓住,而是进一步向迷惑的格劳孔和阿德曼图斯重新提出,正义的行动永远是正确的,并在最深层的意义上是有益的,而不管大部分人会认为的不合理结果,比如一生遭受身体和精神的折磨,被剥夺所有权利,以及可能是最糟糕的结果——彻底摧毁最为珍视的东西,即人在家庭、朋友、社会甚或是诸神那里的好名声,这些人或神对我们善好的赏识决定了我们此世或来世生活的质量和幸福。

这一主张甚为重大,在《理想国》剩下的部分中,苏格拉底都是在努力证成它,首先是用城邦的宏观结构,继之以个体灵魂的微观结构来证明。探究一开始便令人惊奇。苏格拉底说,城邦(society)*是自然的,即便并非必然的历史发展过程,是从小型的、相对而言并不复杂的状态开始的,在其中每个人(这里的人是指男性,而非"个人";这里谈的是古希腊)都有且只有一项工作,该工作最符合他的自然本性。在这个城邦中,人们的基本需求满足于最低限度的商业和对奢侈物品最低限度的生产和消费。苏格拉底称这样的城邦是"健康的";格劳孔说如果要建立一个猪的共同体也会设置同样的规则(372d1-6)。他对每个人独一无二的自然禀赋并无疑问。

与对这些事务的希腊悲观主义传统一致,苏格拉底接着描述了城邦从最初简单的自足状态衰落,变成了他眼中当时的雅典,这一点很容易看出来。他说这是一个不健康的城邦,它肥胖、肿胀、奢侈,导致这一衰落大体上有两个原因:一人一事原则在很大范围内被打破,以及他称之为"模仿者"的人在城邦中大量滋生,"模仿者"的重要性会很快显现。不管对苏格拉底来说正义为何物,但肯定不是现在出现的这种城邦。还会有别的城邦能够表现正义吗?

是的,苏格拉底说,但是必须要满足一系列特殊的条件。第一条就是对灵魂和身体的健康教育体系,特别是针对灵魂的。这套教育体系包括建立一种教育环境,而建立这种环境是基于所谓教育的"模仿"理论,根据这一理论,我们会通过特殊教育环境潜移默化的影响成长为相应的人。对于希腊人来说,他们大部分不能读写的教育环境实际上指戏剧节日、吟游诗人吟诵之类的艺术环境,以及始终矗立的城邦公共建筑、塑像和神庙,所有这些都被置于他们居住的乡村超凡脱俗的自然美之中。

---

* 作者在本书中通常使用 society 一词来讨论柏拉图及当时希腊的政治体,该词本应翻译为"社会",但考虑到古代希腊并没有"社会"这一概念,没有特殊情况下,本文统一将 society 翻译为"城邦"。——译者注

苏格拉底说,由于我们的目标是培养出灵魂美好并拥有最大理性和知识的公民,那么真正良好城邦的适宜艺术环境,就戏剧、文学、音乐和视觉艺术而言,就应该包括内容上的真实与形式上的美好。他极力质疑,如果人们被丑陋刺耳的视听艺术包围,永远被通过戏剧和其他形式的文学所传达的视觉映像欺骗,怎么可能实现那个目标?由此而来的结果就是一系列会吓到初读《理想国》的读者的建议,这些建议也一直引发后世的讨论。

比如说,对当时希腊人来说最接近于圣书的荷马史诗在理想城邦中(*kallipolis*,"美丽城")中被大幅削减,原因有多种。首先,有两首诗错误地谈论诸神,苏格拉底说诸神是好的,并且只能是好的,从不会欺骗人,并且绝不可能像人一样;实际上,如同一个世纪前克塞诺芬尼(Xenophanes)所主张的,苏格拉底说只有一个神。诗人们还描绘了一个充满暴力、凶残和许多不符合苏格拉底德性活动的世界:比如说英雄们有时嚎啕大哭等。很多希腊悲剧和喜剧也基于同样的原因遭受到与荷马一样的命运。而就音乐来说,在苏格拉底看来,很多音乐的节奏太过柔弱,会制造靡靡之情,而无助于战士公民感情的培养;这种音乐也必须被无情地剔除出去。有害的艺术形式的清单越列越长,到最后(这个过程很长,几乎没有遗漏任何细节)人们会怀疑除了一两个伊索的寓言、或许还有品达的几首英雄颂歌,以及大量军队进行曲外,究竟还有多少希腊的艺术环境会保留下来。

但是我们必须如苏格拉底自己那样,回到这些改革的总体目的上来,即理解正义的本性。他说,如果我们能正确理解灵魂的话,就有可能正确理解正义的本性。理性的自我是最本真的自我,灵魂和城邦实际上都分为三部分。从城邦开始,苏格拉底论证他的理想城邦像任何城邦一样,包含三个群体:领导者阶层(他称为"护卫者"[guardians]),战士—治安阶层(他称之为"辅助者"[auxiliaries]),还有其他人。与其他城邦不同,在理想城邦中三个群体的成员都具备了独特的禀赋去担任各自的职司。他指出,这从一开始就会由通常翻译为"高贵的谎言"(我将会在后面讨论这一点)的特殊机制所保证,城邦的所有成员都会被这个神话说服,即我们灵魂中金银铜铁的数量是被给定的,三个阶层或阶级中只有一个才是他们的自然位置,各安其位才能够最大限度地有利于城邦,并实现自己最大的福祉(well-being)*。他补充道,这至少通常是真的;这一规律偶尔会出现意外,因为能够预见在这一体系中会出现个别情况的提升和降级。

就护卫者的生活来说(从这以后,《理想国》主要关心这部分人),将会是公共的、斯巴达式的生活;他们没有私人钱财,他们接受的教育是苏格拉底非常推崇的,绝对不变的,任何变更此种完美教育的努力都必然被说成是朝向更坏的改变。

苏格拉底接着论证说,灵魂如城邦一样也是三分的,分别为理性、意气(类似于"意志力")和欲望。将我们最初在品达那里看到的四主德——智慧、正义、节制和勇敢——应用于这一结构时,他毫无困难地将智慧界定为灵魂理性部分的特殊德性,勇敢是意气部分的特殊德性。节制的界定要困难一些,最后将其定位于灵魂三部分皆有的,并用拟人术语将其界定为对于三个部分谁应该统治,谁应该被统治的一致意见。这就剩下一种德性需要界定了,即正义,他将之定义为灵魂各部分"做自己的事"。这样正义就是灵魂中的均衡状态,推而广之就是城邦中的均衡状态。但是在标准的希腊医学术语中,均衡是对机体健康的描述。所以正义在个人和社会中是健康的形式。(继续完成他的推理)有哪个心智正常的人会否认健康总是比疾病更好,或认为疾病比健康更有好处呢?所以,现在正义被视为个人和城邦机体的健康状态,那它

---

* 作者对 eudaimonia 有自己独特的理解,详见下文,他并不主张将该词翻译为"幸福"(happiness),而应翻译为"福祉"(well-being),来表示作为"状态"而非"感觉"的"幸福"。作者的这一区分在中文中很难找到对应的表达,译者将 happiness 统一翻译为"幸福",而将 well-bing 统一译为"福祉",以示区分,下同。——译者注

就总是比不义更可取,并总是比不义更有益。他说的有益是指带来福祉(well-being),这样他就能总结其论证说,正如健康状态是机体的最大福祉一样,正义的状态也是灵魂或城邦的最大福祉(eudaimonia,有时被误导性地翻译为"幸福")。

苏格拉底用极为清晰的推理似乎回答了他一开始要解决的问题,《理想国》似乎可以收尾了。但为何还有剩下的六卷呢?一个可能的回答是,它曾经确实是这部对话的结尾,但在好奇的(如果不是警觉的)读者和朋友的疑问之下,柏拉图决定用更长的篇幅来讨论更多的议题。不管怎样,第五卷以阿德曼图斯质疑苏格拉底在之前讨论中顺带提到的一件事开头(当时并没提出),即护卫者们的共同生活要求他们的妻子和孩子共有!苏格拉底的回答不但没有放弃自己的观点,反而重申了它,并且花了相当的篇幅增加并辩护了另外两点,我们知道这两点从一出现就是人们争论的要点:首先,在统治理想城邦的事务上面,除了少许的力量差别外,拥有良好出身背景和教育的女性应该有能力如男人一样统治。其次,在这样一个城邦中,统治者永远是哲学家("爱智慧者"),而哲学家也永远是统治者。当被问到这一理想能否实现时(502c),苏格拉底说非常困难,但并非绝无可能。

在谈到未来的女性护卫者时,我说了"良好的出身背景和教育"。这当然是指《理想国》总是引人瞩目的一个特征:即苏格拉底提出,护卫者能且只能通过严格细致的优生政策和教育体系制造出来。就前者(优生)而言,它包括舍弃我们现在理解的家庭;在每年的神圣节日,被挑选出的女人被允许和拣选出的男人繁衍后代,所有后代将在公共育婴体系下被抚养长大。苏格拉底没有描述他(她)们十八岁前的教育,但至少可以推想,之前讨论中刚提到的那些被认为是粗陋和虚假的内容都会被预先过滤掉。从十八岁到二十岁,孩子们必须参加强制兵役,之后接受十年的高等数学教育,再有五年接受苏格拉底称之为"辩证法"的教育,最后参加十五年的公共服务。这样我们潜在的护卫者已经五十岁了,之后他们就可能成为真正的护卫者了。

要理解这一计划,我们必须先考察一下苏格拉底用来支撑这一体系的形而上学和知识理论。苏格拉底说认知(knowing)和拥有意见是两种不同的意识状态,有两种不同的对象。意见的对象是我们周围的世界,即有时间和空间的世界。认知的对象是一组完美的个别事物,它们并不在时空之中,它们被称为形式(Forms,有时被误译为"理念"[Ideas]),正是由于它们,所有的事物才是其所是。在苏格拉底看来,既然我们未来的护卫者必须拥有知识而非只有意见,他们就需要远超出城邦其他人所接受的教育培养。这通过一步步考察实在越来越抽象的方面得以实现,这一考察开始于作为各种数学对象的纯粹数量,结束于审美和道德的形式,比如美、勇敢、正义,它们是纯粹和绝对的实在,甚至没有量的性质,但它们是原型,正是由于它们,实在的各个方面——道德的、审美的以及物理的——得以是其所是,并且有理由成为这样。

探究的后一个过程"辩证法"也只是倒数第二个阶段。因为万有的最终形式超越了所有其他,被苏格拉底赋予无比的威严与力量(509b),这一形式并非通过某种教育技艺所能获得,包括他刚刚列出的那些,虽然这些技艺确实构成达到这一知识的必要条件。这一形式被称为善的形式,正是由于它,苏格拉底的最终假设(这个假设最初在《斐多》中被勾勒出来)被确凿无疑地确定下来。根据这一假设,不仅是我们所熟悉的世界中包括道德和审美在内的各个方面,都享有特定的实在性(事实证明与形式相比,并不是很高程度的实在性),而且与实在的其他性质一道,这种**方式**也是**最好的**。

这些观点让人兴奋,我们也知道它们从一开始就招致反对。但我们先把它们放在一边,这样才能很快地勾勒整幅图景。在第七卷结尾处,苏格拉底重复了这一观点,即便将此观念变成现实非常困难,但并非绝无可能,这次他甚至提供了可能的触发机制(540e-541a):将除老人和十岁以下的孩子之外的所有人都驱逐出城邦!在第八和第九卷中,苏格拉底描述了政体衰败的自然方式,如他所言,一旦理想城邦出了任何问题,这衰败就将发生在三分的城邦中(同样的情形也发生在三分的灵魂中)。整个衰败遵循可预见的路径,随着城邦的理性部分(即统治者)逐渐被非理性部分(即公民的大多数)推翻,必将导致一人一事规则被抛弃,最重要的是彻底丧失了对于谁应该统治、谁应该被统治的全部认识。苏格拉底在一段辛辣的讽刺中说,这样一个令人惋惜的城邦就是民主城邦,它只比最坏和最不义的僭主城邦好一点,在后者中,城邦的理性部分完全被非理性部分颠覆,一个强人把控权力,他的灵魂状态则是这一颠覆的例示。但是如我们前面看到的那样,这样的灵魂处于极端的不均衡状态,所以是不健康和不义的。谁会选择不健康而非健康呢,如我们前面已经讨论过的一样。这样论证归于圆满,《理想国》在卷九结尾处似乎又一次来到了自然的终点,如同在卷四末尾那样。可能非常重要的是,在总体结论中包含了第三次对如下问题的回答:这一理想城邦有可能实现吗?但这一次,答案不再像前面几次那么乐观了。他说,我描绘的可能只是一个范型,而实际上永远不能见到其实现。

卷十看起来是对整部对话之前写过和讨论过的主题的又一次回归,这是对话之前论及的对当时艺术和教育的攻击。如果有人期望苏格拉底稍微收敛一些的话,那他就大错特错了。相反,他热切地掌握着两种在先前讨论中没有使用过,甚至没有提起过的武器,即形式理论和灵魂三分的观念,提出了更具挑战性的观点。

他首先论证说,技艺的世界,不管是哪一种,都是我们通过感观所认知的世界的摹本,而后者又至多是形式世界的摹本。但是他说,摹本比原型的实在等级低。因此如果计数的话,技艺的世界离形式世界这个真正的实在有三层远。简言之,对那些有志于更强意义上的实在的人来说,技艺世界的重要性要大打折扣。他的第二个论证是,这样的技艺,不仅是其中的某种技艺,对我们灵魂最低的本能欲望部分有吸引力,而且其本性会破坏标志着理性、正义和最大福祉的均衡状态。

这些就是他对技艺最终的惊人论断。之后,对话就以对不朽的讨论和著名的来世神话,即厄尔的神话(Myth of Er)收尾。

我尽了最大努力来勾勒《理想国》起承转合的大致纲要。现在我要转向一些不同类型的读者都会感兴趣的主要议题,以及这些读者曾经并继续会受到影响的方式。我先将这些议题列在下面(没有明确的先后次序):

(1)拥有良好出身背景和教育的女性,如男性一样有能力来统治理想城邦。

(2)护卫者生活中没有家庭和私有财产;孩子的生育由挑选出来的,在理智、道德和身体素质上更为优越的处于生育期的男女进行,这一挑选过程表面上通过抽签制度决定,而实际上是由够格的护卫者控制。

(3)如果需要的话,向城邦的不同阶层宣传高贵的谎言,以确保他们安于自己在整个大框架内所处的恰当位置。

(4)在理想城邦中,对艺术的严格审查制度是教育的一部分,无论是对护卫者的教育还是对大众的教育都是如此。审查通过的艺术必须被视作是对城邦整体利益有好处的,而非为其自身,它的特征是形式上的美和内容上的真。

(5)在理想城邦中,每个人都运用并且只能运用一项禀赋,而统治的禀赋只有护卫者能够运用。

(6)在所有的政治体制中,雅典式的民主是倒数第二的政体,只比僭政好一点。

我们可以从柏拉图《蒂迈欧》的开头和亚里士多德《政治学》的卷二得知,以上这些在《理想国》最初的读者那里就是热点问题,对它们的讨论仍在继续。大家对这些提法众说纷纭,差别很大。负面意义上最大的攻击可能来自卡尔·波普尔(Karl Popper)。① 波普尔在书中斥责柏拉图(和黑格尔)为"历史主义者",是民主制的敌人,他们的作品和思想对健康的政治思考造成了毁灭性的伤害,并为极权主义的兴起铺设了重要道路。另外的攻击来自像奥尔本·温斯皮尔(Alban Winspear)②这样的人,但这些攻击完全是从左派角度进行;柏拉图被指责要为法西斯主义的崛起负责。还有一些学者从稍微不同的角度,批评《理想国》的形而上学和认识论,像欧文(G. E. L. Owen)③这样的学者曾撰文认为这部对话充满了他私下说的(其实并不是那么私下)柏拉图"疯癫"阶段的胡思乱想。

而《理想国》之友不论在过去还是现在都要多得多,只不过他们的立场有重大差别。无视苏格拉底关于其理论可能永远无法实现的观点,亚历山大·柯瓦雷(Alexandre Koyré)④在1945年提出《理想国》是战后欧洲各国重建的极佳蓝图(不过他并没有受到重视)。在过去一个世纪和本世纪最初这些年的牛津和剑桥,《理想国》被视为训练帝国统治者的绝佳基础。青年温斯皮尔的经历对于一代代人来说无疑也是真真切切的。他告诉我,早在1920年代,他作为牛津的一位罗德访问学者(Rhodes scholar),在听到西奇威克(Sidgwick)教授关于《理想国》讲座的开场白时非常震惊:"先生们,你们就是未来的护卫者!"

在欧洲其他地方,一种与此不同但同样正面的态度得以扎根。比方说,可以想象,对于希特勒时期德国的很多教员来说,《理想国》对只由够格的人来统治的秩序井然的社会的呼吁是非常悦耳的。

自1945年以来,关于柏拉图的不同观点更加丰富,但大致可以区分出两条线索。有一派认为柏拉图通常借苏格拉底之口,为我们提供

---

① Popper (1945).
② Winspear (1974).
③ Owen (1953).
④ Koyré (1945).

了完备的哲学,不同的论证可以被审视、分析和评价为是否有价值。牛津的哲学家们大体上属于这一群体,他们大体上同意柏拉图的早期作品非常有趣,这阶段的作品基本上反映了苏格拉底的教育和教育风格;而中期(写作《理想国》等对话的阶段)则不尽如人意,在这阶段柏拉图陷入了荒谬的形而上学和疯狂的政治玄想;晚期柏拉图则令人尊敬,因为他开始欣赏逻辑和语言的价值。① 另外一派观点来自列奥·施特劳斯②及其弟子,他们也在柏拉图之中找到了某种学说,只不过其他人几乎没有发现这种学说;不论论证的自然过程如何,对于忠诚的读者来说其背后总埋藏着更有趣的潜文本(sub-text)。③ 最后一派是对施特劳斯派的进一步变换,被称为图宾根学派。对他们来说,柏拉图也有清晰明确的教导。但出于种种原因,他并没有将其写出,而只是在对话的不同地方留下了一些线索,只有那些具有慧眼之人才能看到。④

在柏拉图研究中另外一支人数众多的新派解释者则非常强调柏拉图书写的对话形式。对此观念最为积极的倡导者是哥伦比亚大学的伍德里奇(Woodridge)和兰代尔(Randall),他们认为对话(包括政治性对话)只是希腊社会聪慧之士讨论的高度戏剧化的形式;他们说,并没有"柏拉图的"或"苏格拉底的"学说,不管有关政治问题还是其他问题,甚至压根儿就没有"学说"这回事。没那么极端的其他人则指出,有些论述必须放入柏拉图书写的戏剧形式(当然也包括内容)中理解,否则柏拉图就会像其他人那样直接用论文形式写作了。⑤

我想要转向以上这些介绍自然会引出的一个问题:柏拉图的著作

---

① 这一倾向最杰出的代表可能是吉尔伯特·莱尔,见 Ryle(1966)。
② Strauss(1964).
③ 在施特劳斯之后,最强有力的主张者当属阿兰·布鲁姆,见 Bloom(1968)。
④ 近年来对这一观点最为明晰地主张者是托马斯·亚历山大·施莱扎克,见 Szlezak(1991)。
⑤ 对对话形式戏剧性的强调可参见 Gonzalez(1995)。

大部分都是以清晰,往往是优美的——更不用说是才华横溢的——散文体撰写的,何以引发如此纷繁杂多的解释?这是柏拉图的问题,还是解释者的问题,亦或二者都需为此负责?对我来说,答案很清楚:二者要共同为此负责。在历史的和方法论的概览最后,我会对这一问题进行非常简短地讨论。

就柏拉图自身而言,问题出在对话形式和内容两个方面。从形式上看,这些著作基本上是对话性的,很多时候并没有明确的结论。所以表面上看,它们不会是思想家用以清晰表达自己某些明确的具体学说的自然媒介。从内容上看,这些对话跨度极广,涉及诸多话题,对话者是苏格拉底或雅典某些年长而杰出的人物,但是没有迹象表明他们的观点需要被特别尊重,虽然表面上看,自然的假定是他们应该被这样对待。某些特定的话题频繁地重复出现,一些特定的哲学命题也是如此(比如形式理论或灵魂不朽),但是柏拉图似乎并没有试图保持严格的前后一致;斑驳繁杂只是被简单地放在了那里。同时在故事中常常还有更动人的戏剧,比如像《会饮》(Symposium)中那样,由此带来的问题就是这在柏拉图看来是否重要,如果重要,又是在什么意义上。

就读者来说,他们有意无意地将自己的关切带入到研读之中,使得本已复杂的图景更为复杂。如我们已经提到的那样,认为柏拉图对话包含"学说"的假定会让一个有政治头脑的解释者在《理想国》中找到极权主义,让另一个人发现作为极权主义特殊形式的希特勒式的法西斯主义,还能让另一个人发现重建战后欧洲的蓝图。反之,相反的假设则允许完全不同的解释者来阅读《理想国》,在他们看来那些惊人的建议和所有一切都只是一部对话,自身并没有包括某种政治或者哲学主张,自明地需要我们给予比我们自己所处的文化和政治环境更多关注。另外一些不那么极端的人,如我们所见,从同样的相反假设出发,来探究对话的形式与内容之间的关系,认为形式与内容都很重要。如果像我认为的那样,后面这一进路大体上是正确的,且总体来说比其他几种都要合理的话,仍要增加一项关键性的内容。这项内容——谢天谢地——是苏格拉底自己给我们添加的,他在《斐多》中告诉他的年轻朋友永远不要放弃论证(89d-91a),在《卡尔米德》(*Charmides*)中(166c-d),他提到如何进入论证,并不是要将某个人驳倒,而是要为了共同的善,确保能够**最好地澄清事物**的论证最终取胜。近来这逐渐成为一种主张,柏拉图对话中的对话者总是 X + 1 位,即对话中的人数加上读者——我们自己!当读完对话最后一行和反思开始之时,我们将继续这场对话,如果需要的话与苏格拉底一对一交谈,或者与所有人继续交谈。

按照这一安排,我们得以最终回到《理想国》,回到对话中特别是那些从一开始就让我们皱眉的关于政治和艺术/技艺的部分。但是现在我们不仅仅是旁观者,而是作为戏剧参加者回来的。如果我们要从中学到什么的话,那将是我们参与到某个语境中的论证而获得的,因此是我们每个人独有的。既然我假定只以我自己而非任何其他人的名义交谈,我只是呈现自己如何试图参与对话的例子。我称为"读者"的对话者是我自己,但他也可以是我们中的任何人,每个人都可以有他对辩证法和戏剧的贡献。

读者:苏格拉底,让我们从最基本的事情开始,好吗?你是想将描绘的这幅图景实现出来呢,还是认为它只是某种范型或原型,是帮助我们实现最好城邦的某种指引?我这么问是因为有些时候你的讨论似乎认为它能够实现——比方说你讨论将孩子和老人之外的所有人都逐出城邦,从头建立的时候,但是你最后又说它只是天上的原型。你最后的表述是真的,而先前的只不过是你著名的反讽的两个例子吗?

苏格拉底:我"著名的反讽"?这想法很有趣。你把哪个词翻译为"反讽"?

读者：你现在就是在反讽。

苏格拉底：不，我真的很感兴趣。你把哪个希腊词翻译为"反讽"？

读者：当然是 *Eironeia* 啦。这让你惊奇吗？

苏格拉底：当然。你肯定知道这只是转写，而非翻译。*Eironeia* 的意思是聪明，或狡猾；我在让人们讨论他们自己，并承认对先前宣称知道的事情无知方面被认为是聪明的。我想知道还有哪些词被你们这些翻译者弄得不知所云了。

读者：我能列一个长单子哩。但我们还是回到我的问题上吧。你是否认为《理想国》中的论述更近似于范型，而非我们现在能够具体实现的社会蓝图？

苏格拉底：是的，我是这么认为的。只有具备了**正确的**人类质料才能实现，但是我想要出现那样的质料是很难想象的。所以在实践中，我们或许应该说我的描述纯粹是范型式的。

读者：谢谢。我们现在可以转向讨论一些具体问题了。让我们先讨论你对教育的看法，你说教育是基于技艺的模仿或摹仿理论。但如果这一理论只涵盖了部分情形，而漏掉了像整个抽象艺术的领域，那将会怎样？再有，如果艺术实际上最好不要用你设想的社会目的来描述，那又会怎样？

苏格拉底：很有意思，但是你必须像我那样提供更多细节来支持你的观点。

读者：那你会同意如果我的疑问是有力的话，你自己的观点会相应地削弱吗？

苏格拉底：或许吧。但是我怀疑有很多常识性的观念是支持我的。

读者:好吧,让我们看看另外的情况。你提出各种类型的教育和艺术环境能带来很多危险,这似乎建立在很多其他希腊人也持有的观点基础之上,即"同类生产同类"或"同类影响同类"。这在今天也大概是这样;认为暴力电视节目会培养残暴之人的那些人都会支持你的观点,并且这部分人数目众多。

苏格拉底:那我受宠若惊呀。

读者:但是万一这个假设全错了,或者只是部分正确的话又会怎样呢?你的理论还会剩下多少呢?

苏格拉底:我看这假设还是不错的,正如对所有看电视的学生来说是这样的。如果你能提供强有力的相反论证,我会重新考虑它的。

读者:好吧,让我们转向另一个话题。你可以设想,你那个"高贵的谎言"让人无法接受。它似乎……

苏格拉底:停!我不能对糟糕的翻译负责。我的意思是"高贵的欺骗行为",谁会怀疑欺骗行为在有些情况下是可以证成的呢?实现完美的城邦对我来说就是这么一个情况。

读者:那你意思是说目的证成手段了?

苏格拉底:不,只是特定的目的才证成特定的手段。

读者:你谈到只要有良好的出身背景和教育,女性和男性具有同样的能力来统治理想城邦。但是你接着讨论将女人作为奖励送给勇敢的(男性)战士。你真的是这么想的吗?或者,你只是没有说完另一半相似的情况,即有时男人会被当作奖励授予超级智慧的**女人**?无论为何,你的平等概念是什么意思?

苏格拉底:没什么。我只是很自然地从男性视角描述而已,我想。但是我现在看到这么说不甚合适。

读者:很多人本想将"不甚合适"这个词用于你对民主制的看法上呢,民主制被你看成是仅比僭政好的政体。你的论断很大程度上基于城邦三分和灵魂三分假定对应的理论之上,城邦中的普通人对应于灵魂中最低的和最卑微的部分。但是我们为什么要相信这一假定的对应关系,或者为什么要假定灵魂或城邦三分呢?你是不是犯了一个初级的结构错误——初级逻辑课程就会教育我们避免这样的错误?

苏格拉底:我不知道你说的哪个部分。但是我感觉到你的批评有合理的部分。我现在回想这事儿的话,整体和部分并不必然有相应的性质。可能这是我在阐述它之后就感到不太对劲,并不再使用这一对应结构的原因吧。

读者:但并没有十分不对劲以至于让你彻底放弃对民主制的总体看法?

苏格拉底:没有。如果你能想起我表达观点的语境的话,我讨论的是当时雅典所实施的民主制。雅典民主曾经有一个更古老的样式,我觉得那个更容易让人接受。你想要知道的话可以读柏拉图的《礼法》。

读者:好吧,让我从另一个角度来提问。我在想你的一个明确主张,即人们只有一种禀赋,而民主制的特征是人们四处奔波,认为自己拥有多于一种的禀赋,特别是认为自己拥有统治的禀赋。首先,为什么有人会如此确凿无疑地无视事实,说每个人只有一种禀赋?其次,为什么你会认为统治是和别的技艺类似的禀赋,因此建筑师永远不会成为政治家?这整个事情看来很明显是错误的。

苏格拉底:冷静点。我肯定没有明晰地表达自己,因为我本来是想说我们都有一种主要的禀赋,实际上,为了理想城邦的整体以及我们自己的利益,我们必须运用这一禀赋。至于说统治的禀赋,为什么不是呢?难道伯里克利没有这一禀赋吗?相反,最近那些无名之辈……

读者:不用说了!我已经知道你的意思了。让我最后问一个一般性问题来结束这场讨论。你在《理想国》中的主要主张是,正义和幸福是良善灵魂和理想城邦同一个状态——健康和均衡——的两个方面;如果这成立的话,那么对于灵魂和城邦来说,正义总是更可欲的状态,如同健康之于生物体那样。但是你在这里难道不是只创造了某种私人语言(private language)吗?除了你,谁会认为幸福是机体的一种**状态**而非某种**感觉**呢?如果它确实是种感觉的话,那你论证正义的基础还剩下什么呢?

苏格拉底:慢着,你又被那些译者糊弄了。他们一直翻译成"幸福"(happiness)的那个词真实的意思类似于"福祉"(well-being),这当然是形容机体性质的词,无论这机体是否"感觉"良好。回过头来想的话,我承认很多希腊人会认为它也包含了**某种**程度的感觉。所以,像你那样,他们会……

我们可以停在这里。这些与苏格拉底的对话可以继续很多时辰,但是对于阐述我的观点来说已经足够了。《理想国》的伟大并不在于它提供了任何显白或隐秘的学说,而在于它所具有的独特能力,能将我们带入关于根本问题的复杂戏剧和有力论辩的世界,并能让我们成为积极的参与者而非仅仅作为旁观者。这个世界有的地方古怪,有的地方反讽,有的地方则极为严肃,它用令人沉醉的诗般的语言传递给我们。在进入这个世界的过程中,我们也进入到苏格拉底方法的核心,讨论的议题总是向进一步的详细考察开放;无论后果如何,对更好论证的追求是始终如一的命令;戏剧和理性永远处在有益而富有成效的张力之中。写作论文的作者无法体会这个多彩的世界,在这个世界中有着巨大的危险和挑战,但也有更大的奖赏。这是苏格拉底的世界,是理性生命的戏剧世界。

《理想国》中戏剧的焦点是**范型式**的城邦,苏格拉底最后承认这个城邦可能永远无法在有血有肉的人类中实现。柏拉图讨论过可能实现的城邦吗?有的,那就是在《礼法》之中,我们下面就要讨论这本书。

第二章　德性教化

一个非常自然的设想是《理想国》对于最初几代读者来说,与对过去数个世纪的众多读者来说同样重要。但是这一设想是错误的;在柏拉图死后的前两千年里,人们阅读最多的两部对话是《斐多》和《蒂迈欧》的第一部分。《理想国》只以概要的方式为人所知,但即便是概要,也往往集中在《理想国》第五卷中棘手而有争议的**城邦**安排上,如哲人王的统治和(被良好地培养起来的)女性有同样的能力来统治好的城邦,而忽略了支撑这一理论的形而上学和灵魂学说。比起《理想国》,另外两部以城邦为主题的较晚对话,《政治家》和《礼法》则更不为人所知。柏拉图在后面这两部对话中所讨论的内容,会让那些只想通过阅读《理想国》来获得柏拉图关于政治和社会观点的人打消这一念头。

让我们先从《政治家》开始,大部分学者都同意,这部对话写于《理想国》之后至少十年。① 对话的两位谈话者是一位年长的异乡人(可以很自然地将其视为柏拉图的代言人)和小苏格拉底,异乡人教导小苏格拉底关于正义城邦的话题。

那他教了什么呢?他教导小苏格拉底,范型式的好城邦是由一个人统治的,他很乐意称这人为"王"(301b1)(但是在 293c7 以下和

---

① 可靠的英文译本见 Rowe(1995),法语和德语的翻译和评注见 Luc Brisson/ J. F. Pradeau (2003), Ricken (2008)。对该篇对话的学术讨论,见 Rowe (1995), Lane (1998), Sayre (2006), Marquez (2012)。

297c1以下,他也很明确地表示可能是一小**群**统治者)。这个充满德性的统治者是真正智慧的,并由"科学知识"(*episteme*,301b2)指引行动,这个科学知识是关于正义统治的,能使他不受不是他所创造的**法律**条款的束缚,也不孚他早先为获得权力而设立现在想要废除的**法律**的束缚(300c10-d2)。到目前为止,与之相对应的是《理想国》中的哲人王。但柏拉图似乎又重新进行了思考。在现实中,这个王很可能是并且只会是一个人,而不会是一小群统治者;他很显然是男性,并只可能是男性(见294a8,*andra*);他或富或贫(293d1);没有什么暗示他是一位哲人,即像《理想国》第六和第七卷中详细阐述的那样,按照特定方式来获取统治的知识。

他不受法律条款的限制也是全新的内容。《理想国》的早期批评者会不会向柏拉图指出,认为正义城邦由统治者的命令而非良好的法律来运作非常奇怪?我们不得而知。但是现在他开始很明确地思考将法律置入理想城邦中,并带来有趣的结果。

如我们所见,范型式的或真正的(*alethestaton*,300e2)好城邦是由王的命令而非法律统治的,其他城邦最多也就是对这个城邦的某种模仿(*mimema*,300e1)。如同《理想国》中范型式的好城邦一样,柏拉图认为它也很可能不能实现(301c6-e4);在我们一会儿还会考察的一个重要段落中他说道,"就像神之于有朽之人一样,它必须从所有其他政体中提升起来"(303b3-5)。与之相对,所有其他城邦按照各自与**法律**的关系分为三组。第一组或者由一个拥有权力的强人/僭主(*tyrannos*)统治,不顾及现有法律,或者由政体任命的王来统治,他**根据**现有法律统治。第二组或者是由蔑视法律的寡头统治,或者是由遵守法律的贵族统治。第三组政体是两种类型的民主制,一种蔑视法律,而另一种尊重法律(301a6-302e9)。

这是接近范型式的好城邦的次序吗?既是,也不是。柏拉图说,我们对比提到的六种政体,如果根据尊重法律来排的话,那贵族制是最适合生活于其中的,民主制是最糟糕的;而如果根据不尊重法律来排的话,**民主制**是最好的(一个强人统治是最糟糕的——虽然他并没有对此多言)。

这是柏拉图在诸多对话中第一次从这个角度给出政体清单。这是否表明柏拉图思想发生了变化?如果是,又是什么变化呢?在《理想国》中,我们记得,民主制是柏拉图政体清单上排在倒数第二的政体,其后就是绝对的僭主制。而在这里,民主制被分为两种类型,而且无比吊诡的是,最**不受控制**的民主制被说成是与范型式的好城邦最接近的政体。

柏拉图对民主制改变看法了吗?还是他只对不受控制的、拒绝服从法律的民主制(303b1)改变看法了?如果是后者的话,是特指他在《理想国》中基于同样原因猛烈抨击的雅典城邦吗?另外,如果是后者的话,他是说存在着更有秩序(303b2)和更守法的民主制吗?亦或他是很无奈地说,雅典丧失了霸权后,现在是一个更守法的城邦,虽然他早年并没有赞赏它,只是在与斯巴达生死搏战的压力下才那样评价雅典,而实际上雅典仍是希腊世界中最好的政体形式?

不管这些问题的答案如何,很显然他现在更愿意讨论良好城邦中的法律问题,但他似乎仍然坚持《理想国》中的观点,即在范型式的好城邦中,法律是不必要的;需要的只是统治者或统治群体的命令,这些命令是由统治术的真正知识赋予的,并且能保证对整体和整体的各个部分最为有益。

当然,他不得不回应那些质疑这一设想的怀疑者,即便是在范型式的城邦中也是如此。读过他在《斐德罗》(*Phaedrus*)中对书写的评论(277e 以下)的人都能预料到他会怎么回答。他很直接地说,法律(他说的法律是指成文法或法条)的问题是它"从不能颁布一项命令来保证对**每一个人**都最有益;它不能发布非常精确的命令,同时对共同体的每个成员来说都最好和最正当。人们个性的差异,行为的多样,以及所有人事不可避免的不确定性,使得任何想要一劳永逸地用无条件的规定来解决所有问题的尝试都成为不可能……但是我们几乎总是看到,法律想要颁布的正是这种不变的规则"(294a10-c1)。他说,"用不变和无条件的东西来令人满意地处理永远无法统一和恒定的东西"是不可能的(294c7-8)。

如我们所知,他自己的观点是,范型式的好城邦的统治者具备的德性之一就是能够灵活处理人类生活中的风云际会(后来康德称之为"扭曲的人性之材"①),而成文律法则做不到这一点。使得统治者能够做到这一点的是他拥有统治技艺的科学知识(episteme),具体来说就是对城邦及其各部分来讲什么才是"最好和最正当的",这种科学知识会引导他做出决定,而这会让当代读者感到不安。与《理想国》中幸福和自愿的公民不同,这一范型式的城邦中的公民可能是自愿的,也可能是**不自愿**(293c8-d1),其中的某些人会因为城邦的"最佳利益"(*ep' agathoi*, 294d5)而被排除出去,或被处死,或者被送往不同的殖民地(493d4-6)。在异乡人看来,这完全是合适的,因为在范型式的美好城邦中,这一切必然建基于统治者关于"实质正义"(*to dikaion*)的科学知识(*episteme*)之上。②

关于"实质正义"的"知识"将我们引回《理想国》,同样,他还讨论了教育体系,统治者用这一体系将城邦编制成(307e4)一个运转良好的统一整体,他将辅助性的教育任务委托给别人,而给自己保留了把握总体方向的职责(308a-e)。这般教育的目的和之前对话中的相同:培养出良好的公民,作为实现整体任务的质料,其任务便是建立运转良好的统一城邦。但是这之间的变化需要进一步考察。在《理想国》中,范

---

① *Akademieausgabe von Immanuel Kants Gesammelten Werken*, Band 8, p. 23;这里采用以赛亚·伯林的译法。

② 我将之视为重名法的表达。

型式的美好城邦的标志是有德之人接受有德性之人的统治;在《政治家》中,有德之人的统治可能是不被接受的,相对于统治者的知识来说,很显然不那么有德性的人需要被处死或驱逐。或者换一个说法,《理想国》中那些不如范型式的城邦好的其他城邦的特征是,在其中存在诸多缺陷,如反城邦和犯罪行为;而现在,这些行为被描述为来自"邪恶本性(*kakes physeos*),带来的渎神、自负的骄傲和不义"(309a1),并且不可救药,它们也被视为范型式的美好城邦的潜在特征。他现在重复道,这些不可救药的元素将被处决或驱逐,或以别的方式严惩(309a1-3),而那些"不能从无知和卑躬屈膝中摆脱出来的人"将被作为"城邦中其他人的奴隶"(309a5-6)。

"邪恶本性"?"不可救药"?这样的讨论会引向何方?《礼法》会很快给我们答案。现在只能说,在《政治家》中,柏拉图并没有从**确实存在**范型式的美好城邦这一点后退,即便它永远不会实现,即便在其内部似乎存在着无德性的因素,如果这是由于自然原因而非教育体系中的错误。此外,他还严肃探究了**法律**成为范型式的美好城邦中重要特征的可能性,即便这种可能性被否定了。这些是柏拉图的最后观点吗?要回答这一问题,我们需要再一次转向柏拉图的最后一部著作《礼法》。

随着柏拉图逐渐老去,他清楚地感觉到,用对话中虚构的成年苏格拉底来代表历史上的苏格拉底越来越难,所以他开始用其他方法来解决这一问题。一个方法是引入"青年"苏格拉底,他被描绘为在哲学上还不成熟,可以接受年长的导师——在《巴门尼德》中是巴门尼德,在《政治家》中是年长的异乡人(*xenos*,或客人)——的纠正和指导。但是到了撰写《礼法》的时候,柏拉图放弃了这些方法;在这部对话中,苏格拉底压根儿就没有出场,主导对话的是"雅典人"。在大多数学者看来,鉴于"巴门尼德""异乡人"和"雅典人"讲话的内容与方式,他们代表了柏拉图自己的观点,我自己也认同这一设想。

这部由十二卷构成的长篇对话是柏拉图政治理论的最后阐述,直到非常晚近的时候,这本书才逐渐为人们所阅读。表面上看,这是很奇怪的现象,因为它和《理想国》同时离开北非,并能被更广大的学术界阅读,这都要感谢1484年马西里奥·斐奇诺(Marsilio Ficino)的拉丁文译本(还有柏拉图其他著作)的出版。

三个对话者分别是来自克里特的克里尼亚斯(Clinias),来自斯巴达的麦基鲁斯(Megillus)和"雅典人",他们都年事已高。他们走在克里特岛接近克诺索斯(Knossos)的路上,交谈的话题是各自城邦的法律,以及更一般意义上的各种政体的优点和缺点。我们突然转向这样一个世界,它在《理想国》和《政治家》中至多只被认为是对某种范型的模仿或复制。我们将要非常具体地讨论那个世界中同样处于模仿地位的不同城邦的礼法体系。我们还不知道其重要性何在——如果这确实有什么重要性的话。

当被问到自己城邦的礼法时,克里尼亚斯说它们建立在防御外敌的自卫原则之上。雅典人紧跟着问他是否认为这一原则适用于更广的范围,他承认这一原则既适用于城邦,也适用于个人,他用极其霍布斯式的表达说"人类处于这样一种公共战争的境地,每个人与每个人为战,同时每个人也在自身之中进行着私人战争"(626d)。雅典人(之后我会用"柏拉图"来指代他)接受了这一区分,但是主张好的立法者在为城邦立法的时候,着眼点不是**外部**战争,而是自身**内部**的派系纷争(stasis)。① 更进一步,他试图解决这样的内乱,在内乱爆发后,要弥合对抗的各派,而不是让一方击败另一方。他说"最好的情况既不是对外战争也不是内乱——这些是我们要极力避免的,而是和平与相互间的善意"(628c);真正的政治家"为战争立法只是作为和平的手段,而非将和平作为战争的手段"(628d)。他接着描述了自己心目中好立法

---

① 关于内乱的更多讨论,见 Bertrand (1999)。

者的目标,这让人想起在《理想国》中讨论过的事情:他说,这些目标就是要在公民身上培养出不仅仅是克里特人和斯巴达人珍视的勇敢,更是要培养出"**整全的**德性"(pasa arete, 630e, 632e),或者"最高的德性"(he megiste arete, 630c),这是与"完备的正义"(telea dikaiosyne,同上)一样的;帮助统治者来培养他们的是一群"护卫者"(phylakes),他们将确保人们服从"节制和正义,而非财富或追逐私利"(632e)。

众所周知,对于城邦整体以及每个公民而言,德性标准,或更确切地说,"整全德性"的标准也是《理想国》的目标,在这里柏拉图强调它与斯巴达和克里特的不同,这两个城邦只强调一种德性,勇敢。但是柏拉图所言德性的确切含义是什么?显然,这非常值得进一步探究;但毕竟大部分希腊人会赞同他接受品达所说的四主德:智慧、正义、节制和勇敢,在《理想国》和《礼法》中他很明确地接受了它们。但是柏拉图对于什么构成德性的观点(几乎肯定是接续苏格拉底的观点)仍是独特的,如果我们想要确切理解他说的好城邦的目标是要培养"有德性的"公民群体,就必须对其进行考察。

恰好,他在《理想国》卷一结尾处向我们具体阐述了德性的含义,它依赖事物的功能理论。假定(这是一个重大的假定,自达尔文以来受到猛烈批判)世界万物(包括我们自己)都有一项功能,他告诉我们说事物的功能就是其做得"独特或最好"的事(353a)。所以修枝刀的功能就是修剪果树,这是它做得**最好**的事。而眼睛的功能就是看,这是它们**独有**的功能,如此等等。对于人来说,我们的功能就是我们在生物中唯一能做的事情,那就是运用理智,并为实践或沉思行为承担道德义务。

"德性"就是事物发挥功能的卓越。所以拥有锋利刀刃的修枝刀具有德性;而钝刀则没有。能够安全地在战场纵横驰骋的战马具备德性;而做不到的战马则没有,如此等等。换句话说,事物的德性就是它在做独有的或最好的事情时的效能(efficiency)。换言之,对于希腊人来说，德性根本上是"效能"。这对我们来说有点奇怪，因为我们认为自己已经会区分德性和效能这两个概念了。我们会认为说一个有德性的人就是擅长做某事的人匪夷所思；德性能被当作某种**技能**吗？

虽然看起来很荒谬，但是对于柏拉图来说答案却是肯定的。**这恰恰就是**柏拉图始终将人类德性比作诸如农艺、航海术、编织等技艺时，所持的德性含义。有德性的人就是特别擅长达到只有他有能力达到的那些目标，这些目标可以总结为，在城邦这一最重要的人类处境下，用最大限度的理智以及责任行事。一个好人如果不同时是一个好公民的话，就没有完全实现他的潜能，就不能被认为是与好公民一样的好人或（希腊意义上的）"有德"之人。伯里克利（Pericles）曾非常著名地指出了这一点："这是我们所独有的：我们并不将那些只关心自己事务而无心政治的人看作是人；我们说他压根儿一无是处！"（修昔底德：《伯罗奔尼撒战争》2.40）

因此将德性视为城邦的目标就是说城邦的目的在于培养公民，使其具有最高水平的理智和道德效能，从而能够实现城邦这一更高机体的目标，就像眼睛和手为了实现身体这个更高的机体的善好。

这是关于世界和我们在其中所处位置的毫不掩饰的目的论图景。这当然与当下流行的认为国家的目标是最大化公民的机会、财富或自由全然不同。

还需要补充的是，在《理想国》卷一中，柏拉图同样确信（他自己意义上的）德性是与灵魂的福祉（well-being）一致的，他在第二卷的开头竭力捍卫这一主张。我将 eudaimonia 翻译为"福祉"，这个词通常被翻译为"幸福"（happiness），但是在我看来，这一翻译带有误导性。柏拉图讨论的是灵魂的健康，只有当灵魂各部分处于均衡状态的时候才会有健康，如同当身体各部分处于均衡状态的时候，身体才会健康一样。对于灵魂来说，健康永远包括对这样的均衡感到满意，但是健康也可能会伴随着由强力带来的身体或心理的巨大痛苦，这往往是它难以控制的。

简言之,对于柏拉图来说,eudaemonia 表示"机体的状态"而非大部分人认为的"感觉",正是基于这一理解,他才会说好人即便在遭受巨大不幸时也是 eudaimon 的。这是另一个巨大的悖论,在撰写《礼法》时他可能持有也可能放弃了这一观点。说到《礼法》,我们现在回来继续讨论。

我们刚才谈到,柏拉图已经提出了美好城邦的目标在于德性,现在他攻击了斯巴达和克里特城邦的另一个特征,就我所知,他所使用的论证在西方文献中首次出现(有人可能会说在《斐德罗》对此有所预示,但我对此持怀疑态度)。柏拉图说,斯巴达和克里特对共餐制和公共体育训练的强调,"通常被认为是败坏了对于人兽共同的关于性放纵的古老的和自然的规则,首先需要谴责的就是你们两个城邦,以及其他专注于体育训练的城邦。无论这些事情被视为运动还是认真的,我们都不能忘记这种快乐是自然在男女生育后代时给人的;男人之间或女人之间所犯下的罪行是对自然的严重违背,是彻底臣服于快乐欲望的表现"(636b-c)。

如果至此我们一直在寻找柏拉图在《理想国》中的观点,那么这一断言对我们来讲必然是一个惊人的转变。即便是在较为后期的《斐德罗》中,他还说同性爱人们只要觉得他们的爱基于相互间"承诺的约束"(《斐德罗》257d),就会在上天获得奖赏,并携手"在闪耀的赐福生活中"前行(同上)。那么发生了什么呢?现在老年柏拉图为什么认为这种爱是"不自然的",为什么这里的"自然"是我们所谓的"作为生产的自然"呢?表面上看,他对自己思想中这一重大改变的原因没有给出任何暗示,但他的确是这么想的,在第八卷中他更为详细地讨论了这一问题(836c 以下),在那里,我们将非常仔细地考察他最后提出的支持其观点的论证。

对于这一问题,以及对话到目前为止所涉及的所有其他问题,我们显然都是在探讨柏拉图那个时代的政体,以及它们公认的优缺点。到目前为止,他并没有说他是否还相信一个范型式的美好城邦可以作为评价这些政体的标准。但是我们知道,即便在对话刚刚开始的这个阶段,至少在一个重要问题上他已经在使用这个我称之为"作为生产的自然"的标准。我需要再多说一句的是,他**最后**还会回到对范型式的美好城邦的讨论,到时我再来讨论它。

回到《礼法》开篇所关注的特殊问题,我们发现柏拉图很快将对话转向了是什么构成了可欲的教育实践,其中很多实践对于《理想国》的读者来说非常熟悉。① 他非常直接地说,教育的目标在于培养好人(641c),既然他们必须被教育成拥有"整全的德性",自然会拥有勇敢,这样他们**也同样**能做斯巴达人和克里特人认为可欲的事情,即"消灭敌人"(同上)。他继续说,这样的教育"让受教育者热诚而积极地想成为好公民,知道如何进行和服从正义的统治"(643e);其目标既不是财富,也不是(斯巴达人和克里特人认为的)身体强壮。

他在这里引入了一个类似于《理想国》中著名的"高贵的欺骗行为"(*gennaion pseudos*)②的比喻。他说,想象我们是由神制造的木偶,③不管是为了他们的娱乐或是什么严肃的目的(644d);他断言,他发现关于后者的真相是"我们不可知的"(644e)。就木偶的结构而言,每一个都由内部的三根线操纵着。第一条是温和的"金线",名字是"城邦的公共法",我们必须遵守;另外两根是刚硬的线,可以大致描述为快乐和痛苦的线,是我们必须常常抵抗的。在必要的服从与必要的抵抗之间的张力构成了许多真正的战争(647d),如果立法者允许人适当醉

---

① 关于《礼法》教育的一些讨论,见 Cleary(2003), Agne(2007), Castel-Bouchouchi(2003), Curren(1994), Domanski(2007), Schoepsdau(2002), Schuetrumpf(2007)。

② 关于 *gennaion pseudos* 见 Schofield(2009)。

③ 见 Frede(2010)。

酒,①然后观察他在宴饮中控制自己的能力,就能洞悉某个特定的公民,是否能够抗拒带给我们快乐沉醉的更重大的东西(如财富、俊美的外表和强健的体魄,649)。另外可以设置一些导致**恐惧**的场景,让公民处于私密的舒适环境中进行类似的测试,给他机会来学习如何抗拒从懦弱和恐惧中产生痛苦的线(647e 以下)。

虽然这个比喻是新的,但观点很明显仍然是《理想国》中的,特别是将道德测试作为教育过程的内在部分的想法。就比喻自身来说,三根线大致对应于三种金属——金、银和铜——而这是《理想国》"高贵的欺骗行为"的核心特征,更一般地说,这对应于《理想国》中灵魂和城邦的三个部分,金线类似于理性,其他两根线类似于灵魂和城邦的两个非理性部分。同样重要的是,城邦必须将这一描述作为"道德寓言"(645b)接受,并且要将其作为神颁布的或者人发现的教诲来遵守,"作为城邦自己以及与其他城邦交往的法则"(645b)。像《理想国》中"高贵的欺骗行为"一样,这个寓言同样被承认是虚构的,也因为有利而得到捍卫。

所有这些达成的是柏拉图不断加强的有力确信,这一确信最初在《理想国》中得以具体阐释,即教育是为了培养德性,从一开始教育就要训练公民的灵魂,这一过程甚至要从还没有理性能力的孩童开始(653b),通过塑造"正确的快乐和喜爱,痛苦和厌恶"来实现(同上)。一旦达到理性的年纪,年轻人就成功地让两种感觉与理性一致,"多亏早年对合宜习惯的规训",**德性**状态,或者宽泛意义上的和谐就达成了(同上)。"其全部作用在于我们未来的公民从小就能从教育中得知,在善中感到快乐而憎恨邪恶"(同上)。②

这种教育的具体安排也是《理想国》的读者所熟悉的。教育旨在

---

① 《礼法》对酒的大量讨论得到几位评注者的重视,见 Casertano(2004), Demand(2008), Larivee(2003a)。

② 关于合宜的快乐,见 Laks(1987), Mouracade(2005)。

培养有德性的公民,能认字和数数的希腊人都非常了解这种教育的构成:音乐(如合唱和演奏乐器)、文学艺术(如戏剧和抒情诗)、天文、数学和体育。但是这可能是他们所知道的一切。音乐和文学艺术特别要接受严格审查,根据一个经典原则,也是恩培多克勒的思想精髓:同类之间相互吸引与追求。① 所以年轻人听到的音乐形式只能是那些符合德性的形式,比如军乐,但更为流行的慵懒音乐则不行。舞台上要表演英雄人物,而恶棍之流则不能登台。当举行音乐和艺术比赛的时候,优胜者应是那些能够让"最好的和接受最合适教育的人",以及特别是"在善好与教育方面最为卓越的人"产生快乐的人(658e-659a)。

简言之,音乐和艺术在传授德性过程中作为教导的工具很有价值。它们所带来的任何快乐必须是有德性之人(特别是最有德性的人,也就是城邦中的王)认为可以接受的,这快乐是关于合宜事物的感觉,比如戏剧中表现节制和正义之人幸福而走运,或者表现不义之人虽然比克洛伊索斯(Croesus)还要富有,但却是个可怜之人,一生都遭受不幸(660e)。雅典人更进一步,说假如自己是立法者的话,他会颁布一项仅次于死刑的法律,来惩罚那些认为"坏人过着快乐的生活,或者某种做法更有好处而另一做法更为正义"的人(662b-c)。

我们看到的似乎是对《理想国》基本主张的重申,即正义的人在任何情况下——无论如何痛苦——都比不义的人"更好"。真的是这样吗?柏拉图下面的话很重要。在强调了自己确信不义的生活比正义的生活更不光彩,更卑劣也真的更痛苦之后,他继续说:"即便这**不是**事实……即便是一个有着一般优点的立法者,为了对年轻人产生良好的影响而进行虚构,他能想到比这个更**有用的欺骗**(*pseudos lysiteles*)吗?他能更有效地引导我们在不受任何强制的情况下自愿地正义行事吗?……如果用心**劝说**的话,年轻的心灵会**被**任何事说服。因此[立

---

① 见 Empedocles fr. 62 DK line 6.

法者]只要用心发现什么样的信念对城邦最有利,然后设计出各种措施来确保整个共同体在这一问题上保持统一的看法,在歌曲、故事和谈话中都是如此"(663d-664a)。

柏拉图的观点再清楚不过了:虽然柏拉图自己很确信其正义理论的有效和可靠,但是他意识到将这一理论贩卖给其他人可能必须要诉诸立法者的另一个"高贵的欺骗行为"(gennaion pseudos),这一次的欺骗比《理想国》中的范围更广,《理想国》的欺骗是要保证城邦中的不同群体对于自己的位置感到满意。而现在讨论的是正义有益的整个理论,他显然确信需要另一个虚构的故事来帮助它从理论变成现实。他说得非常直接:"如果用心劝说的话,年轻的心灵会被任何事情说服"(664a)。①

你们注意到,我将(《理想国》和《礼法》第二卷中的)pseudos 翻译为"欺骗行为"而非"谎言"(通常的译法)。我理解柏拉图的意思是说,虽然他的"正义有益论"是有效而可靠的,但只有当它被大部分人所理解,更为重要的是,被以这样一种方式来理解后,才能产生人们按照真正正义的方式生活这一结果,而传达给人们的方式不同于直接的论述。"欺骗"(pseudos)的意思是说人们被诱导着接受实际上是编造的事实;欺骗的"有用之处"在于这一编造掩饰了一个无比珍贵的事实——正义有益的本性,以及高贵的目标——构建真正正义的城邦。

但这就是全部了吗?柏拉图只是在说某些真理是如此的反直觉,以至于对大部分人只能通过某种虚构的形式来传达?我想,并不尽然。更完整的版本似乎是这样的:

(1)我的正义总是有益的理论既是有效的又是可靠的。所以,任何将其传达给公民团体的可行方式,甚至是以虚构的方式让大家接受其为事实,就都是可以接受的。

---

① 关于《礼法》中的"说服",见 Mayhew(2007,2008),Morrow(1953),Schuetrumpf(2007),Stalley(1994)。

(2)即便这理论是错误的(其实不可能错误),但考虑到最终结果是城邦的本性/自然,虚构方法所带来的教诲的益处使得这个方法仍然是可取的。

但是这两个陈述都是有问题的。如果柏拉图的正义理论是"确定的"(663d),基于其错误可能性的教育方法可能被三种教育者使用:

(1)那些"知道"柏拉图的正义理论是错误的教育者。

(2)认为这个理论是错误的教育者,即便这个理论是对的。

(3)认为这个理论是错误的教育者,而这个理论实际上也确实是错误的。

但是柏拉图已经说了他的理论是"确定的",所以教育者不可能说他**知道**这理论是错的。因此第一个可能性其实是不可能的,这一点可以被柏拉图自己的知识论证实(至少是在《泰阿泰德》之前的对话中所阐述的知识论),还可以被其断言——王和王所任命的法律高级护卫者是拥有知识的人(632c)——所证实:任何人都不能"知道"非事实(non-facts),至少在柏拉图自己看来,假定柏拉图的正义理论错误就是这样的非事实。第三个可能性的后一半因为重复了这个理论可能是错误的,因此必须基于同样原因被视为无效。相反,如果我们读了柏拉图的条件句,即"如果,**为了论证之故**,设想我的正义理论是错误的",那么第二种可能性看起来就是真的了。让我们称之为对"如果"的"论证性"使用(argumentational use)。

我在这里自造了新词,现在来解释一下。对于维特根斯坦(Wittgenstein)来说,存在着智识之"梯",在实现其目的之后可以被安全地撤走。虽然它们本身经常过于简单,甚至没有任何逻辑或事实的基础,但它们依然可能是帮助理解的良好措施。① 在《蒂迈欧》的一段话中,柏拉图远早于维特根斯坦说了同样的意思。在28a 他宣称工匠神(Demi-

---

① 关于该主题请参见 Perloff(1996)。

urge)着眼于永远不变的模型（*paradeigma*）所造的任何事物都是美的，而任何着眼于生成中的模型所造的事物则不美。接着在28c他特别问道:造物神是按照两个模型中的哪一个造的世界呢？"是按照那个永远不变，始终恒一的呢，还是按照那个生变中的呢？"这个二分法对于通过论证式的讨论构建更高的真理来说是有用的，但是在两个给定的可能性中，最终只有一个是真的，因为另一个如他所言"如果说成是真的那就是渎神"（29a）。换言之，它只是虚假的可能性，就像后面的那个虚假的可能性（《礼法》663d），即正义总是有益的理论可能被王挑选出来作为教育者的人认为是假的。这只是为了凸显更高的真理（在《礼法》中，真理就是他的正义总是有益的理论是有效和可靠的，他的教育者永远知道这一点），之后就可以安全地撤走了。而我们是否**同意柏拉图的这个观点就是另外一回事了**。

看起来我们已经进入了一个在很多方面都与《理想国》截然不同的世界，最后我用和柏拉图关于这一问题的简短讨论来结束本次讲座。

读者:发生了什么，柏拉图？在《理想国》中统治者既可以是男性，也可以是女性，只要他们有良好的出身背景，在接受了特殊的、与城邦其他成员截然不同的教育之后就可以掌握权力。而这些在《政治家》中都变了。这是为什么呢？

柏拉图:我想是因为我老了，我从未停止过思考和再思考。这是我为什么写对话而非论文的原因，我不会停止重新省察这些事情。

读者:有道理。但是这些改变实在太大了。

柏拉图:这只是因为你没有看到我在试图从讨论范型式的城邦，转向讨论我认为活生生的人能够实现的城邦。

读者:所以你对这个问题最后的观点才是这样？你是认为《理想

国》中的美丽城邦永远只是范型,而非能够在地上实现吗?

柏拉图:是的。

读者:那让我们回到这个你认为更有可能在现实世界中掌握权力的统治者吧。你在《政治家》中似乎暗示说,即便**他**成为统治者,这个城邦仍然只是范型。

柏拉图:是的。在《政治家》中,我可能是在**迈向**现实世界中的城邦,但仍未到达那儿。在那部对话中,王仍然用命令进行统治,所以他很类似于《理想国》中的护卫者;在现实世界中,绝对僭主制之外的所有城邦都是由某种类型的**法律**统治的。

读者:但城邦的统治者为什么必须是男性呢?在《理想国》中你费尽心思地谈护卫者如何能是男性也能是女性。为什么在《政治家》中描述的同样是范型的城邦中,唯一的统治者必须是男性呢?

柏拉图:这并不尽然。可以有少数的统治者而不止是一个。这两个城邦实际上也**不是同等**的范型。美丽城是超验的范型,就其本性来说就不大可能实现。另一个是我无法想象按照我的具体描述来实现的范型(但是它如我所言,像"人中之神"一样突出),但是我**能够**想象它以某种弱化的方式实现,在这城邦中是**法律**而非统治者的命令在统治。但是你说的男性问题是对的。

读者:统治者或统治者们为什么必须是男性呢?

柏拉图:我不太确定。可能是因为我只能想象,只有当女性拥有了与现在大多数女性不同的出生背景,并且也接受了与现在完全不同的教育,才能成为统治者吧。

读者:你认为在现实世界中不可能发生这样的事情吗?

柏拉图：很可能是这样。作为范型的美丽城只是一个范型，你还记得，在《理想国》中我曾严重怀疑它实现的可能性。

读者：好吧，我们来讨论别的问题吧。你说大多数城邦是由法律统治的，但是你似乎并不太喜欢法律。

柏拉图：说得没错。我仍然偏爱有德性的统治者的命令，如在美丽城中那样。由法律统治的城邦总是次好的城邦。

读者：那你为什么会突然对法律感兴趣呢？在《理想国》中你完全没有提到法律但是也进展得很顺利啊。

柏拉图：在那里我并不需要它。但是如果我想开始具体讨论能够由活生生的人实现出来的城邦时，就必须讨论法律，这个城邦与美丽城不同，内部必然有反城邦和犯罪行为出现。

读者：这是你撰写《礼法》的原因吗？

柏拉图：是的。我想看看我能想象的由现实的人所组成的最好城邦是什么样子，以及要最好地治理他们需要什么类型的法律。

读者：但是你仍然将目标设定为实现最大限度地有德性的城邦？

柏拉图：当然。**这个**为什么要改变……？

读者：有人或许会说，为什么**不应该**改变呢？城邦更为自然的目标肯定是公民的财富、或者机会、或者自由的最大化啊。或者类似的什么事情。只要公民们遵守法律就好了，城邦为什么还要关心公民的德性？

柏拉图：你使用的"最大化"是我不太熟悉的二十一世纪的行话，但还是让我试着回答一下吧。按照我的理解"德性"**恰恰**是某种最大化——德性之人在于他试图最大限度地将最有能力和最独特的事情做出来。他是所有生物中唯一拥有理智和道德责任的,这也是他能展示德性的两个领域。

读者:我想很多人会认为这是对"德性"非常"私人"的看法,"私人"是说,实际上只有你和苏格拉底以及很少一部分人会这么想。但即便你是对的,在美好城邦中也肯定有比这多得多的目标。你如何看将城邦的目标定位为将公民的机会最大化,以促进财富和资产积累,或者将个人自由最大化呢?

柏拉图:我不太确定我所说的与你的这些目标是不相容的。我会主张,如果公民没有具备基本的思考技能和对公共法律和秩序而非丛林法则的服从的话,他是不能实现任何目标的。如果你喜欢的话,那只是实用和效能;如果没有一大群负责任的理性行动者,任何城邦都不能维系。

读者:那你会乐意称思考技能和道德感是运作良好城邦的**必要条件**喽——用我们现代的行话说?

柏拉图:当然。人们必须对某些事情运用自己的思考技能和道德感,正是像商贸活动和集聚财富这样的事情占据了大部分人的注意力。

读者:所以,继续用现代的行话说,拥有思考技能和道德感对于运作良好的城邦来说是必要非充分条件了?

柏拉图:你归纳得真漂亮!要是我自己能想出这样的表达就好了。

读者:但是所有这些思考技能和道德感需要完全符合城邦总体的目标和总体的善好才行,是吧?

柏拉图:绝对的。整个**身体**健康了,胳膊和腿才会实现**各自的**健康。城邦也是同样类型的机体。

读者:是这样的吗?我们为什么非得认同这个比喻呢?确实,胳膊如果离开了身体就不能像胳膊一样起作用;但它自己并不是个生物体。但是人自身也**是**生物体,能够并且也确实在很小的群体中生存下去,有时就是在几个家庭组成的族群中维系生活,并不需要城邦和整体。

柏拉图:是的。当然没有哪个比喻是完美的;它必然不能描述每一个细节。但是你能提出一个更好的比喻吗?我的《礼法》谈的是运作良好的城邦,并非是族群,生物学的比喻在我看来非常适合描述它。

读者:是吗?很多人会说它的基础是公民乃是个体的生物实体,而非某个更大的、类生物实体的一部分。

柏拉图:但是你确定是在确切描述我说的内容吗?城邦不是生物实体,这一点不假,但是如果运转正当的话,它的确会**像**生物实体一样运转。所以你使用"类生物"是对的。作为这样一个个体实体的人来说,在接受合适的公共教育后,能够非常容易地作为更大整体的一部分行动,这个更大的整体就是城邦,人通过这种方式,在实现自己作为人的最大潜能的同时协助实现了**城邦**最大的潜能。

读者:我想很多人会认为这是非常乐观的看法。

柏拉图:你更倾向于悲观的看法吗?

读者:我想很多人会的。虽然大部分人会更倾向于说"现实的"而非"悲观的"。

柏拉图:你是指像色拉叙马霍斯和卡里克勒斯(Callicles)那样的人?

读者:还有别人。你的批评者不只是智者。但那是另外一个话题了。今儿时间不早了,我们明天继续谈吧?

柏拉图:当然,明天见。

第三章 民主转向

到此为止,三个对话者一直在讨论实现德性城邦的方法,特别是符合这一城邦特征的教育体系。雅典人主张正义城邦的目标就是培养德性;正义自身必然并永远是有益的;支撑它的教育体系是模仿性的;雅典人到目前为止都是在重复《理想国》的读者所熟知的主张。

三个对话者在这里开始转向对希腊世界中存续多年的不同类型政体的讨论,以及它们因为这样或那样的原因崩溃的方式。雅典人先给出了总体性的主张,即好的城邦必然是统治者和被统治者和谐共处的城邦,如果城邦中公民们反抗他们的统治者和现有的法律,则无法建立起有效的统治。之后雅典人给出了其他七种被"普遍接受"的宣称有统治资格的例子(690a 以下):

(1)父母对其后代的统治。

(2)出身高贵之人对出身卑微之人的统治。

(3)年长者对年轻人的统治。

(4)主人对奴隶的统治。

(5)强者对弱者的统治,他将其描述为"基于自然的安排,在动物王国中普遍存在"(690b)。

(6)智慧之人对无知之人的统治。

(7)由抽签产生的公职人员的统治。

他说这个单子上的诸项是"相互冲突的",并且是"争执的根源"(690d)。他在这里并没有展开进一步分析,但是我们一眼就能认出其中两种有争议的主张,一种是强者正当地统治弱者(《理想国》中的色拉叙马霍斯极力主张这一观点),另一种是由抽签产生公职(雅典的情况),对此他评论说"我们**称**谁抽到签就去统治,而没有抽到的就应被统治是最**平等**的安排"(690c),这强烈暗示了他个人认为对程序"平等性"的说法只是让大多数认同,否则就会显得不公平或不理性,抑或二者皆有。

在给出这一清单(他之后还会讨论这一清单)之后,还不容我们仔细审视和反思,柏拉图马上转向讨论他认为的两种正义城邦的母体。他告诉我们说,这两种母体是君主制和**民主制**(!)。他接着说,这两种政体的完美范例分别是他那个时代的波斯和雅典(693d)。对于知晓柏拉图在《理想国》中对民主看法的读者来说,这看起来非常令人惊讶。民主似乎从政体阶梯的**倒数第二**,只比僭政高一点的位置,一下子爬到并列最高的位置。但这个惊讶不会持续太久。民主制**本身**并不是最高的,如同君主制**本身**也不是最高的一样。它们只有某些部分处在最高的位置,君主制可接受的部分是为政体提供了智慧,民主制可接受的部分是为公民提供了自由;每一方都向彼此做些让步,这对于保证友善或一致是非常必要的,后者对于城邦的良好运作具有实质性意义(693e)。就他那个时代的雅典(他很仔细地将之区别于过去更好的前民主的雅典[698a 以下],后者用他自己的话说,"我们之间的尊崇敬畏感[aidos tis,参见《理想国》560a6],使我们愿意服从法律",公职"基于四阶层的社会体系"[698b])而言,他说现在的雅典有着"不受限制的自由"(699e)。① 柏拉图举了音乐节的例子,痛惜人们的"愚蠢",他们认为在音乐中根本就没有对或错;他们现在认为判断标准不是过去那种确定的规则,而是"给听众带来的快乐"(700e)。他接着用《理想国》中的方式说:我们这些狂嚣不安的听众(700c)现在相信"他们知道艺

---

① "自由"(liberty)一词的使用是在消极意义上的,接近于"骄纵"(licence)。

术中什么是好的什么是坏的;在这一氛围中,先前音乐中的'贵族制'(*aristokartia*)已经让位于糟糕的'观众主导制'(*theatrokratia*)。"他说假如结果只是民主制,"还不会有太大的伤害,只要民主制依然被控制在技艺的范围之内,并且由自由人构成。但是音乐给我们带来了对整体性知识的普遍自欺,以及对法律的蔑视,自由也就随之而来。人们变得无所畏惧,好像他们都拥有知识,恐惧的缺失导致了厚颜无耻。他们如此无耻以至于不再顾及更优秀之人的意见,这与卑劣的厚颜无耻没什么两样,都来自过度的自由"(701a-b)。

雅典人用雄辩的修辞进一步描绘了雅典更为悲惨的远景:"朝向自由旅程的下一步就是拒绝服从官员,之后是不遵从家长和老人的权威和纠正;最后一环是努力逃脱对**法律**的服从,当**那个**目标实现之后,他们就会蔑视誓言、约定和所有宗教"(701b)。当这些出现了,他总结道,人就回到了"无止境的悲惨世界的旧状"(701c)。

我们在这儿要缓口气。如果我们将柏拉图对未来的晦暗描述放在一边,很明显可以看到柏拉图非常确信自己先前提出的关于**当时**雅典民主制的看法。虽然他赞赏雅典对自由的坚守①,但他接着谴责往往与之相伴的骄纵(参考《理想国》560e5,*anarchia*),他说这骄纵是因为推翻了曾在过去支配雅典人的两种主要约束而来,这两种约束是羞耻/敬畏感(*aidos tis*)和对行动后果的合理恐惧。如他几年前在《政治家》中说的那样:如果你只能在**漠视法律**的政体类型中选择的话,那民主制是最好的!

但有一个改变是很明显的:他所描述的当时的雅典图景并非全然消极,这与《理想国》不同。在《理想国》中,他更多地强调城邦的骄纵而非自由;现在,虽然他仍然谴责与之相伴的骄纵②,但也很乐意承认

---

① 关于《礼法》中的公民自由,见 Bobonich(1991,2002),Keyt and Miller(2007),Lefka(2003)。

② 关于《礼法》中柏拉图对民主的批判,见 Matthei(2001),Pradeau(2004,2005),Rowe(2001)。

雅典所享有的**自由**的价值和意义,正因为此,民主制现在成了**最好**而非次坏的城邦至关重要的特征。表面上看,这是他思想中的重大调整。

我们只能猜测这一转变的原因。我自己的看法是柏拉图不仅看到了战争中的雅典,而且看到了和平中的雅典——这是他23岁之前所认识的那个雅典。在他看来,就像在修昔底德看来,战争中的雅典毫无节制、自我毁灭,与纪律更加严明并最终取胜的斯巴达形成鲜明对比。但之后半个世纪的相对和平让他有足够时间来反思雅典的现实,这个城邦致力于公民**自由**,事实上很快从战败中**恢复**,而与之相对,像斯巴达和忒拜这样的独裁(autocratic)政体,其特征是公民内部纪律严明,但是在享受了短暂的权力和荣耀后,很快就崩溃了。当然这只是一种推测。现在让我们回到《礼法》。

在吐露了自己对当时雅典民主的负面观点之后,柏拉图现在可以回来讨论他的理想政体了,即将民主制最好的部分与君主制最好的部分以及它们的"道德价值"合并为一个"城邦体系"(707c)。在讨论了一阵子民主制之后,他现在可以转而讨论最佳城邦中"独裁的"成分了。

但在这之前,如同在《理想国》中那样,他又一次讨论正义的城邦如何得以开始?他的答案是,要有神启、运气和技艺的结合(709b-d),部分技艺包含了应该**祈求**何种运气(709d)!这样的结合要求杰出的立法者(710c-d)与"有着良好记忆力、学习很快、天性勇敢、志存高远",同时还要拥有(通常意义上的)"节制"(均衡、自制[sophrosyne],710a)的年轻独裁者(autocrat)*的幸运相遇。这一情形在何种情况下最易发生?他认为是在独裁统治(autocracy)中,按照可能的程度,接下

---

* 作者在讲稿中多次用 autocrat 一词,但按照原文更应翻译为僭主和僭主制;但是鉴于作者使用了 autocrat(autocracy)和 tyrant(tyranny)两组词汇,这里也在翻译时做出区分。——译者注

来是依法统治的君主制,之后是民主制,最后是寡头制(710e)。鉴于我们已经讨论过的内容,民主制在依法统治的君主制之后并不会让《理想国》的读者惊讶,但是其位置在寡头制之前则可能会让人纳闷。柏拉图肯定意识到了这一问题,并为自己做这么明显的次序变动提供了解释。他设想的幸运相遇意思是说,很自然的,"真正的立法者"恰巧与"城邦中最有影响力的那些人分享权力。在这城邦中,如在独裁政体中那样,后面的这一群体最少但最强有力,这样一来,就有机会实施轻易而迅捷的革命"(710e-711a)。

这一与运气的特殊结合比起最初的组合要更复杂一些,但是这解释了柏拉图为什么选择这一时机将民主制放在寡头制前面,并作为建立真正好城邦的可能起点。在寡头制中,有相当数目的人掌握着权力,但没有哪个人特别强大;与之相对,在民主制中,大部分平民权力很小,而那些通过选举担任**公职**的少数人拥有大权。柏拉图自然指向了雅典历史上的著名人物,如伯里克利等人就以这种方式获得了权力。

回到正义城邦是独裁制和民主制中更好性质的结合这一问题上来,柏拉图现在问世界上是否曾出现过这样的城邦。他说有这么一个故事,那是克洛诺斯(Cronus)时代的故事,那时克洛诺斯通过护卫精灵(guardian spirits)的中介统治着世界(713c-714a)。他继续说,从这个故事我们得到的寓意是,在克洛诺斯的时代,因为神和其代理者的仁爱统治以及人们的服从,人们享受着"和平和安乐,良好的法律和广泛的正义",他们的家庭享受着"内部的和谐与幸福",我们也必须遵守我们之中不朽的部分,即理性,并将理性命令的东西命名为"法"(713e-714a)。

在如此定义了"法"之后,柏拉图现在能回到其统治资格的清单了。在所有这些竞争性的主张中,哪一个更好?他说,那就是强者的利益;无论何种政体,无论是独裁制、寡头制还是民主制,"获胜的一方根据自己的情况,颁布着眼于自己利益——即维护永久统治——的法律"(714d)。但是这并不意味着认可色拉叙马霍斯的观点。他说,在寡头制和民主制的城邦中,各派为权力而战,并随其所好颁布法律,统治者头脑中并没有公益,他们的法律"也不是真正的法律"(715b)。他说,支持某一方的人"是派系,而不是公民,他们所谓的权利也都是空话"(同上)。他继续说,正义的城邦中**没有**派系,而是在一个权威的统治下,只有那些"完全服从现有法律的"人才能获得公职(同上)。的确,**真正的**正义定义就是"统治者的利益"(714c),并且由那些显示出服从法律的"法律的仆人们"来实施(715c-d)。

认真的读者会问,是谁**设立**了柏拉图谈论的既定法律呢?他的答案是:一个明显具备必要的智慧(712a)、均衡(balance,*sophrosyne*,同上)和致力于整个共同体全体利益的人(715b)。他更进一步直接反驳了另一位智者普罗塔哥拉的著名论断。由这样一位君主以立法的形式和内容显示出的智慧和均衡,显示出**他自己**服从更高的权威,即神本身。柏拉图说,因为神而非人是万物的尺度(*metron*)①,君主自己的尺度与均衡反映出神本身的同样品质。他继而说道:"所以想要被神所爱的人,自己必须尽全力**变成**这样……我们中均衡的(*sophron*)人是被神所喜爱的,因为他像神,而不均衡的人则不像神,与神不一致;对于不义和其他情况来说,也都是一样。根据这些观察",他说,"我要你注意接下来这个最高贵也是最真实的原则:对一个好人来说,祭祀并经常通过祭献、祈祷和其他敬拜神的方式来与神沟通,是他实现幸福生活所能遵循的最高贵、最好、最有益,同时也最适宜的方式,但对邪恶之人则完全相反"(716c-d)。

神实际上是万物的尺度这一表述,以及他从中推演出的行为准则无疑值得注意。但是在说出这些之后,柏拉图并没有给出进一步的说明,而是转向了其他方面。此刻,越来越明显,《礼法》中的柏拉图有点

---

① 见 Marcos de Pinotti (2003)。

像音乐界的西贝柳斯(Sibelius)。熟悉他交响曲的人会记得他如何用一些小片段来汇集成大乐章,这些小片段初看起来并不重要,但最后却汇聚成了主要的,往往是令人瞩目的主题。说到柏拉图,我们在对话中已经遇到过几处关于宗教在城邦中角色的讨论了。在701b-c,他提到"蔑视所有宗教"的世界是"永无止境的悲惨世界的古老境况",在709b,他说"神是一切";在713e,他说"一个共同体由人而非神统治时,其成员就无从逃离邪恶与悲惨。"现在我们看到他说神而非人是万物的尺度,有德性的人向神祈祷和献祭,而"恶人"不会这样做。他暂时对该主题没有更多要说的。但是如西贝柳斯一样,他会再回来详细阐述这一主题——让我们等到柏拉图自己来揭示对该问题的看法时再说吧。现在我们来讨论他认为刻画了好城邦的各种法律。

他首先说法律必须要有经过仔细阐述的序言①(或基本原理),这样公民们得以全面了解并知晓法律存在的理由、细节和意含(719e以下)。

婚姻法是一个很好的例子,他称之为"管理城邦创建第一个阶段的法则"(721a)。婚姻法的一个简略但不是很好的版本如下:"男人在三十岁至三十五岁之间必须结婚。不这么做的人将被剥夺公民身份(atimia)和处以罚款。罚款有一定的数目,公民身份的剥夺也有一定的形式"(719e以下)。

而更为复杂,也更易为人接受的版本要包括合适的序言(或道理),如下所示:"**男人到了三十岁以后,在三十五岁之前必须结婚**。要知道人类因特定的本性/自然而分有不朽,每个人的本性/自然都以各种方式欲求不朽。对名望的渴求以及不想默默无名地死去就是追求不朽的表现。因此人类是时间的孪生兄弟和同伴,总是与时间绑定在一起,永不分开,人类就以这种方式实现不朽。通过代际更替,保持着种

---

① 见 Pradeau (2006a), Silverthorn(1975), Waugh (2000)。

族的同一,通过生育后代来参享不朽。如果有人不这么做的话,如果他有意不考虑妻子和孩子,那么就是不虔敬的。我们与遵守这一法律的人相安无事,但是如果有人违背这一法律,到了三十五岁还没有结婚,就要让他每年都**交付一定数量的罚金**,以让这单身汉不能安稳地过日子,并让他**不能分享**年轻人在各种场合给予年长者的**公共荣誉**"(721b-d)。

除了生育的需要,柏拉图还为具备公民责任的生活设置了另外两个基本原则:讲真话是极为重要的(730c),还有就是在需要的时候,有德性的公民进行控告的义务。他说"不做错事确实是值得给予荣誉的;但是阻止不义之人行不义的人有双倍的价值,并且值得给予超过双倍的荣誉。前者对其个人有价值,而后者因为向官员报告别人的不义,对多数人有价值。在城邦中,如果他能够帮助官员去惩罚(错事),那他就是伟大而完美的公民,应该授予他象征德性的棕榈叶"(730d)。

关于"惩罚(错事)"的具体细节在这里并没有详加阐述,但是有一个主导性的重要原则可以讨论。因为柏拉图从其最早期的对话就断言"无人有意作恶"(731c),立法者就要区分不同类型的违法者。犯了"不可弥补"之罪的人将受到"严厉的惩罚"。而那些犯下"**可弥补**"的罪行的人分为两类:宽大处理那些可以纠正的犯人,而对于那些**无可救药**的犯人,"我们必须以愤怒相待"(731b-d)。关于**这个**问题,柏拉图此时也没有多说什么,好思考的读者会有两个问题萦绕心头:"为什么犯罪行为被当作灵魂中的某种**病症**?"(731c),以及"对于特定的人来说,什么构成了这一病症**无可救药**的**证据**?"①我们还在等着柏拉图对这些问题的回应,却被告知我们将"独裁者和立法者"(735d)结合起来,为建立美好城邦做了准备,具体来说就是通过将正义和惩罚(timoria, 735e1-3)结合起来,而这惩罚"可以到死刑或放逐的级别,结果是

---

① 关于"无可救药"的灵魂,见 Brickhouse and Smith (2002)。

要清除掉城邦中最危险的成员,最大的和无可救药的侵犯者"(735d-e)。他说,更为温和的清理城邦的方法是把这些人派出去建立殖民地(736a-b)。柏拉图在这件事上的观点再清楚不过了。但是这引发了一个新的问题:如果他真的认为"无人有意做恶"的话,为什么要讨论立法者对**任何人的惩罚**呢?

柏拉图在说完这些之后(他会在第九卷回到这些问题上来,我们之后也会讨论),转向了一个不能再推延的问题,即这一城邦在什么意义上与《理想国》中那个范型式的城邦有关?他很直接地说(739e),这个城邦相对于最好的城邦来说是次好的,① 最好的范型是我们永远都必须努力实现的(同上)。他对这一范型的评论非常简短,但其重要性体现在两个方面。首先,就所有制的观念来说,这是《理想国》中坚定表达的观点的简略版。他说"如果这一理想现在能够在某处实现,或者实现于将来的某一天——一个妇女、儿童和财产都是公有的共同体;如果人们通过各种措施来将**拥有**从生活的所有方面都去除掉;如果通过各种方法,尽可能地将依自然是私人的事物在某种意义上变成**公共的**财产,我的意思是如果我们的眼睛、耳朵和手能够为了**公共目的**去看、听和行动;再有,如果我们一致地赞扬与谴责一些事物,同时对同样的事物感到高兴和痛苦;一言以蔽之,当城邦的制度使得它最大限度地成为一,那就是最好和最正确的标准了"(739c)。这样一个城邦就最完美地实现了毕达哥拉斯的名言"朋友的财产就是**共同的财产**"(739c)。

但是他的第二个表述则是全新的。"这一城邦居住的应该是那些神或神的子孙,他们这种生活非常愉快"(739d)。"神和神的子孙?"柏拉图听到批评者的意见了吗?如果是的话,那他肯定一直会听到对《理想国》的一个批评,那就是其中的公民,特别是护卫者的德性太过

---

① 见 Laks(2000b), Lisi(2010)。

完美,以至于他们看起来并不像人。他在这里回应他的批评者说,这个批评实际上是有效的;范型式的城邦中的居民实际上并非是人类,而是神和(像赫拉克勒斯那样的)神的子孙? 如果他是认真的,那似乎是在暗示,他不仅认为那个范型从未或将会实现,还认为那个范型就**本性**来讲最多只能被以一种不完美的方式实现,因为世界上的任何城邦都不会是由神圣造物构成的。相反,**可以**实现的是"次优的"城邦(用他自己的话说,739a,e),它**本身**虽是**不完美**的实现,但仍是最好的可能城邦。这样的城邦,其成员不是神或神的子孙,而是生活在真实时空中真正活生生的人。他们是真实的希腊人,居住在真实的克里特岛上的真实城邦中。从这儿往后,我们读《礼法》时就要记得,我们所要实现的任何状态都是在活生生的、非范型的人性约束之下进行的;我们不是也永远不会是神或神的子孙。与《理想国》的护卫者不同,法律的护卫者所看管的城邦中,我们将会看到,既有罪行又有和平,既有恶性又有德性,既有惩罚又有奖赏,如此等等,这些将其区别于范型。

《礼法》对于可在次优层面上实现的东西表现出了某种新的乐观主义。在《理想国》中任何**异于**范型城邦的都被视为一系列的衰退,最终以可怕的民主制和僭主制收尾。与之相对,在《礼法》中,这一相对于范型城邦的次佳城邦,彰显了在人性、我们生活于其中的世界本性和机运的约束下,所能实现的最大可能的德性。在实践层面上,它是在君主制和民主制这两种**已有**政体的最好部分基础上构建起来的。

我们终于可以转向讨论这个新城邦(被称为马格尼西亚[Magnesia])的一些特殊性质了。首先是它的规模。他说,城邦的规模足以"保证支持一定数量的拥有适度抱负的人的生活,而不会更大;人口应足以抵御外敌侵犯,并能帮助被侵犯的邻邦"(737c-d)。全体公民由5040个家庭组成(这一数目的复杂原因见771c-d),法律的执掌者要想尽办法保持这一规模,包括采取将过剩的人派出去建立殖民地的方法。所有的家庭都要有差不多大的土地。我是说"有"(have)而非"拥有"

(own),因为所有的财产是整个城邦的公共财产(740a)。这些财产通过抽签分配(同上)。至于金钱,除了允许商人在与外邦交易的时候用适当数量的金银,所有其他人都使用内部货币,他说,这种货币"在城邦内有价值而在城邦外一钱不值"(742a);禁止有嫁妆;也不准有高利贷(742c)。

很明显,我们看到的是柏拉图后期思想中我称之为"民主转向"的另一个例证,这个引人注目的例证在接下来对财富积累程度的讨论中得以确立。首先他说,他的新城邦分为四个财产等级,我们马上就能想到这类似于**前**民主时代雅典的状况。他进一步解释了背后的原因,居民们会带着自己不同数量的财富进入这个新城邦(744b),一旦定居下来之后,考虑到城邦为每个人提供的"平等机会"(744b)和他们不同的身体条件和(习得或遗传的)德性差异所导致的不同机运,他们会积累不同数量的财富,这样城邦很自然就分为四个阶层。

但是接下来的一步显示出他思想中全面的**民主**转向。他说,新城邦中的贫富是有限制的。在这个系统中,每人分得的土地份额恒定不变。这是衡量基本财富数量的尺度,是每个公民都有资格拥有的。所有的公民通过商业或其他努力最多可以积累四倍于基本财富的数量。但更多就不行了。

我们先停下来讨论下这一点。在新城邦中,机会是平等的(744b),但集聚的财富是**不平等**的。但关键是,不允许存在贫困(即赤贫),财富会有一个上限。相对于那些拥有四份基本财产的人来说,拥有一份基本财产虽然被认为是贫穷的,但也足以保证人们能过上适度的好生活。拥有两份、三份或四份基本财产肯定会满足更多的需求,但是最低阶层的人无疑也能保证生活品质。如果最后有人集聚的财富超过了四份,那法律就会让他把多余的奉献给"城邦及诸神"(745a)。虽然柏拉图没有详细说明这一点,但我们可以设想这些转移给城邦的多余财产,会用来保证每个拥有基本财富份额的人都能维持生活品质不会恶化。当然,柏拉图非常自信这一体系会保护所有公民基本的好生活,因此城邦中禁止乞讨,如果有人想要这么做的话就会被处以放逐的惩罚,他说,这么做是为了"保证我们土地的洁净"(736c)。

约翰·罗尔斯的读者会立刻意识到,支持这一主张的原则是"作为公平的正义"概念。① 罗尔斯说,在好社会里,任何理性的人都会愿意生活在最差成员的那个阶层。② 这似乎也正是柏拉图所追求的。这不仅作为理想的民主制,而且是精良的民主制,它鼓励人们累积财富,但是首先要受到公益的约束。

同样值得注意的是普适性:与《理想国》形成对比的是,我们现在讨论的这个城邦的统治者(现在被称为法律的护卫者,nomophylakes,755b)也分有财产,并被允许累积财富,在这两点上与其他公民一道接受同样的管理。他们也没有接受任何特殊的教育——这一点也与美丽城中的对应者形成鲜明的对比;他们被**选出**担任公职,最多任职 20 年③;并且不允许在超过 70 岁后担任公职。

民主转向也很明显地体现在他挑选城邦议事会(Boule)成员的方法上,这个议事会的职能与当时雅典的同一机构类似。就选举议事会成员来说,它结合了选举和作为雅典民主制明显特征的抽签。虽然他知道这是在两种平等之间做的不尽完美的折中,其中一种好过另外一种。"数量上的"平等能通过抽签制度轻易实现,但缺点是没有考虑城邦中更有价值的群体,这些人"拥有德性和教育"(aretes te kai paideias),而其他人则缺少这些素质(757c)。因此必须如此来设计这一制度——他称之为"给各种**不平等者**以真正的和真实的平等"(757d),即用标准的投票制度来让那些具备统治素质的人有真正的机会来统治,

---

① Yousenie (2009).
② Rawls (1999, 2001).
③ 关于《礼法》中护卫者的遴选,见 Schoepsdau (2000a)。

他还是很明确地认为普罗大众**没有**能力统治,但是会满足于**他们的**意见通过抽签方式体现在最终的选择中。所以早先所有公民通过标准的投票选出 720 个人(每个财产阶层选 180 人),这 720 人中的**一半**(360 人)通过**抽签**产生,组成当年的议事会(756e)。

表面上看,这是他认为新城邦是君主制和民主制的最好特征相结合的又一证据。但是下面的观点则表明,在他看来,这种结合出于在两种体系间妥协的需要,其中一种体系中的平等观念比另一体系中更站得住脚。虽然他仍然会说,作为民主制特征的"自由"在好城邦中也是君主制的特征,但是他现在承认,在他看来,这一自由最标准的形式——抽签——是某种妥协,并没有达到他所谓的"绝对和完美的正义"(757e)。如他所言:"我们必须引入抽签平等的原因是避免大众的不满,人们在这么做的时候应该祈祷神和好运带来最公正的结果。所以你看到,出于必要,我们要使用两种平等,但基于**运气**的平等要尽可能少地使用"(同上)。然而,这尽可能少地使用的场合是在选举城邦议事会成员这个最重要的事务上。

我想我们可以从这一率直的表述中推断,虽然民主在新城邦的运作中被赋予了重要角色,但那只是在柏拉图所能容忍的范围内,这一自由被界定为"大众"的自由(757e)。早先的选举确保了进入最后一轮的 720 名候选人是通过大体上理性的标准投票产生的,之后通过本质上**非理性**的**抽签**制度产生 360 人进入城邦的议事会。我们看到,对柏拉图来说,这很显然是一个没有达到"绝对和完美的正义"的方案。但即便如此,这仍构成其晚年的一个重要转变,即因为需要城邦各部分间的善意与和谐,好城邦就要给其大多数阶层以自由,也就需要自由来保证至少部分议事会的成员要通过运气产生。《理想国》的哪个读者曾想过这种情形呢?

最后让我还以与柏拉图的简短对话结束今天的讲座。

读者:柏拉图,在写了《理想国》之后,你对民主的看法很明显发生了某些改变。

柏拉图:你为什么这么说?

读者:现在民主制和君主制一并位于你政体清单的顶端了,而不是位列第四——仅比最糟糕的僭政好一点。

柏拉图:不错。但是我并没有说它和君主制**并列**第一位。

读者:是吗?

柏拉图:我不确定是否可以那么轻易地排列。我们还是说马格尼西亚拥有君主制的优点以及民主制的优点吧。

读者:所以每一个政体都是被公平地(fairly)而非平等地(equally)表现出来的?

柏拉图:这么说比较合理。

读者:但是按照我对你的理解,马格尼西亚具备的君主制的"优点"要求君主**开始**一切。他似乎在工作完成后就消失了。

柏拉图:是的。但这开端非常重要,整个后续体系的德性和活力都依赖他的意愿和最初的决定。高级官员被赋予权力也可能被认为具有君主色彩,虽然我确保它要权责相符。但是除去这些,这个政体与民主制有很多共同之处。

读者:说到这一点,可以说你在《礼法》中比在《理想国》中对民主制更加友好了吗?

柏拉图:不见得。我仍认为著名的雅典民主是极为失控的。像我在对话中说的那样,我一直认为在伯里克利之前的雅典民主更好,因为那时人们更尊重应该尊重的东西,更害怕不良行为的后果。**这种**民主制的优点是好城邦的必需部分,我视之为制约君主制度在不受节制情况下滑向僭政的力量。我认为僭政仍然是最糟糕的政体。

读者:所以民主制的首要价值是作为遏制潜在僭政的力量?

柏拉图:我不确认这是它的首要价值,但显然是一项主要价值。即便在目前的情况下,自由仍经常被无节制地滥用,有时产生相反的效果(如我的城邦在与斯巴达作战时要投票处死所有的将军),但它要比绝对的僭政好。即便存在这些极端情况,民主的一些具体**制度**仍是有价值的。

读者:你是指——

柏拉图:比如说公民大会,公民们可以在其中投票。还有议事会。合宜地改变一些细节,并增加其他两个团体——法律护卫者和夜间议事会(我们在后面肯定要谈到它),每个制度都会在马格尼西亚运作良好。

读者:但是你提到的这些增补的团体听起来都很庞大。法律护卫者非常像在《理想国》中扮演重要角色的护卫者,他们肯定更像是君主制而非民主制城邦的特征。

柏拉图:我想你被我继续使用的"护卫者"一词误导了。法律的护卫者是从公民全体中产生的;通过选举掌握权力;有确定的任期;直到离职,要对任期中所有行为负责。这对我来说是很民主的。夜间议事会也是同样的,这我们以后会谈到。

读者:但是抽签制度呢?我想很多人会很吃惊,你竟会支持这个在最有智慧的人看来雅典最荒唐的制度。

柏拉图：别着急。你刚才说我将民主视为马格尼西亚的安全保障，没错。在这个城邦中，抽签制度是特别有用的，即便它有重大缺点。它的缺点是不符合理性，每次使用抽签时，几乎可以肯定会将很多如果获得公职本来能够作出巨大贡献的人排除在外。但是作为针对新特权阶层兴起的节制力量，它是非常有效的，否则这一特权阶层终将实行僭政。在马格尼西亚，我尽量让抽签制度的缺点最小化而优点最大化，比如在议事会中，我确保它是在预先的**选举**之后才发挥作用。所以最终半数候选者通过**抽签**组建起议事会，即便一些好人最终**没有**进入议事会，但最终抽签决定之前的选举程序至少保证了，最后进入委员会的人都符合人们的选举意愿。它不是一个完美的制度，但有优势。另外，它肯定比当下雅典的制度好，现在压根儿没有任何选举，议事会的**所有**成员都只是通过抽签决定。

读者：你会认为四重**财产**体系在精神上是民主的吗？
柏拉图：我更愿意称之为公平的。

读者：好吧，不管你叫它什么名字，你真的认为它管用吗？
柏拉图：考虑到人自然的占有欲，这无疑是很困难的。在这个以及很多其他问题上，我只能说，我希望所有公民接受到的旨在公民德性和公益概念的教育，会让大家理解并赏识我提出的方案的公平性。

读者：我的希望则是我们明天能继续聊，这次聊的时间太短了。
柏拉图：好的，我们明天继续。

第四章 犯罪与惩罚

宽泛地讲,我们很容易看出,柏拉图新城邦的治理结构(《礼法》752e-768e)除了(最初的)君主统治和三十七人组成的"法律护卫者"外,很类似于他那个时代的雅典,有理由将这视为柏拉图晚期思想民主转向的又一例证。但法律护卫者执法的**普遍性**和实施法律的严格性很可能就不那么容易辨认了。柏拉图说,因为"只要我们能做到,就不能置之不顾"(760a);生活的每个方面,包括城邦的防御、市场交易、宗教活动、娱乐活动、城市规划和美化、体育训练、体育竞赛、音乐节庆和司法体系的管理等等在内,都要接受护卫者的严格掌控。法律护卫者中最为重要的是教育官员(*tes paideias epimeletes*,765d),《理想国》的读者对此不会惊奇,他监管着我们在《理想国》和《礼法》前面所看到的内容,旨在实现正义城邦的目标——公民有德性的生活,在这里这种生活被重新定义为"人的品格所特有的灵魂德性的真正卓越"(770d),这实际上被说成是正义城邦的**唯一**目标(同上)。

柏拉图在稍后会讨论教育官员工作的细节。现在他要讨论良好法律的构成要素,他的观点既有灵活又有不灵活的一面。他说,良好城邦的法律最初肯定有疏漏,最开始只是粗线条的勾勒。但是整个画卷会由后续立法者日积月累的实践逐渐完成。这方面的一个例子就是管理宗教事务的法律。在经过多次细节修订和疏漏弥补之后,一旦这些法律"被认为已经完美了",法律的护卫者"就应宣布不能再做修正,之后就要与立法者最初颁布的法律一并实施"(772c)。

这些观点对于《理想国》的读者来说并不陌生,完美在于静止不变的形式(Forms),任何参照形式的形象(image)建立起来的东西,如旨在例示正义之形式的法律,一旦达到了护卫者所认为的完美状态,同样也是不可改变的。

他们要对哪些人应用这些静态的法律呢?肯定是对公民们。但是构成整个人口20%到40%的奴隶呢?① 众所周知,在《理想国》中并没有提到奴隶,有人就此推断说没有奴隶,但这并不合理。对于当时的希腊人来说,没有奴隶支撑的城邦是不可想象的,柏拉图当然也不例外。他说,奴隶是一种财产(777b),但他承认这一概念"存在着困难"(同上)。但这困难并不是有人设想的那样,即将他们仅仅当作财产是对他们人权的明显压制,而是如何在特定的情况下**控制**他们,比如说,如果他们为数众多并且说同样的方言该怎么办(像斯巴达人以前在麦西尼亚[Messenia]要控制的大量农奴那样),他提供了一个双管齐下的解决方案:首先,确保他们不是一个血统,说不同的方言;其次,"**恰当地对待**他们,并为之着想"(777d)。他提出的恰当对待奴隶的原因值得分析。他说,为奴隶着想"确实是为他们好,但更是为我们好。对待奴隶的合理方式是不要对其使用暴力,如果可能的话,对奴仆要比对有平等身份的人更为公正。因为就是在处理那些他可以**轻易错待**的人时,人显示出其对正义真正的、毫不作假的尊敬,以及对不义的真正厌恶"(777c-d)。

简言之,当奴隶被视为财产时,并不拥有权利,公民对其负有责任。但是这责任严格限定于奴隶主人自身德性的存有和持续展现。亚里士多德后来说奴隶是"拥有灵魂的工具"(organon empsychon)②。但柏拉

---

① 关于柏拉图体系中奴隶制,见 Saunders(1991),pp. 107—108,152—153,215—216(特别讨论了对奴隶所犯罪行的合理惩罚),Bertrand(2000b),Morrow(1976),Schuetrumpf(2003)。

② 亚里士多德:《政治学》1253b28-32。

图这里说"为其自身的好"(777d)表明他并没有像亚里士多德走得那么远;说某人应该受到"为其自身的好"的合理对待,在承认奴隶是人的路上只走了半程。但这也是柏拉图能允许的最大限度。在麦西尼亚的农奴反抗斯巴达时,我们知之甚少的智者阿尔西达马斯(Alcidamas)用一句著名的话来伸张奴隶们的自由(c.360BCE):"神给所有人以自由;自然没有使任何人生为奴隶。"①

既然开始讨论柏拉图新城邦中"人"的话题,我们就要看看女性在其中扮演的角色。② 我们记得在《理想国》中,他提出拥有良好出身背景和特殊教育的女性同样有能力进行统治,和拥有类似出身和教育的男性一样。而其余的女人在他眼中和很多其他希腊人所认为的差不多,并没有更好或更差。在其范型式的城邦中,她们并不是公民,这和她们在雅典城中是一样的,并被认为是道德上稍逊一等的,尤其是比较怯懦。《理想国》469c-d 就有这么一个例子,他问道:"在胜利后掠夺死者除武器外的其他东西是什么很体面的事么?……难道你不认为劫掠尸体是很粗鄙和贪婪的吗? 在真正的敌人已经丢盔卸甲逃跑的情况下,将死者的尸体当作敌人不是**女人般小里小气**的标志吗?"

在次好的城邦中,这一观点总体上并没有改变,我们可以从下面这个例子中看得很清楚。法律的护卫者作为旨在公共安全的监察部门,将会采用斯巴达和克里特式的男性公民的公餐制度——同时也会设置女性的公餐制度。他接着解释了背后的原因。"我们一半的人",他在谈到男性公餐制度时说,"因为**其弱点在于过度隐秘和狡猾**,女性就被这制度置于不受管制的状态……女人如果不加以节制就不会如你想象的那样只是一半的问题;就**其自然秉性逊于男性**而言,她会带来双倍或

---

① Guido Avezzu, ed., *Alcidamante: Orazioni e Frammenti* (1982), fr. 3.
② 见 Cohen (1987), Levin (2000), Samaras (2010), Saunders (1995), Schoepsdau (2002b), Smith (1983)。

甚于双倍的问题"(781a-b)。

这种观点令人沮丧,它和古典时期的希腊人对女性的看法很类似。但是需要将它和其他更积极的安排一起来看,特别是柏拉图现在回到的话题——教育。在他的新城邦中,所有人都要接受教育,男女接受**相同的教育**,包括像曾被认为是只有男孩子需要接受的马术和使用武器(包括穿戴盔甲格斗,813e)等在内的所有训练。为此目的,共设置六所公共学校,三所在城邦界内,三所在城邦外,他们拥有付薪教师(城邦来支付薪水)(这是另一个革命性的观点),他们会"提供战争技艺和艺术的完整教育"(804d)。

很难想象这些想法会让柏拉图最初的读者们何等惊讶,特别是教育在政治和社会上面向所有人。他并没有提到像《理想国》中安排的,给予被视为法律护卫者(或男或女)的儿童以特殊的教育;我们只能推断,成为法律护卫者的人不再是基于出身背景和特殊教育而被选择,而是基于在接受完每个人都必须参加的同样教育之后,表现出来的才能与天赋。

看到这些表述,我们或许会飘飘然一会儿,但很快又落回到地上。我们马上看到其基础并非男女平等,而是城邦需要最大限度地利用其质料。用柏拉图自己的话说就是:"我称我们目前的做法为最愚蠢的:男人和女人不团结起来尽全力追求同样的东西是非常愚蠢的。实际上,在我们目前的体系下,每一个城邦都只完成了可以实现的**一半**效果,但是却付出了同样的支出和努力"(805a)。①

我们听到的是实用主义的话语。如果柏拉图在表达这一观点时想的是城邦的"德性"的话,那就是作为"**效能**"(我们前面已经说过,这是

---

① 有人从对话后面的段落(785b)推断,柏拉图在《礼法》中赋予女性公民权,并且女性能获得男性担任的职位,但我认为这是非常值得怀疑的(见第六章)。在他的城邦中,最终对女性的任用并没有想象的那么普遍,远远低于我们由其对教育平等的强调而产生的期待。

通常译为德性[virtue]的 arete 的基本含义)的德性了。效能构成新城邦中教育实践基本内容的基础,这些实践中的很多都是《理想国》的读者熟知的。首先,教育不仅面向所有人,而且在内容上也一成不变。所以"同样的儿童总是以同一种方式玩同样的游戏,并从同样的玩具中得到快乐"(797b),这背后的原则是,"变化——除了从坏的事物中改变以外——总是极为有害的"(797d)。音乐和舞蹈的标准也是固定的,每个人的生活都像是"作为神的玩物(paignion)被塑造的"(同上)。柏拉图说,战争并不像斯巴达人和克里特人认为的那样是生活中最严肃的事情。**游戏**是最严肃的事情,它包括我们的献祭行为、歌唱和舞蹈等,它们都是按照永远不变的脚本进行的,目的是获得上天的青睐和消灭内部的敌人(803c-804b)。

柏拉图又一次不多加解释地快速推进。但是他意识到了这一点,并且在最后说虽然人"基本上是玩偶",但他们也"触及关于自身的实在"(804b)。但是这一让步并不能让麦基鲁斯(Magillus)满意,他指责柏拉图低估了人性(同上)。柏拉图的回答只是说,他在说这些观点的时候头脑中想的都是神,刚才只是把这一"感觉"说了出来(同上)。我们不知道麦基鲁斯是否对这一回答满意。

柏拉图对另一个问题的回答无疑非常有趣。在讨论年轻人教育中熟诵合宜的诗篇时,克里尼亚斯(Clinias)问雅典人我们如何"指导我们的法律护卫者……允许年轻人学习某一篇而不能学习其他篇章时的选择**标准**(paradeigma)"(811b)。柏拉图毫无迟疑地回复说他们目前的**讨论**就"很像诗篇"!(811c)他说,"事实上,在所有我见过或听过的篇章中,不管是用韵文或还是素朴的散文写就,这个是最令人满意也最适合年轻人听的。所以我确实认为自己不可能给我们的法律护卫者或教育长官找到**更好**的标准,或者能给他比用这个来教学生之外更好的指导了"(811d)。他说,老师应该将在诗人和散文作家那里发现的任何"相关的或**类似的**内容",或者把像目前这种**不成文**的对话都"写下来"

(811e)。

很多人肯定问过柏拉图"你希望自己的著作在世界上处于什么位置?"柏拉图现在终于做出了回答,至少是部分的回答。他说,他的对话《礼法》是好城邦中年轻人获得德性教育所需记诵的所有散文和诗篇的标准。在《礼法》与《理想国》教育体系诸多一致的特征中,这一项是全新的,并且是非常个人化的。在诸多包含真理的顺带提及的段落中有这样一个说法,它给了我们线索来理解柏拉图为什么这么愿意称《礼法》是"范本"或标准:他说,他们从黎明开始的对话"在我看来无论如何都是受到某种形式的神启(epinnoia)的"(811c)。简言之,他的书是一部伟大的散文诗,如希腊人认为的那样,这部书和所有伟大的诗篇一样都被灌注了神的气息。与《理想国》的完美城邦——那永远不能实现的"天上的范型"不同,《礼法》是所有实际指导的范本,这就是说指引着实现他明确提出的所有被称为"正义"城邦的唯一目标,即"人类特有的灵魂德性的真正卓越"。虽然相对于由神和神的子孙构成的美丽城来说,这一城邦是次好的,但它是真正有机会实现的。

在公民德性的主题上,我们看到柏拉图仍然非常坚持《理想国》中的理想。关于同类相吸和相互影响这一古老原则,他说在戏剧方面,喜剧"并不值得任何意义上的重视"(816e),悲剧在一定条件下可以存在,即要"适合观看,对公众有益"(817d)。

诗歌和音乐同样要被严格控制。"诗人不得撰写任何与法律和正当、荣誉和善好的公共标准相悖的内容,在作品得到相关的**审查员**和法律护卫者审核批准之前,诗人不能将任何作品给任何私人公民看"(801d)。诗人的年龄必须要达到五十岁,并至少有过一次"杰出而高贵的事迹"(829c8-d1)。最后柏拉图坦承,有道德价值的诗人的作品"哪怕没有艺术性"也应被表演!(829d)这一评论很简短但却非常重要:就教育的独特目的,即培养和加强德性而言,诗人的道德地位要胜过其作品的艺术价值。

就教育中更为科学性的内容而言,包括天文学在内的理论和实践科学的训练是强调的重点。他对天文学的评论值得注意,因为他后面会花更大篇幅回到这一主题。他认为希腊人将"天空中的神灵",也就是行星,描述为"漫游的星辰"是错误的,他说年轻人必须"洞晓关于天空中神灵的所有**事实**,以防止**渎神**,并要在我们所有的献祭和祈祷的语言中保持虔敬"(821c-d)。这是他在对话中第二次使用"渎神"(blasphemy)一词。他会在后面说明使用该词的重要性。现在我们先回到他对教育的看法上来。

他继续说,为了保卫城邦防御外敌,教育中必须要有高强度的军事训练(830c 以下)①。如果可能的话,要每天都进行军事操练,每月进行不同方面的战争训练,在这些训练中,公民们"使用仿真武器,进行真正的格斗"(830e)。他继续说,这些武器"应有一定危险性,以使得运动不会完全没有风险,从而使人警觉,并以这种方式来辨别人是勇敢还是懦弱"(同上)。如果偶尔在这种训练中出现伤亡,也不会被认为是有意的(831a)。他说,立法者的想法是"如果少数人死了,那和牺牲者同样优秀的人会顶上来"(同上)——他还补充说,这比我们允许**害怕**死亡要好多了(同上)。

他对体育的总体看法也与此类似。男孩们和男人们(妇女和女孩不需要)赛跑时要全副武装(833a)。像摔跤这种运动将会取消,代之以一对一或二对二的格斗,同样也是全副武装的(833d6-e1)。希腊搏击(pancration,没有任何限制的摔跤,可能会致人死亡)也被取消,取而代之的是射箭和投掷。总之:他说,凡是与**战争训练**无关的体育竞赛都要被取消(832e2)。

柏拉图对迄今为止所描述的城邦表示满意,这个城邦能够基本防御外部可能的敌人和抵御**内部**产生的自我摧毁的激情。比如说,通过

---

① 见 Bertrand(2001)。

对金钱的限制来抑制贪婪,一般来讲,"官员的眼睛始终注意其目标和年轻一代,从不走神",这能"抑制大部分激情,就人们能够想出的办法而言"(836a)。但他现在感到需要详谈一下在之前章节中顺带提及的一个担忧(见第二章),那就是当这么多相同性别的年轻人被长时间放在一起后——如他讨论过的一起训练和公餐等——会发生什么事。他说,可能的结果是同性恋,他说我们意识到其"在私人生活和整个城邦中的巨大影响"(836b)。① 这些影响总结起来就是摧毁对于好公民的生活极为重要的德性,如自制和对抗激情的勇敢(836e)。他说,好公民"不会考虑与同性之人有肉欲的激情"(836c)。他会"将沉思置于激情之前";他的欲望是"灵魂对灵魂的",他会视享受肉欲是"放荡可耻的"(*hybris*)(同上)。

柏拉图攻击同性恋的理由是其非自然的自然(unnatural nature)(这一点他可能在早先的《斐德罗》中顺带提到过,但是在我看来,文本上并不明确)。② 这里所说的"自然"是指我们所说的"作为生产的自然"(而不是威廉·布克雷[William Black]所说的"弱肉强食的自然"),这个论证有着漫长的历史和持久的影响。如果不指明出处的话,人们或许会认为这里使用的语言来自当代的教皇通谕。柏拉图说,同性恋是"对人类的蓄意谋杀"(838e7-8),同样有害的是不想生育后代的**异性**性行为(同上)。可接受的性行为,也就是以生育后代为目的的异性性行为的典范就是动物世界。他说,动物"直到生育的年龄之

---

① 对此问题的详细讨论,见 Schoepsdau (2000b)。关于《礼法》中自然作为法律的基础,见 Lewis (2009b), Morrow (1948), Neschke-Hentschke (2000)。

② 见《斐德罗》250e-251a。问题是柏拉图此处的措辞既可以被理解为"对快乐的非自然追求"(这也是我的理解),也可以理解为"对非自然快乐的追求"(大多数评注者是如此理解的)。对我而言,柏拉图的意思是说,对人而言非自然的事情是"臣服于快乐","在仰望着美的时候没有丝毫**尊重**"。这同样适用于同性或异性恋的情况;在任一情况中,如果我们没有像人们能够并且必须做的那样,表现出自制和尊重的话,就是违背我们作为人的自然。

前,都节制而贞洁地生活着;当它们到了适当的年纪时,就相互配对……雌性与雄性,雄性与雌性,按照它们的喜好相配,它们虔敬而正义地生活在一起,忠于它们的初爱"(840d)。

读完这些,我们就不会惊讶柏拉图继续谈到,要设立严格的法律限制他认为的以肉欲为主导的行为倾向。这些法律特别包括禁止任何自由公民染指除自己妻子外的任何人;禁止这样的公民与情妇发生(没有防护措施)的性行为;禁止这样的公民与任何男性发生"不生育后代的非自然性行为"(841d)。或者,他说,要设立这样的法律以禁止所有男人间的性关系(即不仅仅是"不生育后代的非自然性行为"),以及在婚姻之外任何与女性的性关系(同上)。他不确定应该设立一套还是两套这样的法律(841e),但是他很明确地认为对于违抗者的处罚是剥夺其公民权(*atimia*,同上)!

我们只能猜测柏拉图最初的读者会对他的这些新观点做何反应。虽然自《斐多》以后,柏拉图的确对与性相关的问题非常谨慎,但是他在《礼法》构建的美好城邦中对该问题的讨论却将他带到这样一个境地,即便是最崇拜他的很多人也会感到不安。为什么到了晚年,他选择自然(Nature)作为道德行为的规范,而之前很长一段时间他都主张**形式**(Forms)世界扮演这一角色?如果**确实**选择自然的话,那为什么是作为生产的自然而不是其他视角下的自然?从一个更个人的角度来问,他是否考虑过如果按照他关于性行为的法律,学园中的很多学生就肯定会因违法而受到严惩?他自己与狄翁(Dion)也有很多年的同性关系,那他自己也要受这法律的惩戒吗?在一些人看来,岂不是连苏格拉底也要落入这窠臼之中吗?

我用这种方式提出这些问题是要强调,柏拉图的观点对于希腊人来说会是何等的震惊,在希腊人看来,过自由公民的生活——而不是诸神的生活——是他们所能想象的最高存在形式。剥夺一个人的公民权(*atimia*)就是剥夺生活本身。而这却是柏拉图建议的惩罚措施,以此来对待许多希腊人长久以来就认为是极其值得尊重的与别人的性关系。

柏拉图会如何回应这些问题？我们不得而知，但是在我看来，他很有可能会回到他的根本原则。好城邦的目标是培养有德性的公民群体。在这样的城邦中，如他在稍早的地方说的，一个真正爱年轻人的公民，是以**善**为目标的，即"希望将年轻人培养得尽可能**好**"（837d）。但是如果只是出于肉体的激情来爱另一个人的话，柏拉图也说过，"并不关心情人的**灵魂状态**"（837c）。没能尽到这一义务的人也就尽不到作为公民的核心义务。所以为什么不应该用相对应的方式——剥夺公民权——来惩罚他呢？

在这个假定的柏拉图的回答中，我有意忽略了对女同性恋的惩罚，因为柏拉图自己也没有说。在他的新城邦中，正如当时的雅典一样，只有成年男性才是公民，所以他们是他更主要的关注对象。说到他批评同性恋**背后的道理**——没有遵守作为生产的自然，女同性恋活动的问题要小一些，因为它不像男同性恋那样积极地**偏离**自然（839a）。因为女性之间的性接触无论如何也不会生出孩子，因为精子并不参与其中，对柏拉图来说，这种非自然性与**有**精子参与的男性性行为的非自然性全然不同。

既然柏拉图要讨论惩罚犯罪行为的问题，他在卷九中会具体讨论他的好城邦对需要处理的各种犯罪行为的合适惩罚。但是在这之前，他需要明确告诉我们，惩罚的目的是什么。[1] 他说惩罚要尽可能是矫正性的。比如说，对于奴隶或客居的外邦人偷窃神庙的亵渎行为，惩罚措施是在手上和前额烙上印记，并将其赤裸着逐出城邦，这会让他变得

---

[1] 关于《礼法》中犯罪与惩罚的详细讨论，见 Mackenzie（1981），Saunders（1973, 1991），Schoepsdau（2004, 2008），Lisi（2008），Cantarella（2007），Eckl（2008），Hunter（2009）。

更好,至少不会变得更坏;他说,"法律的审判**绝不**是为了**伤害犯罪者**"(854d)。而如果是公民的话,因为教育本应该把他教好,他犯罪就要被处以死刑(854e6-7)。同样的,叛国罪也会被处以极刑(856c)。

为什么是死刑呢?这个理由远比因为罪犯受过教育因此本应该知道什么不能做要深远得多。柏拉图说,法律应该旨在教育犯罪者"不要冒险**重复**同样的错误,或者重复的频率要低得多"(862d)。当且仅当成功地做到了这一点(柏拉图说为了实现这一目标可以尝试各种手段,从让其痛苦到使其快乐,从授予荣誉到施加侮辱),完美法律的工作才算是真正完成(同上)。但是如果法律**没有**在某个罪犯身上实现这个教育目的,罪犯在这之后仍"不可救药",那他就会被判死刑。这样做有三重好处。这对罪犯有益,他会摆脱不可救药的疾病;它会对城邦有益,因为给其他人提供了不应模仿的反面典型;它还会除掉城邦中的一个坏人(862e-863a)。

我们应该在这儿暂停一下。我们刚刚遇到了几个重要的命题。

(1)法律的目的绝不是伤害。

(2)法律的目的,只要有可能,就是矫正性的。

(3)法律的目的是教导合宜的行为。

(4)死刑的目的是消除不可矫正的罪行和除去城邦中的恶人。

在最后一点上,柏拉图很明显认为自己并没有违反"不伤害"原则。考虑到他认为灵魂远比身体重要,他的确认为灵魂才**是**人之所在(他在《斐多》和别的地方很直接地这样认为),① 他可以论证说,摒除罪犯生命本原——灵魂——中不可治愈的疾患,是对他好,而非伤害他,即便这要剥夺他目前的生命容器——身体。

与"不伤害"原则相伴随的是很明确的**报复**(*timoria*)原则,柏拉图

---

① 比如见《斐德罗》115d8-e4,《阿尔西比亚德前篇》130e5。

在《礼法》中经常使用该词(而在《理想国》中极少使用)。① 他使用该词时特别指**城邦**报复违反宗教或对抗城邦自身的罪行(856c1),像偷窃神庙或政治颠覆等。这当然是很古老的观念,在柏拉图看来也没必要废止。但在我看来,远为重要的是他认同这样一个更为宽泛和更为人性的观念,即报复并不是法律的**首要**目的,而是伴随着惩罚极端罪行的偶然特征。

柏拉图的前三个原则以及最后一个原则中的一项(即认为犯罪行为的倾向应该被更恰当地称为疾病,而非其他)已经得到广泛接受(虽然肯定不是所有人都接受)。"不伤害"原则也构成了众多西方法律理论和实践的基础。但是这里预设的不可矫正性(irremediality)仍然不能让许多人满意,人们仍会强调从过去不可能准确无误地预言未来,而这是他们谴责死刑的主要原因。他们辩称,人在**过去做**的恶事并不能让任何人有权视之为既定知识,并以此来推断他**永不会停止**继续行恶,更不用说曾经做过坏事的人并不能因此就被视为**坏人**,而仅仅是一个做过很多坏事的人。

柏拉图的原则还没有列举完。剩下的可以归纳如下:

(5)说到"错误的"和"正确的"行为,"错误的"行为(*adikia*)是特定的**激情**控制灵魂时的行为,比如愤怒(*thymos*)、快乐、痛苦、恐惧、嫉妒、贪婪等(863e-864a)。

(6)"正确的"行为是那些个体的灵魂能确定某一行动过程是**最好的**——不管某个城邦或个人认为什么是"最好的",这控制着他的所有行动,即便这会带来不幸的后果(864a)。稍微换一种说法就是,正确的行动是出自一个坚定的**意图**,即不管后果如何而总是做最好的事。

(7)有一些"情有可原的情形"(如年龄、身体疾病等),审判者在量刑的时候必须考虑这些因素(864d)。

---

① 见 Brandwood (1976)。

(8)必须区分预谋和非预谋的犯罪行为,前者比后者更应得到惩罚(866d 以下)。

我们看到,在提出这些主张之后,柏拉图偏离了主题,重申了一个他从最早开始就持有的观点,即"无人有意做恶"(861d)。他又一次要面对质疑,即如果是这样,那么就没有什么罪犯能被惩罚了,并且犯罪这一概念本身就是无意义的了。他并没有逃避这个任务,而是区分了有意和无意的犯罪,这样他就能继续坚持恶行都不是有意为之的观点。他说,无意之恶是偶尔作为本身为善的行为的副产品出现的,这些行为是我们刚刚看到的(上面的第6条),从做他确信为最好的事情中生发出来的。有意之恶则是由被某种激情控制的人直接做出的。

但是我们可以合理地问,失去控制的人怎么能被形容为**自愿**行动呢?这一看法如何能被说成是对那些认为柏拉图的基本主张——无人有意做恶——根本站不住脚的合理回应呢?一个可能的答案可以在柏拉图之前的对话《蒂迈欧》中找到。他在那里论证说,没有人因为自己的自由意志而变坏。变坏的原因不是他自己的错误,而是下面两者中的一个:一个是他与生俱来的身体和/或精神问题,另一个是糟糕的教育。但是,柏拉图说,这并不能免除人们应该通过他所说的"教育、追求和学习"来不断努力克服这些缺陷的责任(《蒂迈欧》87b)。

但是在《蒂迈欧》中,他描述的是他看到的身边世界。而在《礼法》描述的新城邦中,所有公民都要接受教育培养,这教育当然是健康和好的。所以《蒂迈欧》中提到的两个问题之一就不存在了。至于另一个,他似乎是让其在"情有可原的情况"下适用(上述的第7条)。

这样一来结果就是,尽管罪犯会在某种激情的强力下行动,他还是要对这种灵魂**状态**负责,因为他的灵魂能动地拒绝从教育中学习如何**控制**激情。所以在这个意义上,虽然法官会很自然地考虑一些情有可原的情况,如他可能具有的心智和/或身体问题,但他所做的任何不良行为都**是**出于选择的(864d)。

这是柏拉图在这一关键问题上的最后观点,此后哲人们就此一直争论不休。如我们看到的那样,柏拉图将其应用于新城邦中的犯罪问题,他已经阐明盗窃神庙罪的亵渎本质会招致死刑判决,叛国罪也是一样。就激情犯罪而言,当一个人在(真正的或设想的)暴怒情况下杀了另一个人,必须区分预谋杀人和非预谋杀人,前者要受到更严厉的惩罚——放逐三年而非两年(867c-d)。但是由于愤怒的力量完全褫夺了行动的自愿性(867a1-2),那么这两种形式的杀人就都不能被判处死刑。

谈完这些不那么重大的案例之后,柏拉图最终转向那些他称之为"在不受控制的快乐、贪婪和嫉妒命令下故意为之,彻底的邪恶,精心设计的"行为(869e),所有这些罪行都要被处以死刑。这些罪行包括杀害孩子、父母、配偶或任何其他亲属。柏拉图说,如果自由人杀害无辜**奴隶**的话,他**也**要受到谋杀审判,就好像奴隶也是公民一样。但是这项法律被对杀死奴隶**动机**的描述弱化:"出于对奴隶可能揭发他自己可耻行为的害怕或其他类似动机"(872c)。柏拉图是在说,如他看起来的那样,人们可以合理地质问,是否存在杀害"无辜奴隶"的**正当**动机?这几乎是不可能的。另一方面,如莫罗(Morrow)和桑德斯(Saunders)指出的那样①,《礼法》中对于奴隶伤害公民的惩罚要比当时雅典的法律更加严厉。

谈到谋杀,柏拉图将动物和无生命物也作为可能的罪犯。如果动物(不是像马车赛跑等公共体育竞赛中的动物)导致某人死亡的话,它会被审判,如果定罪的话,就将动物处死并扔出城邦。同样的,像砸在某人头上的屋瓦或撞到某人的石块,在确认之后也要被扔出城邦边界。

谋杀之网撒播甚广。但是一些例外值得注意。柏拉图说,如果杀死夜间进入自己房屋的小偷,或者为了自卫杀死路匪,不用受任何惩

---

① 见 Morrow (1939) 67 ff., Saunders (1991) 346。

罚。自由的妇女或男孩如果被强奸了,那她/他或其父亲、兄弟或儿子杀死强奸者也不受惩罚。杀死与自己妻子通奸的现行犯也不被追究。为保护父亲(父亲当时不是在实施罪行)、孩子、兄弟或孩子母亲的生命而杀人也不受追究(874b-c)。

那造成伤害的行为呢？如果伤害是由意图杀害造成的话,可用两种惩罚。如果被伤害的人是朋友、妻子或丈夫,惩罚就是被终生逐出城邦(876e 877c);如果儿子意图杀害父母而造成伤害,或奴隶给其主人带来伤害,或兄弟或姐妹对姐妹或兄弟带来伤害,处罚都是死刑(877b)。柏拉图这里没有这么说,但是可以从其早先所说的进行推断,他做这一区分是因为他将意图杀害朋友或配偶而带来的伤害视为激情犯罪,因此是比其他情况更非自愿和更不该受谴责的行为。

这也就结束了柏拉图关于次好城邦会如何处理罪行,以及基于何种原则的讨论。如我们早先看到的那样,在范型式的城邦中,《理想国》的美丽城中并不需要处理这样的问题,美丽城本身是没有罪行的城邦。但他还有一项重大的罪行要讨论,那是在卷十的"神权转向"中要讨论的。

最后让我用和柏拉图关于同性恋问题的讨论结束今天的讲座。

读者:柏拉图,你在《礼法》中攻击了同性恋,你早期对话的读者对此会很惊讶。是什么让你改变了想法？

柏拉图:"改变了想法"是什么意思？

读者:你确实改变了想法,不是吗？

柏拉图:并没有什么重要的改变。我总是对性行为感到厌恶,不管是同性的还是异性的。

读者:但是你从没提出要对其进行像《礼法》中这样的惩罚。

柏拉图：我们能更具体点吗？我的建议是，当无论异性还是同性的性行为在特定情况下，即在我看来不利于城邦的善时，就要对其进行惩罚。如果读我的《理想国》，你会看到那会儿我谈论那些过了生育年纪的人与他们意愿的对象发生性关系的自由。

读者：但你的确比这走得更远。你在《礼法》中说，同性恋是非自然的，要受到希腊人所能设想的最大惩罚——与死亡无异的剥夺公民权。"自然"与这有什么关系？

柏拉图：关系大着咧。"自然"得以延续的唯一方式就是通过异性的青年人生育后代。所以动物的行为是我们可借鉴的完美模板，实际上也是唯一的模板。

读者：但是在你早年并没有持这种想法。在《礼法》之前，对此最初（甚至是唯一）的暗示就是在《斐德罗》中——如果这是一个暗示的话。

柏拉图：实际上它不是。我在那里说的"非自然"是动物扑倒另一动物进行性交的方式。这对我们而言是一种非自然的活动，我们能节制自己，而动物不能。

读者：说到这里，你又为何会认为自然世界是我们行为的指导呢？

柏拉图：好吧，我们先要明确我们在讨论什么问题。自然在**生育**的方面是我们的指引，而不在动物**如何**交配或者它们活动的其他特征方面。如果我们把自己限定在这一方面，那自然肯定**是**并且是我们唯一的指引。

为什么我之前没有这么说？很大程度上是因为这一话题从未在讨论犯罪和惩罚的情境中出现过。如果你记得的话，在《理想国》中是没有犯罪的，所以惩罚的话题从未出现。在像《会饮》和《斐德罗》这样的对话中，我的关注是爱和欲望本身，而不是**城邦**对爱和欲望的看法。只有当我变老了，讨论**城邦**视角下不同形式的性行为时，特别是讨论我能想象的可以实现的最好城邦时，我才在《礼法》中关注这一话题。一旦我这么做了，同性恋的非自然本质马上就显现出来，这几乎是自明的。

读者：这确实对我们理解起来很有帮助。但是你是否同意，对于你早期对话的读者来说，你在《礼法》中关于同性恋的观点仍是让人吃惊的？

柏拉图：很有可能。这些观点也让我自己的很多学生不安，他们中许多人自身就处于同性恋情之中。一些人指出，在我的新城邦中他们就会被剥夺公民权——我自己因为和狄翁的关系也会如此！最糟糕的情况是他们中有人提出，甚至苏格拉底也难逃此厄运。

读者：果真如此吗？

柏拉图：不，不会的。让我难过的是**听到**这种说法，而非这个说法所具有的真实性。只要读读我的《会饮》你就会知道：苏格拉底是用**理性控制**欲望的典范，他拒绝阿尔西比亚德的求爱就充分证明了这一点。

读者：但你仍会承认读者在读到《礼法》时有权感到惊讶？

柏拉图：只有那些没有认真理解我关于功能主义观点的读者才会感到惊讶。其他人非常知道我相信自然有"目的"或"目标"，事物通过做独有或最好的职司，可以发现这些目的或目标。我从未有**机会**用这一学说来讨论性的问题，但是在《礼法》中我决定要这么做，对我来说我们性器官的目的或功能是很明确的。它们能做的"独特或最好的"事就是繁育后代，这就是它们的**目的**。我的其他论证都是从这里衍生出来的。

读者:我想,你也会承认,如果你关于自然之目的的说法被证明是错的话,攻击同性恋的这一特殊原因也就站不住脚了。

柏拉图:是的。但是我对此并不担心。任何观察者都能清楚看到自然目的的自明性。任何理性的人都不会否认眼睛是用来观看,耳朵是用来倾听,如此等等。

读者:真是这样的吗?如果德谟克利特(Democritus)和留基波(Leucippus)是对的话,那么万物就只是在空间中运动的质料的偶然结合,在世界上根本就没有"目的"这回事。用你自己的例子说,我们有耳朵不是**为了**听,我们倾听是因为与虫子不同,我们恰好有了耳朵。

柏拉图:真是可笑的想法。我自己的观点对于任何**打量**耳朵或眼睛的人来说都是自明的。它们当然是为了听和看。我们为什么要**讨论**这些?

读者:既然你这么不愿意考察另外一种可能的解释,我们还是不要继续了。那我们转向别的话题吧。

柏拉图:好的,为什么不呢?虽然我们得等到明天才能接着讨论了。

读者:当然。谢谢你的时间,明天见。

第五章　神权转向

在《礼法》的前九卷中，柏拉图就一系列话题阐述了自己的观点，但这些话题也生发出大量问题：如果这个城邦运转起来的话，从童年一直到培养出具有公民德性的公民，为什么还会出现这么多罪行呢？到目前为止，他并没有提供一个完整的答案，虽然一路上他一直散播线索，让我们猜测他最终可能会如何作答。其中一条线索就是他在多个场合说的，在好城邦中那些已经具备政治经验的老年人掌握权力的重要性（尤其是法律的护卫者，754c），以及年轻人尊重老年人，特别是掌握政治权威的老年人的重要性。另一个线索是，他经常提到在好城邦中需要虔诚的宗教实践，并要避免他认为令人厌恶和渎神的行为。在前文中，我曾将这些线索比喻为西贝柳斯在交响曲乐中将细碎的线索最终汇聚成配器完整的恢弘主题。《礼法》的卷十就给了我们这样一部完整的配器。

这一卷以讨论偷窃罪开始，这一罪行在第九卷中并没有被提到，柏拉图将它称为城邦中所有其他危害（mischiefs）的源头（884a）。① 在按严重程度列出这些危害后，他说"最严重的危害是年轻人的放纵（ako-lasiai）和暴行（hybreis）。而最大的危害是他们对**神圣事物**，特别是对不仅是神圣的而且是**公共的**事物或部分公共的事物造成的侵害……在

---

① 泰勒将 biaia 翻译为危害（mischiefs），强调行动涉及的暴力。关于《礼法》中暴力和法律的讨论，见 Lisi (2010)。

次序上和严重程度上次之的罪行是侵犯私人神坛和私人坟墓,第三是在已列罪行之外的对父母的不敬(*hybrizei*)"(884a-885a)。

这些话听起来义愤填膺。这不只是攻击某些年轻人;而是很明显地在攻击整个年轻人(*hoi neoi*)群体。柏拉图很显然特别谴责那些无法容忍的年轻人冒犯宗教和父母的行为。他对这些行为的原因也十分确定。他说,那些犯下这些罪行的人要么不信神,要么虽然信神但认为诸神并不关心人,或者认为诸神很容易被献祭或祈祷贿赂(885b)。他接着借年轻人之口对柏拉图新城邦可能的建立者提出满带讥讽的挑战,要求他们提出正面的论证,解释他们为什么应该相信诸神,并接受诸神不会被献祭贿赂(885d-e)。

克里尼亚斯很快做出回应,并提出两个他认为足以证明诸神存在的论证:世界的秩序与人们普遍认为诸神存在。但柏拉图同样迅速地让他从这一幼稚的想法中走了出来。他说,这个问题比这要更深刻。**我们**称之为神的太阳、月亮、行星、地球,却被受到知识分子(intellectuals, *sophoi*)影响的年轻人称之为土和石头,并认为它们不可能关心人事(886a-e)。如果要让年轻人相信对于正确行动来说至关重要的真理——诸神存在,他们关心人事并且不会被贿赂——的话,我们就需要冷静地与其不信作斗争,用温和的口气并辅之以"指导性的谴责"(888a)。与讨论开头时的愤怒语气不同,他现在说辩论的一方(也就是年轻人一方)不能"被允许因为对快乐的贪欲而发狂(*manenai*)",而辩论的另一方(也就是他自己)则不能"被允许因为对这些人的愤怒(*thumousthai*)而发狂"(888a)。但这只是语气的变化;他仍和以前一样确定,是哪些事物**驱使**着年轻人的行动。

根据柏拉图在下面的说法,我们很快就能确定,之前提到的知识分子,就是一群前苏格拉底哲人,特别是德谟克利特和留基波,他们将自己界定为唯物主义者,认为世间万物都是物质微粒在无限空间中持续运动时随机组合的产物。自然世界是运气,而非技艺(*techne*, 889c)的产物。他继续说,他们从此推出对诸神的信仰只是出自习俗,实际上所有的信仰都是习俗,包括相信在对错之间有着真正而绝对的差别;如果有什么能被称作是"自然正当"的话,那就是强者统治弱者(889b-890a)。不知不觉,他转向讨论他最讨厌的那个群体的观点,也就是智者,特别是普罗塔哥拉和色拉叙马霍斯。他说,正是这种物理理论和道德理论蛊惑了年轻人,并导致了他所说的"我们年轻人无信仰的时疫"(890a)。

按照他的理解,在唯物主义哲学和可憎的行为理论之间建立明确的因果关系之后(虽然没有理由认为最初的原子论者,德谟克利特或留基波曾经建立过这样的联系),他接着使技艺优先于自然。他说,**灵魂**实际上先于身体,如果我们想要理解世界及其运转,还有它如何产生,那我们就必须考察灵魂。将世界设想为纯粹的物理运动而没有进一步的解释是没有任何意义的;静止的物体自身不能运动起来,必须要其他事物让它运动。这一伟大的推动者就是灵魂,灵魂就其定义本身就是**自我推动**的,并永远如此,因此是宇宙中变化和运动的**真正原因**(892a-896a)。

他继续说,灵魂的运动可以被理解为多重的,这些多重的运动构成了心智和情感的表达(他列举了"愿望、反思、预见、建议、或对或错的判断、快乐、痛苦、希望、恐惧、憎恶、爱",897a)。**它们是实际中最初的运动**;物理运动是次之的。世界运转的方式就是灵魂控制世界中物理运动的方式。如果她在**理智**(nous)的帮助下运作,"她就指引着万物朝向正确和幸福的方向,而如果她与愚蠢(folly, anoia)联合的话,效果就截然相反"(897b)。

接着柏拉图继续用我们已经知道的论证方式,消除了两种可能性中的一种,指出它只是一种虚假的可能性:即世界可能是非理性(unreason)或无理性(irrationality, anoia)的产物。他提出的论证很有趣也很重要,尤其因为他会继续坚持认为,那些不同意他的人应该为此判处死刑。我们来看看他是怎么说的(897e 以下)：

雅典人：我们同意有些事物静止,有些运动？
克里尼亚斯：是的。

雅典人：那些运动的事物,有的是在一个地方运动,其他是在不止一个地方运动。
克里尼亚斯：肯定。

雅典人：在这两种运动中,那限定在一地的转动肯定是围绕一个中心的,就像转动良好的车轮一样,这种运动肯定最接近和最像理智(nous)的转动。
克里尼亚斯：你的意思是？

雅典人：可以肯定的是,如果我们说理智和在一个地方的运动都很像制作精良的球的转动,即都是围绕一个中心、在同一地方、以同样的方式、围绕同样的事物、朝着同样的方向、根据同样的法则和规划,那我们无需害怕别人认为我们是制造形象方面的拙劣匠人。
克里尼亚斯：非常正确。

雅典人：那么反过来说,那从不规则或一致、从不按照同一方式、从不围绕同样的事物、从不围绕同一中心、从不在同一地方、没有秩序(kosmos)、规划(taxis)或法则(logos)的运动就是与彻底的愚蠢(anoia)相近的。
克里尼亚斯：确实是这样。

雅典人：那我们确认这一点就没有障碍了：既然灵魂推动万物运动,那可以肯定的是天宇的转动必然是由最好的灵魂或相反的灵魂的关照和命令推动的……

克里尼亚斯：但是如果我们刚才所说的是正确的话，那认为推动万物运动的不是最好的灵魂——不管是一个还是几个灵魂——的想法就是渎神的（oud' hosion）。

这段论证简短但复杂，我一会儿再回来考察。现在我只是想指出其主要的观点。

（1）圆周运动更像理性过程的结果，而不是无理性（unreason, anoia）过程的结果。

（2）所有进行圆周运动的物体（对柏拉图来说，所有的恒星、行星以及宇宙自身都是这样的物体），每一个都通过非物质性的灵魂维持这一运动。

（3）既然所讨论的运动都是圆周运动，那所有维持它们的灵魂都是理性的。

（4）既然理性和善是在一起的，那这样的灵魂也就是好的，整个宇宙的灵魂就是**最好的**（ariste），它的好体现在关心和指挥宇宙及其运行（他后来将这个"世界灵魂"称为"神"，902e）。

（5）**否认**以上这些是渎神的行为。

如果柏拉图认为那些年轻的无神论对手可能愿意接受这一**论证**，那他明显认为，从这往后不仅仅需要论证，还要借助我们提到的他很喜爱的另一项技术，"说服性的虚构故事"，[1]这里称为"咒语"（903b）。他说，神将万物聚合为世界，并且神在这么做时想着"让整全保有并达至完美；为此，每一事物都尽可能地做适合的事情"（同上）。"这些事

---

[1] 关于《礼法》中的"说服"（和强迫），见 Mayhew (2007, 2008), Morrow (1953), Buccioni (2007), Schuetrumpf (2007), Stalley (1994)。

物"中就包括我们自己;我们的存在是为了整全。就像棋盘上的棋子是为了让棋手将其从一个地方移到另一地方,我们就是**宇宙**棋局中的棋子,与通常的棋子不同的是,我们能按照自己的意愿走某些步,而一样的是,我们都要服从神圣棋手的总体支配。这棋手的目标是非常具体的:"将变得优秀的棋子移向棋盘中**更好的位置**,将变坏的棋子移向更差的位置,各安其分,每个棋子都接受其应得的命运"(903d)。

说完这些之后,柏拉图继续说我们基于自由意志(904b-c),会在几重轮回后变成我们所是的那个样子,同时被他称为是"我们的王"(903a)的神圣棋手会遵循"命运的律法"(904c8-9),在我们成为自己的路上提供帮助,并引导我们上天堂或下地狱(904c-905b)。

在论证的收尾处,他断言,就像其他看护者、照料者和管理者一样(像牧人、医生和将军),如果他们恪尽职守的话,就不会被他们看护、照料和管理的对象贿赂,所以被他称为是"我们最主要的护卫者"(907a2-3),并且看管着"最重要利益"的诸神,同样不可能被设想成是能被贿赂的。

柏拉图用这个论证收尾。他说自己已经"充分证明"了那三个命题:"诸神**存在**;诸神关心人;诸神绝不会被引诱离开正途"(907b)。

"充分证明"这一说法至关重要。这三个命题不仅仅是宣称;它们已经按其所需**通过论证得以证明**(*apodedeichthai*)。柏拉图就能够在这些论断的基础上引出他最为重要的结论了。

他以假定(在之前的 891b 就有所暗示)其反对者是"恶人"(907c1)开始,然后承认他如此热切地表达有神论是因为,他害怕"如果反对者占了上风的话,他们就会根据自己关于诸神的观念,幻想自己**随心所欲做任何事**"(907c)。这一假定将注意力扩大到比最初激发这一话题的年轻人更为广大的团体。现在柏拉图的目标是所有的无信仰者,他们很显然都是邪恶的,他们的坏行为(很显然)就是他们不信神的直接**后果**。

柏拉图说,在好城邦中没有这些人的立锥之地。他们会被以不虔敬(asebeia)的罪名起诉,具体有三种可能——不信神,和/或信神但认为神不关心人,和/或认为神能被贿赂,而对其审判和惩罚的过程如下。在定罪之后,罪犯会根据具体情形被惩罚。

第一个群体中的人虽然不虔敬,但是从别的方面看是好人,他们"对坏事的反感",这使得他们不愿"做坏事";他们"远离不义之人"而"与正义之人待在一起"(908b-c)。他们的罪行来自"愚蠢"(anoia),并没有"邪恶的性情或品格"(908e)。这些罪犯会被送到"改造所"(House of Correction)①,至少要待五年。唯一能探视他们的是夜间议事会②的成员,柏拉图说,他们会探视这些罪犯,"旨在告诫和拯救他们的灵魂"(909a)。犯人如果在刑期满了之后还不悔改的话,就要被判处死刑(同上)。

第二个群体中的人,既有不信神的疾患(pathos),同时又有柏拉图说的"对快乐和痛苦的不自制",他们往往是敏记善学之人,也会比先前那个群体给他人带来更大的伤害(908c)。他们"给我们带来了大批占卜者和对各种骗术的狂热",有时他们是"僭主、民众领袖、将军、私人秘仪的谋划者,还有满腹计谋的所谓智者"(908d)。对这些——柏拉图称之为——"兽性之人"(909a8)的惩罚是,将其终身监禁在监狱中,而监狱位于"乡村中央,尽可能的荒凉孤寂"(908a)。在狱中,罪犯除了每天给他们食物的狱卒之外见不到任何人。因为他们是不可救药的,所以夜间议事会也不会抱着"告诫和拯救其灵魂的想法"来探视他们。最终"在死后",柏拉图说,"他们会被扔出城邦边界,不加掩埋,如果任何自由公民埋葬了他,**这人就要因不虔敬而被起诉**……"(908c)

---

① 对《礼法》中监狱的讨论,见 Hunter(2008)。
② 我使用惯常的翻译 Nocturnal Council(夜间议事会),但这一翻译受到布里松的合理挑战,见 Brisson(2000b, 20003),他更倾向于中性的描述 collège de veille(老年议事会)。关于夜间议事会的更多讨论,见 Maruhashi(2006)。

柏拉图在这个问题上只说了这么多,但意涵是很明确的。通过禁止埋葬,城邦甚至在罪犯死后继续对其惩罚,因为未被安葬的灵魂是不得安息的。这是它所能施加的最大惩罚。

是时候停下来了。柏拉图在很短的时间内说了很多需要我们反思的内容。我会像之前一样,用对话的方式,并试图与柏拉图进行一场比他与克里特和斯巴达友人更激烈的讨论。我和他对话的时间是——如果他知道的话——他离世前两周。这时,他基本上已经写完了《礼法》,只剩下几点最后的评论,他会在那两周完成。

读者:柏拉图,你在这卷中似乎很生气;甚至是睚眦必报。这不仅是对通常的嫌疑人——智者和巫师等,对年轻人也是这样。并且还不是**某些**年轻人,而是整体的年轻人。你真的想把网撒这么大吗?

柏拉图:我想我现在要冷静一些了。我并不想这样。我知道在愤怒时候的言论往往是危险的。你会记得,我的确在一个地方(888a)表示,我想要的是每一方都很冷静的讨论。但是随着对话的进行,好胜占据了我的头脑,正如我最后承认的那样(907c)。

读者:所以如果我们在接下来的对话中承认,我们所讨论的年轻人是"**某些**年轻人",具体数目不定的话,你是不会反对的?

柏拉图:是的。

读者:在我看来,你思考的一个主要特征就是建立了缺少宗教信仰与重要的社会不良行为的因果关系,后者包括不尊敬父母和老人,智术和其他形式的伎俩和欺骗,还有"个人的、整个家庭和共同体"的毁灭(909b)。这是另外一个因为愤怒而误导你做出无根据概括的例子吗?

柏拉图:既是也不是。我的大多数论证可能会给人带来这样的印象,即这种因果关系包含了所有的年轻人和众所周知我所讨厌的那些阶层的所有人,像僭主、民众领袖、巫师或可能对灵魂有危害的人,像唯物主义哲学家和智者。但是我关于对不敬的罪犯合宜惩罚的结论却做了重要区分,我想,这会使我的立场更加明晰。

读者:一个例子就是无神论者有可能从其他方面看都是个好人?
柏拉图:是的。

读者:但即便是这个人,如果他在服完刑期之后仍然坚持自己的无神信仰,也会被处以死刑?
柏拉图:是的。

读者:为什么?你的好城邦这么缺乏自信以至于不能容忍对不同事物的一丁点儿内部异议?
柏拉图:宗教并不只是"一种事物"。它是好城邦的血脉。好的法律之所以是好的,就是因为这些法律符合好的、仁爱的、不可腐化之神的愿望。

读者:所以你的城邦最终是一个——好的、仁爱的、不可腐化的——神权政体(theocracy)?
柏拉图:是的。

读者:那你对拒绝接受关于神的三个命题中的一个或所有三个(诸神存在;诸神关心我们;诸神不会被腐化)的真理性的指控,在根本意义上是在指控他们拒绝承认一个好的城邦拥有这样一种神权统治的本性,以及拒绝承认由神的代理人来统治城邦?
柏拉图:你可以这么说。

第五章 神权转向

读者：按照我的理解，你论证的核心是要试图通过论证向那些不信神的人证明诸神，特别是最高的神，存在。当你最后以死刑（或更严厉的刑法）惩罚不虔敬之人时，你真的是因他们的**思想**——特别是认为你所说的证明可能存在错误的想法——而惩罚他们吗？既然你承认有些冒犯者除去他们不信神之外，实际上是非常好的人，那就很难因为其行为而惩罚他们。

柏拉图：我想你应该像我那样区分两种不信神的人。最坏的罪犯会因灵魂不可救治的腐败而受惩罚，他们灵魂的腐败表现在他们以各种方式危害城邦的善好；次要的罪犯（如果能这么称呼他们的话）会被处死，否则他**自己**不信神却未受惩罚会将别人也腐化为不信神的人（908c-d）。

读者：但是你带着温情谈到了这些次要的罪犯可能拥有的**德性**（908b）。为什么是他的不信神，而非各种德性，会影响其他人呢？

柏拉图：我们不能冒这个险。

读者：你的老师曾用过"高贵的冒险"。难道这不是应该呼唤这种高贵冒险的时候吗？

柏拉图：你是什么意思？

读者：我的意思是说冒险重新省察你的假定，即在不信神与坏行为之间存在着因果联系。你已经在次要的罪犯中承认了这一点。难道在两个伟大的唯物主义者留基波和德谟克利特身上不也是正确的吗？众所周知，特别是德谟克利特并没有在原子论和你谴责的行为之间建立关联；任何有思想的人都会认为他在自己书中提倡的生活方式是合理而合宜的。

柏拉图：那是很早以前的事情了。他没能看到其唯物主义的伦意涵。自那以后,其他人——特别是年轻人**看到了**这一意涵。

读者:你是说——

柏拉图:(微笑)好吧,**一些**年轻人。

读者:但是如果你将德谟克利特自己和不定数目的年轻人(谁知道是多少呢?说不定是大多数年轻人?)都排除在外,那你在不信神和坏行为之间建立因果联系的这整个想法不就都是错误的吗?我们难道不应该区分不信神和拒绝信神吗?

柏拉图:你是什么意思?

读者:一个可能就是很简单地不信神,并没有考察过关于这个问题的任何论证;一个成长在无神论**家庭**中的小孩,家里根本就不提宗教的事儿,或者宗教实践只是被当作传统和文化事务来进行,我说的就是这种不信神的人。而**拒绝**信神的人则相反,他实际上知道对关于信仰的论证——比如你自己的这些论证,但认为它们是错的。

柏拉图:很有趣的区分。但是它帮不到我那"次要的罪犯",他们在入狱前可能是**不信神的人**,但在之后成为**拒绝信神的人**,即他们在入狱期间拒绝接受关于诸神存在的证明。

读者:你在这里用了"证明"一词,如你在对话中使用的一样。你是说任何理性的人看到你的论证后都必须接受其有效性吗?而有意拒绝它们就是缺乏理智或者应加以谴责的顽固不化的明证吗?

柏拉图:我说的是所有这些情况。

读者:那按照我的理解,次要的罪犯就是缺乏理智;他只是没有能力理解由理性清晰建构起来的论证的有效性。

柏拉图：不错。

读者：所以你不准备承认，这样一个罪犯的理智能力可能很高，有能力细致关注你的论证，并发现其最终是错误的？

柏拉图：那是我无法设想的。诸神的存在对于善意的理智存在者来说，是无法否认的，除非他是渎——

读者：渎神的？

柏拉图：是的。

读者：我们能停下来看看这一点吗？你在《礼法》中很多地方都使用过这个词。这让我产生了一些疑虑，我想很多读者也会有同样的疑虑。我先说出我的问题。在一个严肃的论证中，关键是要显示出每一步都能由理性来证明。必然的结果就是相反的立场**不成立**。但是一旦你开始谈论渎神，你就把道德判断引入进来，而那里的全部问题在于只有合理论证的规则有效——除此之外别无其他。说你试图用论证证明诸神存在，并将任何试图显示诸神**不存在**的努力称之为"渎神"的做法，仅仅是**宣称了**你本应努力**证明**的观点。

柏拉图：我明白你的意思。但是我不认为它像你认为的那么重要。我的论证仍然包含了对诸神存在的证明，不论是否说相反的立场是渎神的都是如此。所以你可以从我的对话中拿掉渎神的那些说法。我并不需要它们。没有这些，我的观点依然成立。

读者：是这样的吗？为了论证的需要，让我们假定诸神**存在**。这一真理难道与下面的可能性——即你自己关于诸神存在的论证实际上**很糟糕**——不相容吗？难道下面这种情况不是可能的吗——你的次要罪犯只是拒绝**你的**论证，但是愿意接受一个更好的论证，如果他们能看到这一论证的话？为什么不相信某个特定论证就被证明是完全不信神，并要遭受你对这些人所要实施的那些残酷惩罚？你难道不是又一次犯了不合时宜地笼统概括的错误，就像你开始讨论时错误地概括了"**所有年轻人**"那样？毕竟你承认**次要**罪犯的不信神通常不会给灵魂带来严重的伤害；相反，如你所承认的那样，他们仍然是正直的好人，其他公民会希望模仿他们的德性。

柏拉图：但是他们那不受惩罚的不信神会带来重大的危害，特别是对年轻人和易受影响的人，他们还设立了糟糕的标杆，我前面已经说过这一点了。

读者：但如果在现实中，这些次要罪犯数目很大，大到远远超过假定的易受伤害的人怎么办？如果这少数易受伤害的公民（让我们假设他们都很年轻）实际上更容易注意这些次要冒犯者的**德性**而非不信神，那又该怎么办？这会让你的立场改变吗？

柏拉图：不会的。即便风险像你描述的一样小，对我来说依旧是巨大的风险。

读者：好吧，让我们从另外一个角度来看。对你来说，宗教信仰给城邦带来了什么让它比无神论更好？按照你自己的说法，无宗教信仰基本上并没有使次要罪犯比其他任何公民要差；甚至，从你描述他的温暖语言中可以猜测，他在很多方面都是**更好的**公民。所以让我们想象一个**完全**由这样的次要罪犯组成的城邦。在这个城邦中，我们难道达不到你设定的德性目标吗？如果所有人都坚决**不信神**，这个城邦在**德性**上会有什么差别呢？

柏拉图：这种情况永远都不会发生。在城邦中，我总能找到被不信神腐败的人，并对其进行惩罚。我的惩罚措施会保证不信神的人在任何时候都不会成为你假设的大多数。

读者：但是为何而惩罚呢？如很多希腊城邦做的那样，你称之为"不虔敬"，但是这设想的不虔敬具体表现在什么地方呢？如果（请不要称这假设为"渎神"）诸神并不存在，就没有什么可冒犯了。即便诸神存在，你仍然需要具体界定所有人都要相信的诸神是谁。

柏拉图：我不同意。只要人相信某种形式的神圣指引就足够了。

读者：你真这么想吗？如果某人说他相信神圣指引，但他的神既不是奥林匹斯山上的神，也不是像日月这种指引天体的神圣存在，而是蟑螂世界的神，那怎么办？我想你会在某处给可接受的信仰画一条界线。

柏拉图：我想我明白你的意思。你是对的。这样来讨论问题让我想起（谁会忘记呢？）苏格拉底所遭遇的事情。我最不想做的事情就是建立一个城邦，然后他可能在这个城邦中再次被判死刑。我有意回避了所有关于不相信某些具体的、可辨认的神或诸神的讨论。但是回过头来想，我想我不需要担心。苏格拉底相信世界是由理智灵魂统治的，我也相信这一点，这在我的新城邦中也会被视为信仰，相信传统的诸神当然也算数。

读者：谢谢你的解释；这稍微澄清了一些。但是你仍然没有回答我关于蟑螂的问题。

柏拉图：鉴于刚才我给出的原因，我倾向于不回答。但是我想我必须尝试一下。如果我必须回答的话，我会很生气，认为这是侮辱——你知道这个词"冒犯"（*hybris*）。诸神不能被嘲笑。

读者：但设想我们的次要罪犯回答说，他感到你的如下想法嘲笑了他，并且对此感到愤怒，即他被当作你所谓的"神圣棋手"在棋盘上操纵的棋子，而这个神圣棋手的工作就是按照命运的安排，"来回移动"

我们每一个人,朝向永恒的天堂或地狱。设想我们的次要罪犯不同意这一观点,认为这更像是神圣的宿命论而非神圣的仁爱。

柏拉图:我继承的是一个高贵的传统。这种对神以及命运的伟力的看法可以追溯到荷马史诗,甚至比之更早的年代,这是确凿无疑的。

读者:但设想我们的次要罪犯质问,在观念的长期性与其假定具有的真理性之间有什么因果联系呢?

柏拉图:这个问题很难回答。

读者:难道你不认为有人会问吗?

柏拉图:会的。我感觉我们来到了十字路口。虽然我理解,你为何认为在试图构建对某事的理性证明的框架内,谈论渎神是不相干的事情,但是当某些事情被说出来,或者更坏的情况——被不信神者明显当作是真理,我仍然禁不住会斥之为"渎神"。我称这种心智状态为患病(908c),我坚持这一点。我认为能够通过理性论证治愈病患的想法可能根本就是错的。所以,我们或许应该继续。

读者:如果你想这样。但我希望,你允许我从次要罪犯的立场说话,他那被认为的疾患很有可能通过理性论证治愈,只要不再将其状态视为是疾患,而是视作"目前不信神的状态,但对可能的理性论证开放",当然要排斥任何试图以设想的渎神之名禁止他接触某些论证的尝试。

那现在我们为何不来讨论一下你那些"主要的罪犯"呢?**主要的罪犯为何受到惩罚呢**——是因为他们不信神还是他们邪恶的生活方式?如果这些人行恶事但是相信诸神的话,那他们还会受到同样的惩罚吗?

柏拉图:你这个假设站不住脚。他们的邪恶在某种程度上是三种形式的不虔敬中至少一种的**外在表现**。特别是最后一种,认为诸神能被贿赂。这也是我对卜算师和巫师的埋怨所在,他们认为它们能用咒语、魔符和祈祷,来哄骗诸神帮助愿意付他们一大笔钱的人。

读者:说得很好。但是它会让很多知道你指责为不虔敬的三个根据的人感到疑惑。持有前两个立场的人不会太多;不会有太多的人是**彻底**的无神论者,并且/或者认为诸神和我们没什么关系。但是第三个群体——相信诸如临终忏悔的人——可能占**城邦人口的一半**!你真的愿意看到你的好城邦的一半人被处决吗?

柏拉图:不要夸大。是的,它可能是令人不安的很大一群人(但肯定到不了一半),但是大规模的处决只是在最开始的时候使用。刑法的严厉会保证一旦最初的主要罪犯(肯定是不可救药的)被处决后,在后来就会很少了;次要罪犯(可以预期,他们中的许多人在服完五年刑期后会成为信神的人)也会变得更少,这样问题也不大了。

读者:但我还有最后一个问题,你说问题不大是指对谁来说呢?如果**没有**诸神,肯定就不是对神来说的。此外,按照你的说法,也不是对其他公民来说的,对他们来说问题往往是没能成为好的公民行为的典范。这也不是对包括法律护卫者在内的权威来说的,他们的整个**目标**是**促进**良好的公民行为。如果批评者说在这种情况下,唯一有问题的就是**你自己**了,你会如何回应呢?

柏拉图:我的回答是:我们又回到僵局之中了。如果我斥责任何主张诸神不存在的假定是"渎神",哪怕我很想这么做,我还是像个只愿意接受自己论证的人。如果我接受这一假定是可能的,即便这只是一个假设,那无论我关于诸神存在和仁爱的观点自身对于理性省察来说是否站得住脚,所有的麻烦都会随之而来。

读者:但是这并不让你感到疑虑,是吗?你已经说了诸神的存在和仁爱都已经被证明是真的了。

柏拉图:是的。但是你似乎并不信服。你能告诉我具体的原因吗?

读者:可以。你的论证使用了太多可疑的设定来推出最后的结论。

柏拉图:我想我能猜到你想说什么,但是你还是把它说出来吧。

读者:好的,我不可能将它们全部都列出来,但是有一些重要的问题需要指出。

(1)如你在《礼法》和《蒂迈欧》中宣称的那样,如果宇宙内的物体(像恒星和行星,包括地球在内)都围绕宇宙中心点进行完美的圆周运动,并且每个物体都围绕自己的轴心旋转的话,以我之见,并不能推出宇宙**自身**是围绕自身轴心转动的物体。或者无论如何也不是与构成它的那些物体运动方式一样的,而你似乎相信这一点。所以,为了论证的需要,即便我们承认每个星体都是由灵魂推动并维持各种运动,也不能推出宇宙自身是有一个灵魂(你称这灵魂为"神")来负责其运动的一个物体。从构成军队的士兵有或曾经有过母亲这一事实,不能推出"军队**本身**"有或曾经有过母亲。

(2)除非诉诸自身之外的原因,否则没有哪个恒星或行星能够解释自身的生成和持续运动,但由此并不能推出这一原因就是非物质性的灵魂。你自己承认谈论太阳与其灵魂的关系是有困难的:像你所说,它是被其灵魂拉动还是推动,或者是以其他奇特怪异的方式被它驱动(898e-899a)?或许你应该更认真地考虑一下这个观点,即能让物体运动的(或保持运动)只能是**另一**物体的运动。

(3)即便为了讨论所需,我们承认星体的确按照完美的圆周永恒运动(虽然有可能某一天某人证明这实际上是错的——运动实际上是暂时性而非永久的,那圆周也并非真的圆周),那为什么我们要认为这永恒的圆周运动能证明理性的存在呢?

(4)同样为讨论之需,如果这样的理性已经在事实上被你的论证证明,它为什么必须被假定为构成非物质性灵魂特征的那种理性呢?

(5)最后,还是为讨论之需,即便承认你的论证已经证明了一个或更多理性灵魂的存在,我们为什么要认为它们是好的呢?世界上满是这样一些好人,他们出于本能而非基于某些由理性得出的原则而成为好人,另外世界也充斥着非常理性的坏人,他们用理性来谋划坏事。

我先说到这里吧。这些触及到我的主要问题。请不要说我是渎神的。如果我生活在你的马格尼西亚肯定会被处死的,这已经让我很不安了。

柏拉图:(微笑)我保证。

(停了一会儿)除了我在书中已经说过的,包括最后一条,我还能说些什么呢?但让我试试。我先按照倒序来看你的批评,再看你谈论它们的方式。

和我的老师一样,我非常愿意继续认为我们要区分通俗的善和真正的善(或"德性",用我的话说)。唯一真正的善是基于知识的;出于本能的德性行为固然很好,但仍不能与真正的德性相媲美,后者是基于对正确行为原则的**理性思考**。你设想的那些邪恶的理性之人毫无疑问是**聪明的**,但并不理性;只要**真正理解**了正确行动背后的原则,就只会做出正确的行为。

关于灵魂的存在和非物质性,我主张物体永远不能自反。比如说,刀可以割开宇宙中任何可割开的东西,但它不能割自身。与之相对的是,我能思考我自己的思想。所以能做到这些的"我"肯定是与我的物理性自我所不同的、思考的、非物质性的实体。我将这称为(非物质性的和理性的)**灵魂**。

关于持续的圆周运动证明理性灵魂的积极存在这一点,我只能说理性存在比完全没有任何理性的能动力量存在更有意义。如果我有两个朋友,其中一个的大多数行为是可以预见的,而另一个则完全**不可预见**,那么第一个人就远比第二个人要**理性**。将此道理应用到宇宙中,我坚持认为星体圆周运动大规模的可预见性,是**理性**而非偶然性在起作用的明证。如果理性在起作用,那又是运用理性的东西在发发挥作用的明证,而那就是**灵魂**。

灵魂到底如何与身体相关,以及特别是灵魂如何让身体运动,并保持运动?你说得没错,我发现这是一个巨大的困难,我想我会一直这样认为。但是我不认为这是放弃认为灵魂是与身体不同的实体的原因;这个困难只不过是一个困难,而对整个信念的压倒性证据仍是很有说服力的。

回到你的第一个问题,我之前从未听过类似的说法,我必须进一步反思。我的确在几部对话中,不只是《蒂迈欧》和《礼法》,设想宇宙是具有与树、马等一样意涵的物体,这引导我思考它有一个自身之外的原因负责其存在和运转,就像树和马等也有自身之外的原因来主导其存在和活动一样。目前,我能说的就是,我仍然相信宇宙在**某种程度上**是一个物体,这足以让我相信它也需要某个原因来解释其存在和运转,这对我来说就足够了。但是我同意你的质疑迫使我要么重新表达我目前的观点,以便能够回应你的质疑,或者抛弃这一观点,提出一个更好的。

读者:谢谢你。我想苏格拉底也会感谢你的。

请让我用另外一个问题来作结吧。如果你重新表达了这一观点,或者提出一个全新的观点,你会愿意承认你没能证明神的存在,以及更有甚者,你没能证明你赋予神的仁爱、不腐败等性质吗?

柏拉图:我已经非常**接近**证明这一点了。我承认的是只有你提出的第一点需要进一步调整。

读者:但是神存在与否的问题非常重大,在论证中证明某物或不能证明某物是非此即彼的,没有中间立场。如果我记得不错的话,在《斐多》中,你曾经说你的一个论证证明灵魂要么是不朽的,要么"非常接近于不朽"(《斐多》80b)。但是这个说法并不够好。不朽或有朽,与人格的、关心人的、不腐化的神存在或不存在一样,也是非此即彼的,并没有中间立场。所以你仍要面对我第一点的挑战。

柏拉图:你说得没错。我曾为我论证的不同部分增加一些分量,好似会有所帮助,但很明显并没有什么帮助。我希望我仍有足够多的时间来再次认真考察你的第一点,来看经过理性思考能得出什么结论。

但是我很累了。或许我们能在未来几周内再次讨论这些事情。

读者:当然,我们以后再讨论。

这些是我和柏拉图最后的交谈。在我们对话两周之后,他便辞世了,我们本来应该进行的后续对话也就不可能再进行了。我不知道他是不是对我的第一个问题有一些回应。但如果他有回应的话,我们可以肯定,他会忠于他的老师,跟着逻各斯的指引往前走,不管最终会走到哪里。我对此也满足了。

第六章　城邦的维系

在《礼法》的最后两卷中，柏拉图将主要精力放在维系已经建成的城邦上面。柏拉图的这一关注非常具体和多面。

其中最令人震惊的特征之一就是，他继续用死刑来惩罚如此众多的犯罪。我说"令人震惊"(striking)而非"令人惊讶"(surprising)，是因为在当时大多数希腊城邦中，包括他自己的雅典①，都是用死刑来对付城邦内的很多罪行的，在《礼法》前面几卷中，他已经提出准备运用死刑的众多案例，不仅仅是对付顽固的无神论者。但令人震惊（与惊讶相对）的是，柏拉图非常个人化的运用死刑的理由，在于保持城邦的**德性**。所以，想通过影响法官来获得财务收益的"食客"(937d7)会被处死(940c)。同样，所有收受礼物（也就是贿金）的公职人员也会被处死，偷窃公共财物的人也会受到同样惩罚(941d)。在前面三种情况之后，第四种情况，即作伪证也会被处死(937c)。总之，各种形式的腐败，特别是财务腐败是不能被容忍的。法官会将尽可能对那些可被说服的人在此时此地履行矫正正义看作自己分内的工作（参见 934a-b），但是他们会给予那些**穷凶极恶之人**死刑（如偷窃公共财物的人，941d)②，希望身体的死亡能产生更重要的后果——灵魂得以拯救(957e；参见 958a1)，那些在此世已经无可救药的灵魂在面对死后审判

---

① 见 Saunders (1991), pp.88-136。
② 884a 是对此处讨论罪行的又一重要论述。

时能被纠正——虽然这也很困难(959b)。

这一想法并不新鲜。但这只是柏拉图用以保存城邦德性的诸多手段之一。另外一种是确保公民们不从事卑贱的贸易活动,还有他所谓的"其他职业",也就是那些"具有明显邪恶倾向的职业"。他说(919d,920a),只有客居者和外邦人能被允许从事贸易或零售业,"他们的腐化不会给城邦带来重大危害"(919c)!①

至于城邦井然有序的延续和维系,我们已经知道,婚姻是所有三十五岁男性公民的义务,如果到了这个年纪仍然没有结婚就要受到一年一度的重罚(774a-c)。法律期望(930c-d),为了"家庭和城邦"所需,每一桩婚姻都能至少产生两个孩子,一男一女(903c1)。如果妻子在去世前没有诞下任何子嗣,那丈夫必须再次结婚,并努力和第二任妻子生育最少一男一女(同上)。如果夫妻之间产生不和,并且无法解决争执,城邦会设立一个由二十个(十男十女)婚姻监护人组成的委员会裁定其问题,如果需要的话裁定二者离婚,并要为每个人安排**新的**伴侣。如果他们还没有生育小孩,他们的新伴侣就要承担生育后代的责任;如果他们已经生育了城邦所需要的最少两个孩子(一男一女),那新伴侣的目标就是"执子之手,与子偕老"(930a-b)。

柏拉图用一句引人注意的话简单总结了思想一致和服从权威对于城邦的存续和良好运转是多么重要。他说,这包括制定许多规则,最重要的就是"任何人,无论男女,都不能缺少统治者(anarchon),同样,如果没有统治者的话,没有谁的灵魂能获得**独立自主做任何事情**的习惯,无论是在游戏中还是在严肃的事情中皆是如此;在任何时候,在战争中和在和平时期,他都应该一直参照并听从**统治者**,一切事务,哪怕是最琐碎的事情都要由**他**管理——如停止、前进、训练、沐浴、餐饮、夜间站岗和送信等,都要听其命令……总之,要教导灵魂习惯绝不**想**做任何与

---

① 关于商业活动带来的道德危害,见 Sauvé (2003)。

同伴不同的事情,习惯让生活在最大限度上形成一个**在所有人之间的牢不可破的伙伴关系、城邦和共同体**"(942a-c)。

而相反,如果做**背离**城邦公共目的的行为,就要按照对城邦造成的危险而受到严惩。柏拉图说:"所有的公民将城邦的朋友或敌人视为自己**私人**的朋友或敌人。任何人不顾及城邦而与任何团体和谈或开战都要受到死刑判决"(955c)。

虽然公民们必须为自己设立这一共同的思想和目的,但这仅是一个目标,柏拉图清楚地知道,要护卫城邦免遭能够毁灭它的内部力量的败坏,还需要有很多其他举措。在这方面,他的主要举措是设立审查官(Auditors,大多数是要五十岁以上的公民担任),他们被人们普遍看作是不可腐败的,负责审查城邦所有将要离任的公职人员(945b 以下)。审查员在审查完官员之后,拥有权力来提请包括死刑在内的任何形式的审判。但是他们并不是终审法庭。如果一个离任官员申诉对其的判决是不公正的,那一个由选出的法官组成的更高法庭会处理这一申诉,**他们**会做出终审判决。

这些审查官自身呢?他们是不受制衡的吗?不,他们也会因腐败而被任何公民起诉,法律护卫者中的特殊群体会受理此类案件。如果他们最终被定罪,就会被逐出审查官队伍,并被剥夺各种公共荣誉。但是起诉审查官的人需要小心:如果没能获得五分之一的支持,就会受到巨额罚款(947e-948b)。

柏拉图从这儿转向了外部世界,讨论城邦如何与外部世界联系,以使有德性的城邦自我保存,并能通过与外界交往来增加德性。如我们早先所见,新城邦的法律基本上是纲要性的,需要随着时间的推移而不断充实。相当重要的一点就是从外邦学习不同的经验,他说,特别是如果那些城邦拥有"超人品性的人(他在这里很明显是指苏格拉底,可能还有他自己);这些人既可以在有**不良**法律的城邦中,也可以在有好法律的城邦中找到,拥有他们的城邦就是价值连城的"(951b)。

但是他的城邦如何与外部世界**联系**是需要高度谨慎来处理的事务。他说为城邦事务出差的人，如使者或大使，或城邦派出的参加在奥林匹亚举办的如宙斯节庆等各种宗教节日的代表，至少要年满四十岁，这些人需为"在宗教与和平聚会中让我们的城邦显赫，并使城邦获得与之相配的声望；在回邦之后，他们要向年轻人解释其他城邦的制度如何比不上他们自己的城邦"(950e-951a)。

向外邦学习有价值的事务则要靠经由法律护卫者同意派出的专员，他们的特别任务就是考察可以从不同城邦学到些什么。他们要经过非常精心的挑选。他们最少要五十岁，并需要在"军事和其他方面拥有极高声望"(951c-d)。他们在国外能一直待到六十岁，然后要回来向**监管**法律的夜间议事会报告其发现(同上)(我们已经知道，**维护**法律的群体是法律护卫者)。我们后面会更详细地谈夜间议事会。

如果该专员在国外期间遇到一些人向他提供了关于立法或教育或儿童管理方面的信息，他要向夜间议事会汇报，有时还要汇报自己对这些信息的看法。如果他回来之后，被认定既没有因其经历变好，也没有变坏，那他就会因付出的艰劳和努力而被称颂。如果他回来之后变得更好了，那他就会被高度赞扬，并在去世时给予特别的荣耀。而如果议事会认定他回来时**变差了**，那他就会孤老终生；如果他不服从，并被确认扰乱教育或立法的任何事务的话，就会被处死(952b-d)。

那反过来，**外部世界**同柏拉图的城邦又有哪些接触呢？① 一共有四种情况。第一种是游客，他们出于好奇而来。他们只能进入城邦的广场(*agora*)，还有城墙外的少数公共建筑。柏拉图说，官员们要小心，防止"这些游客带入新奇的东西(*neoterizei*)"(953a1)，要确保与他们尽可能少接触，并只在必要的时候与其接触。第二个群体是为宗教和音乐节日而来，城邦要极为热情地招待他们，但是他们应在看到和听到需

---

① 关于《礼法》中外邦人的身份与法律地位，见 Schoepsdau (2005)。

要的东西之后立刻离开。第三个群体是为公务而来的人。他们作为城邦的客人,"只能由骑兵和步兵的将军和长官招待,他们的娱乐和接待也只能由其居所的主人,某一特定的长官来负责,并与议事会成员相配合"(953b7-c1)。第四种来访者只是偶尔来到城邦,是那些外邦派出的希望向别的城邦学习的观察员。如果他年逾五十,并真心想"自己亲眼看看**超出**其他城邦中的美好品质;或者向**另一**城邦**透露**这样的事情"(953c6-d1),那他可以随心所欲地转,"传播并获取知识"(953d),当他离开的时候,"就好像朋友离开朋友一样,要给他礼物以及合适的荣誉"(同上)。

强大的**司法**体系对城邦德性进行着实际的日常保护(956b 以下)。柏拉图说,要花时间将具体细节整合在一起,并与别的城邦的(往往是那些非常好的)司法体系进行认真比照。一旦这一过程完成,柏拉图说,"立法者"就会进行最后一步,"封印法律,使之**丝毫不可更改**,并在未来**永远**实施它们"(957b)。他继续说,"好的法官会将法律牢记于胸,并成为**其他**说辞的解毒剂,他因此也就成为**城邦**和他自己的维系者"(957d)。在稍后一点,他说"城邦或政体不仅仅是为了提供身体的健康和维系,更是为了在**灵魂**中培养**对法律的忠诚**,或者说是为了**持久维系**城邦的法律"(960d),他说要尽我们最大的努力来保证其"正确的不可改变性"(同上)。

这一表述很自然地引向了对夜间议事会必要性的再度确认,我们已经提到了这个机构,现在必须要讨论它。该机构之所以叫这个名字,是因为它(每天)在黎明之前开会①,柏拉图说,"这一时间是人们最能从所有其他公共或私人事务中抽离开的"(961b);这个名字**本身**并不想引起**恐惧**(虽然柏拉图的读者中有很多人会这么想)。柏拉图说,这个议事会的职能是**监管**法律(951d),同时也是对城邦及其法律的重要

---

① 见 Brisson (2000b)。

保护(*soteria*)(960e;参见961c)。我想,这不是说它是一个取代法律护卫者的群体。它看起来更像是在法律事务上扮演着与审查官检查公职人员相对应的职能。这两个群体都通过其本职工作来保护城邦免于遭受重大的潜在恶端的伤害,一个是城邦公职人员的腐败,另一个是对一项或多项法律本性、运作或后果的重要误解(以及由此给城邦带来的所有可能后果)。

夜间议事会由马格尼西亚城邦的祭司们构成,他们拥有无比高贵的荣耀,此外还有十个在任的最年长的法律护卫者,在任的教育长官和所有退休的教育长官(951d-e)。有趣的是,十个法律护卫者各自都配有一名年纪在三十岁到四十岁之间的后辈(同上)。他们讨论的对象永远是自己共同体的法律,柏拉图说,还有"他们可能从其他地方听到的有意义的相关建议,他们会特别关心任何有助于他们探究的学习领域,它们会帮助他们澄清法律难题,而如果忽略它们这些问题就会晦暗不清"(952a)。

对话结束的时候谈到了"学习",这有助于我们理解一个重要问题:城邦的领导者接受了**其他人**所参加的义务教育之外的任何教育吗?答案是一半肯定,一半否定。在柏拉图的新城邦中,所有公民都必须接受基本的教育,我们已经知道这一点;未来的护卫者并不像《理想国》中那样要接受特别的教育。我们已经知道,在理论上所有掌权的人都是经过德性和抽签两个过程决定的。但现在我们得知夜间议事会的成员,特别是其年轻的成员,在他们与其他公民共同接受的基本教育外,还要自己努力学习一些独特的科目(965a),以达到对法律更深的理解。当这些年轻的成员年满四十岁,离开议事会回到城邦中时,整个城邦会观察他们的精熟程度。如果有人表现得不让人满意,那就会让其蒙羞,那个邀请他加入议事会的法律护卫者也要一并受到谴责(952a-b)。

夜间议事会成员学习的科目特别在哪呢?柏拉图告诉我们,因为德性是城邦的目标,他们就要更深地理解德性的本质(963a)。所以他们要学习构成统一德性的四种德性——品达说的四主德,同时也是《理想国》的核心——智慧、勇敢、节制和正义(964b)。这样一来,他们就能向别人教授关于德性本质的真理,同时,他们自身的德性也**例示**了他们所教授的内容(964b-d)。

因此他们要学习定义的技艺,学习如何从许多不同的个别事物中看到一个形式(*idea*,965c2),特别是要将这一知识运用到**德性**的学习中,那是一个渗透在所有四种例示(智慧、正义、勇敢和自制)中的形式(965d1-3)。"什么是这个'单一的形式'呢?"他们会问,那是一个单一的实体?还是(由部分组成的)整体?抑或二者皆然?还是别的什么东西?(965d5-7)。他们的结论是它实际上是一个**单一的**实体,"美"与"善"也是如此(966a)。

拥有了关于法律真正本性(*aletheia*)的真正(*ontos*)知识后,柏拉图继续说,夜间议事会的成员们就成为法律**真正的**(*ontos*)护卫者(996b)。他说,他们能够辨析"善恶真实的固有界限",并"能向别人解释(*hermeneuein*)他们所知道的,并用自己的实践将其呈现出来"(966b)。

我们很容易设想,柏拉图是在说夜间议事会的成员要接受与《理想国》中的护卫者同样的教育。但这是一个不太恰当的推论。没有理由认为这里涉及形式理论(Theory of Forms),更没有被设定为"超越存在"的"善的形式"(Form of the Good)。柏拉图所需要的是夜间议事会成员确信德性是一个单独的实体,这一点可以通过"多中之一"的正确学说来实现,而不需要**进一步**相信其对于某些或所有"多"的**超越**地位。和次好城邦的其他事物一样,统治者给自己的更高教育最多只是对《理想国》护卫者教育非常有限的摹本。但是这一摹本对于胜任其工作来说已经**足够**了,因为需要的只是坚信本质主义,"多中之一"的那个"一"是**实体**而非想象的虚构,同时还是**单一的**实体,心智能专注于它,并能检验、赏识和理解其之所是。

总之,夜间议事会的成员们在基本的形而上学和认识论方面教育自己,将这些作为理解某一特殊事务的工具,即好城邦的独特特征——**德性**,以及公民如何能获得它。但要实现这一点,必须要有超越形而上学和认识论的东西,柏拉图说:他们在加入议事会之前,还必须"掌握能证明**诸神**存在的所有证明"(966c),特别是在对话前面提到的,他**自己**关于灵魂是实在世界伟大驱动者,以及存在一个所有事物的心智(Mind)的证明(966d-967e)。在《理想国》的范型城邦中,我们需要善的形式来为所有事物奠基,包括最为重要的德性,在这个次优的城邦中,对于一个关心我们的理智神的信念会承担这一任务。

明白了这一点,还有我们知道夜间议事会的成员经过学习——尤其是对德性本性和诸神存在的证明的学习——能够(*hikanous*)教给别人他们所学的,现在我们终于清楚地知道为什么夜间议事会成员的工作是要试图转变无神论的牢囚,将他们转向有神论和正确的心智(*sophronein*)(909a)。

我们现在可以回过头看一下《礼法》这部巨作,它提出的主要政治和社会学说,以及柏拉图为之辩护的论证。是时候对它们做出评价了。

我们可以从讨论《礼法》的各种细节在多大程度上类似于《理想国》开始,这将会花一点时间。虽然很多内容可能都变了,但是有一些并未改变,比如说,他关于基本教育的想法几乎没变,教育仍然是他理论中的主要组成部分。同样没有改变的还有他对事物整体的目的论视角,以及德性作为好城邦的目标;他在《礼法》中,如在《理想国》中一样,是一位功能主义者,这一学说渗透在他讨论的方方面面。

同样没变的还有他对公益的总体观点,有德性的公民总是要将它作为超越私利之上目标。他在两部著作中都说,如果为了鼓励公民达成这一目标,统治者需要使用高贵的欺骗行为,那么这种行为是完全可以得到辩护的。

但是与《理想国》相比，也有很多地方看起来确实发生了改变，我现在想讨论这些差异，并解释为什么会有这些差异，并尽我所能评价其哲学的、政治的和社会的价值。

最大的整体性差异在于《礼法》所描述城邦的本体论地位。《理想国》所勾勒的城邦是纯然范型式的，但是《礼法》所描述的马格尼西亚却是要具体实现出来的，是在真实的大地上由真实的希腊人组成的城邦。他称这为次优城邦，这一表达并没有任何否定意涵。它并非与《理想国》中范型式的美丽城相对，而是相对于我们所能设想的最佳情况——即由诸神和神的子孙构成的城邦。如果我们只是说实现的可能性，那马格尼西亚当然有资格被称为他的**最佳**城邦。

他说，马格尼西亚与范型在政体上的主要差异是，它是君主制和民主制的混合。但是君主的职能似乎被严格限定，即在"立法者"有足够的好运找到这样一个君主的情况下，与立法者一道构建城邦。一旦这一工作完成，他也就从前台消失了。城邦中还保留了什么"君主的元素"并不清晰，除非柏拉图的意思是说法律护卫者和夜间议事会好像拥有君主统治的惩戒权力。但是我们要记得，他们的成员任职是有期限的，在离任的时候还要进行审查。所以，虽然这两个机构的成员享有比其他同时代雅典公民多得多的权力，但是鉴于他们任职的期限和要对自己**在任**时的行为**负责**，可以认为，这两个机构比初看起来更符合基本的民主程序。

同样被放弃的似乎还有关于**统治者阶层**的观点，在《理想国》中，只要拥有良好的出身并接受了特殊的教育，男女都同样能够担任统治者，并且不同代际也都是如此。马格尼西亚城不是按照美丽城中有德性的护卫者阶层的命令来运作的，在美丽城中是不需要法律的，也没有反城邦的行为或犯罪；马格尼西亚是由法律统治的，由从公民群体中产生的一群统治者来实施法律，并且任期固定。

另一个差异是教育面向**所有**公民,男女都一样,那些能担任统治职司的人之所以能担任公职,并不是因为他们属于某个特别的政治阶层,而是因为选举和抽签(让我们称这一想法为"有限的精英统治")。而夜间议事会这一特定群体成员所接受的进一步教育,是其自愿在某些科目上的自我教育,这些成员认为这些科目对于更深入地理解法律非常必要,而他们的特殊任务就是要护卫法律。

再有一个制度变化是,包括统治者在内的所有人都拥有私人财产,通过这种方式来保证任何公民都不会赤贫或暴富。

还有一个变化对于希腊人来说是全新的,那就是法律的序言,所有公民通常会被详细告知每项法律背后的道理。如果刑罚太过痛苦(实际上很多确实如此),那公民们至少知道为什么夜间议事会认为它们应该如此,以及它们是服务于城邦整体的善。

上面所说的这些反映了柏拉图的一个假设,即与具备完全德性的美丽城不同,在马格尼西亚并没有完美的德性,其特征是如我已经提出的那样,存在着大量反城邦和犯罪行为。

《礼法》与《理想国》最后一个,也是非常宏观的差别是两部对话对于它们完全承认的,作为城邦目标的**德性**之**基础**的不同理解。在《理想国》中,德性的基础不是诸神,而是超越诸神的东西——善的形式。在《礼法》中,诸神自身就是基础,特别是一位神,即作为世界理性灵魂的神圣棋手。这样的结果就是将马格尼西亚城不仅转向了君主制和民主制的混合,而且转向了神权政体,由此,法律的护卫者说到底就是万物之王的喉舌。

除了这些领导者外,谁还能洞晓神圣棋手的意愿呢?柏拉图在这个问题上的观点在有关同性恋的讨论中表现得最为明显,**所有人**都可以从观看身边自然世界的运转推测我们行为背后的神圣意志。

我使用了"推测"一词,这很自然地引向了马格尼西亚的另一个特征:对于顽固的无神论者要处以极刑,更宽泛地讲,它将不虔敬的含义扩展至可能让相当数量的公民(谁能猜出具体的数目呢?)被处决的地步。判处无神论者死刑并不是什么新想法;包括雅典在内的许多希腊城邦都有类似的法律。新颖之处在于柏拉图的道理:这样的人被处死是因为顽固地拒绝通过观察**自然**而得到的明确证据(这里观察到的自然是[他理解中的]天体有秩序的、圆满的圆周运动),以及拒绝接受权威关于诸神如何与我们相关的说法。

对于柏拉图最后用十二卷的篇幅谈论的构成美好城邦的要素,我们能做出什么最终评价呢?可以从他主张的君主制(他有时更为笼统地称之为"独裁制"或"僭主制")和民主制的混合说起。他提出的这一观点(被作为混合政体的典范)在之后的古代社会一直存在,甚至延续时间更长。我只是顺便提到这一点;我会在下面分别来谈我对柏拉图版本的混合政体诸种特征的看法。

我先从《礼法》下面这些看法开始,在我看来每个理性的人都能够接受这些看法。

(1)公益。共同体整体的善是马格尼西亚的总体目标。

(2)担任公职要通过选举进行,而不是靠"政治阶层"的成员身份。

(3)问责制。担任公职的人,包括担任高级职司的人,任期有限,并且在离任时要接受审查官的仔细审查。

(4)所有公民都拥有一定量的财产,这样一来,任何理性行动者即便在最低数量的财产基础上也都愿意生活在城邦中,并愿意**放弃**超过允许的最高数量的财产。

(5)普遍的教育对于所有男女都一样。

(6)对罪行的惩罚尽可能是矫正式的。

(7)在审判的时候会考虑情有可原的情况。

(8)每项法律都伴有对其为什么存在,以及它希望在公益框架内达成何种目标的解释。

列出这些后,我当然知道肯定会有自称理性的行动者强烈反对上面各项中的至少一项。比如说,很多人将个人的自由看得比这里设想的公益更高。有些人会明确赞成惩罚的报复理论。有些人(幸运的是为数不多,但危害甚大)会认为**女性**不应该受教育。还有一些人会认为不应对财富积累的最大额度进行限制。我对此不发表任何评论,而是希望有一天,持有这些观点的人会发现自己的错误,并重述我的信念,即柏拉图在这八点上是完全正确的。在我看来,财产的"数量"理论是特别值得考虑的,它一方面鼓励通过努力工作来改善自己的生活,另一方面又很小心地提防着现代灾祸,即多数人日益贫穷,而少数人日益富有。

下面我要列举出《礼法》的一些观点,这些观点可能是理性的行动者想与柏拉图争辩的。

(1)需要一个最高的统治者来**设立**次优的城邦及其法律,并且其统治显然没有时间限制。

(2)(表面看看)这样的统治者以及所有担任主要统治官职的人,如法律护卫者等,都必然是男性。

(3)在选出法律护卫者的最后阶段需要抽签制度。

(4)城邦需要"有益的欺骗行为"。

(5)认为各种技艺的首要目的是服务于城邦。

(6)需要相信仁爱的、无可腐化的诸神是公民德性的基础。

(7)需要相信自然世界的运转在很重要的方面表现了神圣意志关于行为的规范。

(8)仍需要奴隶制度来支撑城邦。

乍看起来,柏拉图对于筛选公职人员,限定其任期以及离任审查的精心管理,好像足以保卫城邦。柏拉图在《礼法》中保证的所有女性与男性一样接受教育,好像也确保了有与男性同样多的女性能够作为城邦各种职司的候选人。正如他自己所言:如果不教育女性就意味着浪费了城邦一半的禀赋。或者像某位统治者后来提出的:女性支撑着半边天。但是实际上,尽管他说马格尼西亚的女性"在年满四十岁时可以担任官职(*archas*)"(785b),但是这些职司似乎并不包含任何**主要的**职位,比如被柏拉图形容为"城邦最高也是最重要的官职"的教育长官,这个官职依据法律应是"一家之长"。在指称法律护卫者的时候,柏拉图明白无误地称他们为"男人"(*andrasi*, 755b5;*aner* 是希腊语用于表示[成年]男性的标准语词)。所有负责离任审查的审查官也都是"男性"(*andras*, 946a1)。夜间议事会的成员很明显也都是男性,因为它包括十名法律护卫者(皆为男性)、一个教育长官和不定数额的前教育长官(皆为男性)、我们不确定数量的杰出(男)**祭司**①,一些在三十到四十岁之间的年轻成员——他们也显然都是男性,因为我们知道,女性在四十岁之前是不能担任公职。唯一一个**其他**主要的职司就是议事会,公民们可以通过选举进入。我们不能确定柏拉图是否想让女性进入其中,但是那些在最后一个抽签环节选择其**成员**的人又都是男性(*andra*, 756e4),这让我们基本上没有理由这么认为。如果我们再加上一点,即在马格尼西亚城中,只有男性有权拥有财产,女性仍要被男性亲属安排婚姻②,那就如一些人理解的那样,在马格尼西亚城中女性很有可能没有**公民权**(814c4),这与当时的雅典极为不同。③ 如果在次

---

① 在《美诺》81a10,柏拉图很明确地区分了男祭司与女祭司;祭司(priest)一词并不同时涵盖二者。同时参见《礼法》800b1, 828b4, 909d9;《斐德罗》244b1;《理想国》461a7。就马格尼西亚而言,男女祭司是通过抽签挑选的(759c),必须六十岁以上,任职一年。

② Bobonich (2002), 388.

③ 柏拉图区分 politides[女公民]和公民(citizens)实际上是区分"居住在城邦的自由女性"和"公民",后者是自由的**男性**,拥有全部公民权。见 *S. El.* 1227, *E. El.* 1335,我们并不能从中推断对 politides 一词的使用是说女性也享有公民权,虽然在同性之爱外,他们热切地称呼彼此为 politides。

优城邦中,女性有什么政治上的突破,那肯定也是远低于男性公民的。①

考虑到《礼法》对作为效能的德性的强调(在《理想国》中也是一样),在很多人看来柏拉图在选择咨询委员会成员的最后一轮采用抽签就是事与愿违。他对这一制度的解释是说,它会让马格尼西亚城中有民主倾向的人满意,他们会将其(如当时雅典人那样)视为防止自封的"自然"统治阶层崛起的有力保障。但是这也要付出代价,即在咨询委员会中永远都有这样一批人,他们虽然肯定有**足够**的禀赋,也肯定广泛代表了大众的意愿(毕竟他们进入了标准选举制度的最后一轮),但这一群体人的禀赋可能**不如**另外那些在最后一轮被抽签制度排除在外的人。乍看起来,这个制度似乎只能保证一部分公民,往往还是非常优秀的公民,在任何时候都可能会对他们在这一制度中被如此对待,产生持续的愤怒和怨恨。这似乎更有可能反对而非支持柏拉图认为的作为好城邦本质特征的各部分之间的整体和谐。

就所谓的"有益的欺骗行为"而言,《礼法》中的问题和《理想国》中的相同:高贵的目的——公益——能否证成在很多人看来是愚弄公民的手段,哪怕这手段完全出于善意?很多人会继续说不,并要求柏拉图的统治者要如他要求的年轻人尊敬(aidos)老年人那样来尊重被统治者。这样的尊重无疑有时(如正当的战争进展不利时)会暂时**隐瞒**某些不快的真相,或者(在同样的战争局势下)要故意欺骗**敌人**。但是很少有人会向柏拉图妥协,认为在一些情况下城邦能够在完全知道某事是虚假的情况下,欺骗**自己的人民**,并使其相信它是真的。

---

① 虽然有几处对 andres 的提及看起来只是柏拉图的顺口一说,但是实际上并非如此,他在另外几处明确说高级官职由男性,并只能由男性担任。在我看来,更为合理的解释是,女人担任官职(785b5)只表示她们进行公共服务,而非具体指何种公共服务。比如说,784a1-2 提到了选举产生马格尼西亚婚姻委员会的"女性观察员"。但这与只由男性担任的**重要**官职无法相提并论。

但是柏拉图无疑会回答说,有这种情况,这就是为了**城邦的善**,可以将城邦知道的故事作为真相向公民们宣传。这也是为什么在《礼法》中,他非常谨慎地讨论**有益**的欺骗行为。这正是他核心观点所在,而我们必须与他争论这一点,不仅仅是因为这一观点在他的政治理论中带来了很多其他意涵。

对这些观点的看法在很大程度上取决于我们是否同意柏拉图用于描述城邦或人的德性的一个基本比喻,如果拥有德性(或有效的功能)就是**健康的**,反之就是**有病的**。① 如果我们看到这一比喻的优点,特别是如果能接受将健康视为机体各部分运转良好的均衡这一希腊观念的话,那么就容易接受有德性的行动乃是自明地有益的(毕竟,除非疯癫的人,还有谁会选择**疾病**而非健康呢?)。但是如果这样的人主动接受了**违背**他自己和城邦德性的信念——**要是他知道这一点该多好**,并依此做出相应的选择,那他就不知不觉地为自己和城邦选择了**疾病**而非健康。所以就需要城邦医生来治病,即便病人并不知道自己病了或将会生病。只要能让病人恢复健康,可以采用任何手段,无论这手段如何猛烈或奇怪。柏拉图建议的一种手段就是神圣棋手的故事。

但是基于这是对德性过于内观性(inward-looking)的理解方式,我们就有充分的理由质疑柏拉图这个比喻的恰当性。如果用我们如何**与别人打交道**来界定德性,要比用我们灵魂各部分如何均衡来界定更好的话,用**健康**(其希腊语的含义是机体内各部分的均衡)的比喻来描述德性就会立刻被视为误导性的了,同样具有误导性的是,关于实现健康所必需的任何**手段**公认的可接受性的所有讨论。对柏拉图来说,如神圣棋手的故事这样偶尔运用的"医疗性的欺骗"就是这样一种手段;但是与任何其他这样的"有益欺骗"一样,它与支持它的比喻同样不

---

① 关于《礼法》中"医学刑罚学"(medical penology)的详细讨论,见 Saunders (1991),pp.139-211。

恰当。

当讨论技艺时,同样的事情以相反的方式发生。这一次我们处理的是对**真理**的医疗性的**隐藏**,这可能导致灵魂的疾病,推而广之,则可能引起城邦的疾病。比如说坏人往往过得幸福,并到死也为自己的邪恶感到满足。柏拉图宣称,相信这样的事情就是——用《理想国》的一个著名说法——"灵魂中的欺骗"。**这**是病入膏肓的状态,是人的**思考部分**(logistikon)患病了。所以在美丽城或马格尼西亚中,决不允许在戏剧或诗歌中描述一个坏人能幸福地死去。此外,必须教导这样一种幸福观,即幸福状态在于灵魂与德性携手而行;看起来——按照传统的理解——"幸福"的坏人实际上并不真正幸福,按照柏拉图的理解,他实际上是最悲惨的人,整个灵魂害了病却还不知道。有哪个理性的人会选择疾病而非健康呢?

但是这一观念也很有问题。正如一个误导性的比喻是柏拉图德性定义以及偶尔需要治疗性的谎言背后的推动力量,同样的比喻也是他的幸福(happiness, *eudaimonia*)定义(幸福是**机体**的状态而非某种**感觉**)以及偶尔需要治疗性地隐藏真相背后的推动力量。但在每件事上,柏拉图通过使用某种私人语言来达到其目标,这语言非常私人化,从而使他能否认幸福是宣称一个人**确实**幸福的充分基础,并期望**所有人**(且不说在《理想国》和《礼法》中他精心挑选的对话者)在这件事上相信他。

我们最终来到非常关键的第三点,柏拉图坚持认为,如果整个城邦要想繁盛的话,所有公民都必须相信这一点。这一次我们不是处理治疗性的假象,或者对真理的治疗性压制,而是(放下所有比喻)柏拉图确信的一系列断言,但实际上很有可能不是这样的。我是指存在关心我们的、不可腐化的诸神;他们的存在可以通过天文观察以及由此进行的理性推论证实;以及通过作为生产的自然的运作,它们传递给我们的关于性行为中合适举动的信息。

支持这些的是下面这个论证,即宇宙中存在理性灵魂,柏拉图将这一灵魂等同于神。但是这个论证依赖他的另一个假设,即宏观宇宙中的圆周运动是那里存有理性的证明。但是他非常自信地证明这一点的证据却是站不住脚的;很遗憾,他以为自己在天空中看到的所有圆周运动实际上并不是圆形的而是椭圆的。还有他非常自信地认为非物质的东西(灵魂)能够推动物质性的东西这一观点,也几乎没有哲学家认同,而这是完全可以理解的。

如果这些仅仅是柏拉图阐发对神学的个人观点,那么问题并不大。但是如我们所见,这对于城邦中的无神论者和同性恋者来说,后果就是毁灭性的了。

对于柏拉图仍然认为需要奴隶阶层来支撑最正义的城邦的观点,我没有什么别的话要说,但只想指出一点,我很赞赏柏拉图同时代的智者阿尔西达马斯的观点,他指出奴隶制在**神学上**是得不到支持的。

简要总结一下,这些就是我对柏拉图在《礼法》中采取的各种哲学的、政治的、社会的和神学立场的疑虑,以及疑虑背后的原因。但是我不想最后落在这些令人沮丧的评论上。柏拉图在《礼法》中的一些**绝佳**观念,如全民教育、对公职人员的问责、矫正性而非报复性的惩罚等,都经受得起时间的检验,我们永远都要感谢他。

参考文献导言

柏拉图学界拥有非常杰出的文献编纂者,这是我们的福气。在过去一个世纪,哈罗德·车尼斯(Harold Cherniss)亲身示范,编纂了非常全面的1950—1958年间的参考文献(有人会认为其注解有争议),载于 *Lustrum* 第4和第5卷(1959,1960)。之后布里松(Luc Brisson)和他几个同事编纂了后来的参考文献(这次没有注释),载于 *Lustrum* 第20、25、30和34卷(涵盖了1958—1990年)以及文集《古典思考的传统》(*Tradition de la pensée classique*, Paris:Vrin, 1999 and 2004),涵盖了1990—2000年间的文献;此外还有国际柏拉图学会编纂的自2000年以来的参考文献。就《礼法》这部对话而言,我们已经看到已故的桑德斯(Trevor J. Saunders)编纂的重要参考文献(Saunders [2000],他接续了之前的一部《柏拉图〈礼法〉参考文献1920—1976》(*Bibliography on Plato's Laws, 2nd Edition*, 1920—1976 [New York, 1979]),后来布里松和普拉多(J.-F. Pradeau)也编有一份(最初附在他们2006年的译本后,最新的[2012]一版附在他们2007年版的葡萄牙语译本后)。没有这些全面详实的研究资源信息积累,我也不可能撰写现在的这个参考文献。

这里的参考文献集中于2000年以来发表的关于《礼法》的研究,虽然它也包含了一些1950年后出版的著作,如莫罗的《柏拉图的克里特城邦》(Morrow, *Plato's Cretan City*, 1960)、桑德斯的《柏拉图的罚典》(Saunder, *Plato's Penal Code*, 1991)等等(关于这一阶段的文献,读者可以参考桑德斯 2000 年的参考文献）。2000 年以来，由费拉里（Ferrari）和珀利（Poli）合作完成了一个全新的《礼法》版本，带有导论、希腊文、意大利语翻译和注释。除此之外，还有两个带有导言、注释和参考文献的译本，一是布里松和普拉多 2006 年的法文译本，一是硕普斯道（Schoepsdau）2011 年的德文译本（该卷的出版是多卷本的最后一本）。梅修（Robert Mayhew）在 2008 年出版了对《礼法》第十卷的新英文翻译（还有评论、文本注释和参考文献），但是自从英格兰德（England）于 1921 年编纂的两卷本以来，没有出现带注释和参考文献的完整英文翻译。

就现有的《礼法》英译本来看，泰勒（A. E Taylor）1934 年的译本相当陈旧，桑德斯 1976 年的译本可读性很强，但是译文太过随意，特别是那些不懂希腊文的读者很难判断其准确性。潘格（Pangle）1980 年的译本相反，虽然可读性没那么强，但是作为翻译非常准确可靠，如果不懂希腊文，应将其作为首选。

从 2000 年至今，有多本专著研究《礼法》，或者将《礼法》作为其主要的研究对象。值得注意的是鲍伯尼奇（Bobonich）的《重思柏拉图的乌托邦》（*Plato's Utopia Recast*, 2002）（关于该书的重要书评，见 Kahn [2004]，Tarrant [2004] 和 White [2009]）。但是抛开书名，该书只用了很少篇幅（只有五章中的一章）讨论《礼法》的政治理论和实践。其他英文著作还有 Benardete（2000），Wallach（2001），Whitaker（2004），Clark（2003），Schofield（2006）和 Lutz（2012）；法语世界中，Piérart（1974）有了第二版，还有 Pradeau（2005）；德语世界有 Lee（2002）和 Seubert（2005）；西班牙语中有 Laks（2007）。在以上这些学者中，普拉多和拉克斯（Laks）在这期间还撰写了许多关于《礼法》的重要论文。

此外，还有学者编纂了关于《礼法》重要文集。第一本是 Lisi（2000），包括了 1998 年在萨拉曼卡（Salamanca）会议上宣读的部分关于《礼法》的论文,其作者有 Bertrand、Bobonich、Brisson、Cleary、Laks、Neschke-Hentschske、Pradeau、Robinson、Schoepsdau 和 Waugh。第二本是 Scolnicov and Brisson（2003），包含了 2001 年在耶路撒冷召开的第六届国际柏拉图研讨会（*Symposium Platonicum*）中的部分文章。值得注意的是,这本文集的作者来自世界各地。同样值得注意的是,拥有不同社会背景的作者采用了极为不同的解读路径。这些作者包括 Brisson、Cleary、Dillon、Drechsler、Larivée、Lefka、Marcos de Pinotti、Parry、Rowe、Sauvé、Schofield、Schoepsdau、Stalley 和 Tarrant。第三本文集是 Bobonich（2010a），解释风格更局限于盎格鲁—美国式,但是值得不同解释传统的读者们注意。其作者包括 Annas、Bobonich、Dorothea Frede、Mayhew、Rowe、Samaras 和 Schofield。

其他文集或者包含有对《礼法》的特别研究,或者包含对更一般的柏拉图政治哲学的研究。主要有 Rowe and Schofield（2000），Sedley（2003），Cleary and Gurtler（2006），Gill and Pellegrini（2006）和 Fine（2008）。还有一些关于《礼法》的文章收于一些纪念文集中（比如 Agne、Bruit-Zaidman、Cantarella、Casertano 和 Kaiser 的文章），或者收于各种类型的著作中（比如 Brisson［2012］，Gastaldi［2002］，Joubaud［2005］，Laks［2006］，Lewis［2010］，Lisi［2010］和 Piérart［2005a，2005b］）。

对于初次阅读《礼法》的读者来说,Stalley（1983）和 Brisson/Pradeau（2007）是非常好的导论。要想阅读《礼法》非常细致的学术注疏的话,2000 年以来出版的三本著作——Ferrari/Poli（2005），Brisson/Pradeau（2006）和 Schoepsdau（2011）——都非常重要,还有梅修对《礼法》卷十的注疏。England（1921）的评注本虽然很陈旧了,但仍值得参考。

2000 年以来,对一些本书中已经涉及的特殊话题的研究文献,我列表如下（也包含了少量 2000 年前的文献）：

无神论,对此的死刑判罚	atheism, death penalty for	Balansard (2002)
民主制与独裁制/僭主制	democracy and autocracy	Mattei (2001), Pradeau (2004, 2005), Rowe (2001)
犯罪与刑法	crime and criminal law	Cantarella (2007), Eckl (2008), Hunter (2009), Lisi (2008, 2010), Mackenzie (1981), Saunders (1973, 1991), Schoepsdau (2004, 2008)
死刑判罚	death penalty	Cantarella (2007)
神法	divine law	Lutz (2012), Lewis (2009a), Mayhew (2010, 2011)
神/诸神,作用;对其存在的证明	God/gods, role of; proofs of the existence of	Frede (2010), Jirsa (2008), Kaiser (1999), Lefka (2003), Lewis (2009b), Marcos de Pinotti (2003), Mayhew (2011), Pradeau (2006b), Schofield (2009), Schweitzer (2007)
作为标准的神	God-the-measure	Marcos de Pinotti (2003)
教育	education	Castel-Bouchouchi (2003), Cleary (2003), Curren (1994), Domansky (2007), Schoepsdau (2002a), Schuetrumpf (2007)
自由与强迫	freedom and compulsion	Bobonich (1991), (2002, 2020a), Keyt and Miller (2007), Lefka (2003)
《礼法》中的正义	justice in the Laws	Stalley (2002), Younesie (2009)

续 表

雅典的法	law, Athenian	Gagarin（2000），Ruschenbuch（2001）
法与理性	law and reason	Keyt and Miller（2007），Lewis（2010），Wallach（2001）
《礼法》中的法，本性与目标	laws in the Laws, nature and goal of	Brisson（2005, 2008），Laks（2006）
自然与法，自然法	nature and the law; law of nature	Lewis（2009b），Morrow（1948），Neschke-Hentschke（2000）
夜间议事会	Nocturnal Council	Brisson（2000b, 2003），Larivée（2003a），Losko（1988）
说服	persuasion	Mayhew（2007, 2008），Morrow（1953），Schuetrumpf（2007），Stalley（1994）
法的导言	preambles to laws	Pradeau 2006a，Silverthorn（1975），Waugh（2000）
宗教	religion	Bruit-Zaidman（2009），Lewis（2010），Schofield（2003）
次优城邦	second-best society	Laks（2000b），Lisi（2010）
性习俗，同性恋/异性恋	sexual mores, homosexual/heterosexual	Schoepsdau（2000b）
奴隶制	slavery	Morrow（1976），Bertrand（2000b），Schuetrumpf（2003）
神学与法	theology and the law	Cleary（2000），Dillon（2003），Mayhew（2010）

续 表

德性与法	virtue and the law	Annas (2010), Joubaud (2005), Mouracade (2005)
女性,作用与位置	women, role and status of	Cohen (1987), Levin (2000), Samaras (2010), Saunders (1995), Schoepsdau (2002b), Smith (1983)

参考文献

Agne, Djibril, 2007. Le *pais* du livre des *Lois* de Platon: une nouvelle pédagogie de l'enfance, *in* Sylvie David et Evelyne Geny, eds., *Troika: parcours antiques. Mélanges offerts à Michel Woronoff* (Besançon: Presses Universitaires de Franche-Comté), pp. 203-217.

Altman, W. F. H., 2010. A tale of two drinking parties: Plato's *Laws* in context, *Polis* 27, pp. 240-264.

Annas, Julia, 2010. Virtue and Law in Plato, *in* Bobobich (2010a), pp. 71-91.

Balansard, Anne, 2002. A propos de l'accusation de Socrate pour athéisme: la cité des *Lois* résout-elle le conflit entre le philosophe et la cité? *In* Gilles Dorival et Didier Pralon, eds., *Nier les dieux, nier Dieu* (Aix-en-Provence: Publications de Université de Provence), pp. 51-67.

Belfiore, E., 1986. Wine and Catharsis of Emotions in Plato's *Laws*, *Classical Quarterly* n. s. 36, pp. 421-437.

Behrends, Otto, 2008. Die *Republik* und die *Gesetze* in den Doppelwerken Platons und Ciceros, *Politisches Denken Jahrbuch* 2008, pp. 133-182.

Bertrand, Jean-Marie, 1999. De la *stasis* dans les cités Platoniciennes, *Cahiers Glotz* 10, pp. 209-224.

——2000a. Le citoyen des cités platoniciennes, *Cahiers Glotz* 11, pp. 37-55.

——2000b. Sur le statut des esclaves dans la cité des Magnètes: fictions juridiques et pouvoir politique, *in* Lisi (2000), pp. 194-199.

——2001. Platon et les lois sur la discipline militaire, *Quaderni del dipartimento di filogia classica 《Augusto Rostagni》*, Univ. Degli Studi di Torono 15, pp. 9-27.

Benardete, Seth, 2000. *Plato's Laws: The Discovery of Being* (Chicago: University Press).

Bloom, Allan, 1968. *Republic of Plato's Republic*, with Notes and Interpretive Essay (New York: Basic Books).

Bobonich, C., 1991. Persuasion, Compulsion and Freedom in Plato's *Laws*, *Classical Quarterly* n. s. 41, pp. 365-388.

——1995. Plato's Theory of Goods in Plato's *Laws* and *Philebus*, *Proceedings of the Boston Area Colloquium in Ancient Philosophy* 13, pp. 101-139.

——1996. Reading the *Laws*, *in* Gill and McCabe, pp. 249-282.

——2000. Plato and the Birth of Classical Political Philosophy, *in* Lisi (2000), pp. 95-106.

——2001. *Akrasia* and Agency in Plato's *Laws* and *Republic*, *in* Ellen Wagner, ed., *Essays on Plato's Psychology* (Lanham, MD: Lexington Books), pp. 203-237.

——2002. *Plato's Utopia Re-cast* (Oxford: Clarendon Press).

——2008. Plato's Politics, *in* Gail Fine, ed., *The Oxford Handbook of Plato* (Oxford: University Press), pp. 311-335.

——2010a. *Plato's Laws. A Critical Guide* (Cambridge: University Press).

——2010b. Images of Irrationality, *in* Bobonich (2010a), pp. 149-171.

Brandwood, L., 1976. *A Word Index to Plato* (Leeds: W. S. Maney and Son).

Brickhouse, Thomas C. and Nicholas D. Smith, 2002. Incurable souls in Socratic psychology, *Ancient Philosophy* 22, pp. 21-36.

Brisson, Luc, 2000a. Les magistratures non-judiciaires dans les *Lois*, *Cahiers Glotz* 11, pp. 85-101.

———2000b. Le Collège de veille (*nukterinos sullogos*), *in* Lisi (2000), pp. 161-177.

———2003. Les *agronomoi* dans les *Lois* de Platon et leur possible lien avec le *nukterinos sullogos*, *in* Scolnicov and Brisson, pp. 221-226.

———2005. Ethics and Politics in Plato's *Laws*, *Oxford Studies in Ancient Philosophy* 28, pp. 93-121.

———2008. La loi dans les *Lois* de Platon, *Mélanges de l'Université Saint-Joseph*, *Beyrouth* 61, pp. 347-358.

———2012. Soul and State in Plato's *Laws*, *in* Rachel Barney, Tad Brennan, and Charles Brittain, eds., *Plato and the Divided Self* (Cambridge: University Press), pp. 281-307.

Brisson, Luc and J.-F. Pradeau, 2003. *Platon: Politique* (Paris: Flammarion).

———2006. *Platon: Les Lois*. Two volumes (Paris: Flammarion).

———2007. *Les Lois de Platon* (Presses Universitaires de France).

———2012. Republication of the above in Portuguese translation (tr. Nicolas Nyimi Campanario) (Sao Paulo: Edicoes Loyola).

Brisson Luc and Francesco Fronterotta, 2006. *Lire Platon* (Presses Universitaires de France).

Bruit-Zaidman, Louise, 2009. Lois et normes religieuses dans les *Lois* de Platon, *in* Pierre Vrulé, ed., *La Norme en matière religieuse en Grèce ancienne* (Liège: Centre d'Etude de la Religion Antique), pp. 29-47.

Buccioni, Eva, 2007. Revising the controversial nature of persuasion in

Plato's *Laws*, *Polis* 24, pp. 262-283.

Cairns, D., 1993. *Aĭdos* (Oxford: Clarendon Press).

Cantarella, Eva, 2007. I greci, noi e la pena di morte. Funzione della pena e ruolo delle vittime tra retribuzione, riabilitazione e 《restorative justice》, *in* Cosimo Cascione and Carla Masi Doria, eds., *Fides Humanitas Ius. Studi in onore di Luigi Labruna* (Napoli: Editoriale Scientifica), pp. 643-659.

Casertano, Giovanni, 2004. Il vino di Platone, *in* Livio Rossetti, ed., *Greek Philosophy in The New Millennium. Essays in Honour of Thomas M. Robinson* (Sankt Augustin: Academia Verlag), pp. 321-337.

Castel-Bouchouchi, Anissa, 2003. La finalité religieuse de l'éducation dans les *Lois*, *in* J. Laurent, ed., *Les Dieux de Platon* (Caen: Presses Universitaires de Caen), pp. 193-210.

Cherniss, H., 1953. Review of G. Mueller, *Studien zu den platonischen Nomoi*, *Gnomon* 25, pp. 367-379.

Clark, Randal Baldwin, 2003. *The Law Most Beautiful and Best: Medical Argument and Magical Practice in Plato's Laws* (Lanham, MD: Lexington Books).

Cleary, John J., 2000. The role of theology in Plato's *Laws*, *in* Lisi (2000), pp. 125-140.

——2003. *Paideia* in Plato's *Laws*, *in* Scolnicov and Brisson, pp. 163-173.

Cleary, John J. and Gary M. Gurtler, eds., 2006. *Boston Area Colloquium in Ancient Philosophy* 21 (Leiden: Brill).

Cohen, D., 1987. The Legal Status and Political Role of Women in Plato's *Laws*, *Revue internationale des droits de l'antiquité* 34, pp. 27-40.

——1993. Law, Autonomy, and Political Community in Plato's *Laws*,

Classical Philology 88, pp. 301-318.

——1995. *Law, Violence and Community in Classical Athens* (Cambridge: University Press).

Curren, R., 1994. Justice, Instruction and the Good: The Case for Public Education in Aristotle and Plato's *Laws*, *Studies in Philosophy and Education* 13, pp. 1-31.

Demand, Alexander, 2008. Platon und der Wein, *Politisches Denken Jahrbuch* 2008, pp. 207-224.

Dillon, John, 2003. Philip of Opus and the theology of Plato's *Laws*, *in* Scolnicov and Brisson, pp. 304-311.

Domanski, Andrew, 2007. Principles of early education in Plato's *Laws*, *Acta Classica* 50, pp. 65-80.

Drechsler, Wolfgang, 2003. Plato's *Nomoi* as the basis of Law and Economics, *in* Scolnicov and Brisson, pp. 215-220.

Dusanic, Slobodan, 2002. Les *Lois* et les programmes athéniens de réforme constitutionelle, *Revue Française d'Histoire des Idées Politiques* 16, pp. 341-350.

Eckl, Andreas, 2008. *Nomoi* 884a-899d. Wovon man den Rechtsbrecher (noch heute) ueberzeugen muss, *Politisches Denken Jahrbuch* 2008, pp. 109-131.

England, E. B., 1921. *The Laws of Plato* (2 volumes) (Manchester: University Press).

Ferrari, Franco and Silvia Poli, 2005. *Platone: Leggi* (Milano: Biblioteca Universale Rizzoli).

Forti, Simona, 2006. The Biopolitics of Souls. Racism, Nazism, and Plato, *Political Theory* 34, pp. 9-32.

Frede, Dorothea, 2010. Puppets on Strings: Moral Psychology in *Laws*

Books 1 and 3, *in* Bobonich (2010a), pp. 108-126.

Gagarin, Michael, 2000. Le code de Platon et le droit grec, in *La Codification des lois dans L'Antiquité* ([*Actes du Colloque de Strasbourg 1997*]) Paris: de Boccard), pp. 215-227.

Gastaldi, Silvia, 2002. Aristotele e le *Leggi* di Platone, *in* Maurizio Migliori, *Gigantomachia* (Brescia: Morcelliana), pp. 221-248.

Gill, C. and M. McCabe, eds., 1996. *Form and Argument in Late Plato* (Oxford: University Press).

Gill, Mary Louise and Pierre Pellegrin, eds., 2006. *A Companion to Ancient Philosophy* (Oxford: Blackwell).

Goergemanns H., 1960. *Betraege zur Interpretation von Platons Nomoi*, *Zetemata* 25 (Munich: Beck).

Gonzalez, Francisco J. 1995. *The Third Way: New Directions in Platonic Studies* (Lanham, MD: Rowman and Littlefield).

Hall, Robert W., 2001. Platonic rule: *fiat* or law? *Polis* 18, pp. 107-116.

Hansen, M., 1991. *The Athenian Democracy in the Age of Demosthenes* (Oxford: Blackwell).

Hegenbart, Sarah, 2008. Platons *Nomoi*. Die Ansprache an die Siedler. Populaerphilosophie fuer die breite Masse (715e7-734e2), *Politisches Denken Jahrbuch* 2008, pp. 349-360.

Hunter, Virginia J., 2008. Plato's Prisons, *Greece and Rome* Series 2, 55 (2), pp. 192-201.

——2009. Crime and Criminals in Plato's Laws, *Mouseion* 53, Series III, 9, pp. 1-19.

Jirsa, Jakub, 2008. Plato on characteristics of God: Laws X, 887c3-899d3, *Rhizai* 5, pp. 265-285.

Jones, N., 1990. The Organization of the Kretan City in Plato's *Laws*,

Classical World 83, pp. 473-492.

Joubaud, Catherine, 2005. Loi et morale dans le Livre X des *Lois*, in Michel Fattal, ed., *La Philosophie de Platon* 2 (Paris: L'Harmattan), pp. 291-298.

Kahn, Charles, 1961. Plato's Cretan City, *Journal of the History of Ideas* 22, pp. 418-424.

——2004. From *Republic* to *Laws*: a Discussion of Bobonich, *Plato's Utopia Recast*, *Oxford Studies in Ancient Philosophy* 26, pp. 337-362.

Kaiser, Otto, 1999. Gott und Mensch als Gesetzgeber in Platons Nomoi, in Bernd Kollmann et al., eds., *Festschrift Harmut Stegman* (Berlin/New York: De Gruyter), pp. 278-295.

Keyt, David and Fred D. Miller, eds., 2007. *Freedom, Reason and the Polis. Essays in Ancient Greek Political Philosophy* (Cambridge: University Press).

Koyré, Alexandre, 1945. *Introduction à la lecture de Platon* (New York: Brentano's).

Laks, A., 1987. Raison et plaisir: pour une caractérisation des *Lois* de Platon, in *La Naissance de la Raison en Grèce* [*Actes du Congrès de Nice*], pp. 291-303.

——1990. Legislation and Demiurgy: On the Relationship between Plato's *Republic* and *Laws*, *Classical Antiquity* 9, pp. 209-229.

——1991. L'Utopie législative de Platon, *Revue Philosophique*, pp. 416-428.

——1995. Prodige et médiation: esquisse d'une lecture des *Lois*, *Le temps philosophique*, pp. 11-28.

——2000a. The *Laws*, in Rowe and Schofield (2000), pp. 258-292.

——1988. The Nocturnal Council in Plato's *Laws*, *Political Studies* 36, pp. 74-88.

——2000b. In what sense is the city of the *Laws* a second best one, *in* Lisi (2000), pp. 107-114.

——2006. Form und Inhalt des platonischen Gesetzes, *in* Wolfgang Bock, ed., *Gesetz und Gesetzlichkeit in den Wissenschaften* (Darmstadt: Wissenschaftliche Buchgesellschaft), pp. 11-22.

——2007. *La filosofia politica de Platon a la luz de* Las Leyes (Merida: UNAM).

Lane, Melissa, 1998. *Method and Politics in Plato's Statesman* (Cambridge: Cambridge University Press).

——2006. Plato's Political Philosophy. The *Republic*, the *Statesman*, and the *Laws*, *in* Gill and Pellegrin, pp. 170-191.

Larivée, Annie, 2002. Du souci à l'honneur de l'âme. Aspects de la *time* dans les *Lois* de Platon, *Kairos* 19, pp. 111-127.

——2003a. Du vin pour le Collège de veille? Mise en lumière d'un lieu occulte entre le Choeur de Dionysos et le *nukterinos sullogos* dans les *Lois* de Platon, *Phronesis* 48, pp. 29-53.

——2003b. L'incarnation législative du soin de l'âme dans les *Lois*: un héritage socratique, *in* Scolnicov and Brisson, pp. 98-102.

Lee, Baehong, 2002. *Die politische Philosophie in Platons Nomoi* (Bern/Frankfurt am Main: Lang).

Lefka, Aikaterini, 2003. Souveraineté divine et liberté humaine dans les *Lois*, *in* Scolnicov and Brisson, pp. 155-164.

Levin, Susan B., 2000. Plato on Women's Nature: Reflections on the *Laws*, *Ancient Philosophy* 20, pp. 81-97.

——2010. Politics and medicine: Plato's final word. Part 1, Philosopher-rulers and the laws: thing of the past or (un)expected return; Part 2, Rivalry dissolved: the restoration of medicine's *techne* status in the

Laws, *Polis* 27, pp. 1-24, 193-221.

Lewis, V. Bradley, 2009a. Higher law and the rule of law: The Platonic origin of an ideal, *Pepperdine Law Review* 36, pp. 631-660.

——2009b. 'Reason striving to become law': Nature and law in Plato's Laws, *American Journal of Jurisprudence* 54, pp. 67-91.

——2010. Gods for the city and beyond. Civil religion in Plato's *Laws*, *in* Ronald Weed and John Heyting, eds., *Civil Religion in Political Thought* (Washington, DC: Catholic University of America Press), pp. 19-46.

Lisi, Francisco L., ed., 2000. *International Congress on Ancient Thought 1. Plato's Laws and its Historical Significance* (Sankt Augustin: Academia Verlag).

——2004. Arte, legge e dialogo nelle *Leggi* di Platone, *Studi Italiani* 4 ser. 97, pp. 42-61.

——2008. Platons Begruendung des Strafrechts in den *Nomoi* (IX 859d-864c), *Politisches Denken Jahrbuch* 2008, pp. 87-107.

——2010. Violence and Law in Plato's Second Best Constitution, *in* Antoni Bosch-Veciana and Josep Monserrat-Molas, eds., *Philosophy and Dialogue. Studies on Plato's Dialogues* II, pp. 159-169.

Klosko, G., 1986. *The Development of Plato's Political Theory* (London: Methuen).

——1988. The Nocturnal Council in Plato's *Laws*, *Political Studies* 36, pp. 74-88.

——2000b. In what sense is the city of the *Laws* a second best one, *in* Lisi (2000), pp. 107-114.

——2006. Form und Inhalt des platonischen Gesetzes, *in* Wolfgang Bock, ed., *Gesetz und Gesetzlichkeit in den Wissenschaften* (Darmstadt: Wissenschaftliche Buchgesellschaft), pp. 11-22.

——2007. *La filosofia politica de Platon a la luz de* Las Leyes (Merida: UNAM).

Lutz, Mark J., 2012. *Divine Law and Political Philosophy in Plato's Laws* (De Kalb, IL: Northern Illinois University Press).

Mackenzie, M. M., 1981. *Plato on Punishment* (Berkeley: University of California Press).

Marcos de Pinotti, Graciela E., 2003. Homme-mesure *versus* dieu-mesure. Traces de la polémique avec Protagoras dans les *Lois* IV, *in* Scolnicov and Brisson, pp. 116-121.

Marquez, Xavier, 2012. *A Stranger's Knowledge: Statesmanship, Philosophy, and Law in Plato's Statesman* (Las Vegas: Parmenides Publications).

Maruhashi, Yutaka, 2006. The Rule of Law and Socratic Dialogue: Platonic Political Philosophy in the *Crito* and the *Laws*, *Journal of Classical Studies* 54, pp. 27-41 (in Japanese, with a summary in English).

Mattei, Jean-François, 2001. Platon et Karl Popper: l'idée de la démocratie, *in* Michel Fattal, ed., *La Philosophie de Platon* (Paris: L'Harmattan), pp. 299-319.

Mayhew, Robert, 2007. Persuasion and compulsion in Plato's *Laws*, *Polis* 24, pp. 91-111.

——2008. *Plato. Laws X* (Oxford: Clarendon Press).

——2010. The Theology of the *Laws*, *in* Bobonich (2010a), pp. 197-216.

——2011. "God of some human". On the source of law in Plato's *Laws*, *Ancient Philosophy* 31, pp. 311-325.

Morrow, G., 1941. Status of Aliens in Plato's *Laws*, *Scientia* 70, pp. 38-43.

——1948. Plato and the Law of Nature, *in* M. R. Konvitz and A E. Murphy, eds. , *Essays in Political Theory presented to G. H. Sabine* (Ithaca: Cornell University Press), pp. 17-44.

——1953. Plato's Conception of Persuasion, *Philosophical Review* 62, pp. 234-250.

——1960. *Plato's Cretan City* (Princeton: University Press).

——1976. *Plato's Law of Slavery in its Relation to Greek Law* (New York: Arno Press).

Mouracade, John, 2005. Virtue and Pleasure in Plato's *Laws*, *Apeiron* 38, pp. 73-85.

Neschke-Hentschke, Ada, 2000. Loi de la nature, loi de la cité. Le fondement transcendant de l'ordre politique dans les *Lois* de Platon et chez John Locke, *in* Lisi (2000), pp. 255-273.

——2008. Platos politische Theorie in den *Nomoi*. Geltung und Genese, *Politisches Denken Jahrbuch* 2008, pp. 43-64.

Nightingale, A. , 1993. Writing/Reading a Sacred Text: A Literary Interpretation of Plato's *Laws*, *Classical Philology* 88, pp. 279-300.

——1999a. Historiography and Cosmology in Plato's *Laws*, *Ancient Philosophy* 19, pp. 299-326.

——1999b. Plato's Lawcode in Context: Rule by Written Law in Athens and Magnesia, *Classical Quarterly* n. s. 49, pp. 100-122.

Nitschke, Peter, 2008. Der Politiker und die Regeln des Politischen nach dem Regiment der *Nomoi*, *Politisches Denken Jahrbuch* 2008, pp. 65-83.

Owen, G. E. L. , 1953. The Place of the *Timaeus* in Plato's Later Dialogues, *Classical Quarterly* n. s. 3, pp. 79-95.

Pangle, Thomas, 1980. *The Laws of Plato* (New York: Basic Books).

Parry, Richard D. , 2003. The causes of motion in *Laws* X and of disorderly motion in *Timaeus*, *in* Scolnicov and Brisson, pp. 268-275.

Partenie, Catalin, ed., 2009. *Plato's Myths* (Cambridge: University Press).

Perloff, Marjorie, 1996. *Wittgenstein's Ladder: Poetic Language and the Strangeness of the Ordinary* (Chicago: University Press).

Phillips, David D., 2007. *Trauma ek pronoias* in Athenian law, *Journal of Hellenic Studies* 127, pp. 74-105.

Piérart, Michel, 2005a. La cité des Magnètes dans les *Lois* de Platon, *in* M. H. Hansen, ed., *The Imaginary Polis* (Copenhagen: Royal Danish Academy of Sciences and Letters), pp. 124-151.

——2005b. Retour sur les *Lois* de Platon, *in* Pierre Sineux, ed., *Le Législateur et la loi dans l'Antiquité. Hommage à Françoise Ruzé* (Caen: Presses Universitaires de Caen), p. 37-48.

——2008. Second edition of *Platon et la cité grecque. Théorie et réalité dans la constitution des Lois* (1974) (Paris: Les Belles Lettres).

Popper, Karl, 1945. *The Open Society and its Enemies* (2 Vols) (London: Routledge).

Pradeau, Jean-François, 2000. La economia politica de las *Leyes*. Observaciones sobre la institucion de los *kleroi*, *in* Lisi (2000), pp. 146-160.

——2004. L'ébriété démocratique. La critique de la démocratie dans les *Lois*, *Journal of Hellenic Studies* 124, pp. 108-124 [Spanish version *in* Francisco Lisi, ed., *The Ways of Life in Classical Political Philosophy* (Sankt Augustin: Academia Verlag), 2004, pp. 43-67].

——2005. *Platon, les démocrates et la démocratie. Essai sur la réception contemporaine de la pensée politique platonicienne* (Naples: Bibliopolis).

——2006a. Enchanting the souls: On Plato's conception of law and 《preambles》, *in* Cleary and Gurtler, pp. 125-137.

——2006b. Les divins gouvernants: la philosophie selon Platon, *in* Brisson and Fronterotta, pp. 99-105.

Rawls, John, 1999. *A Theory of Justice* (revised edition) (Cambridge, MA: The Belknap Press of Harvard University Press, 1999).

—— 2001. *Justice as Fairness: A Re-statement* (Cambridge, MA: Harvard Univerity Press, 2001).

Ricken, Friedo, 2008. *Platon: Politikos* (Goettingen: Vandenhoeck und Ruprecht).

Riemer, Ulrike and Peter Riemer, 2005. *Xenophobie/Philoxenie: vom Umgang mit Fremden in der Antike* (Stuttgart: Steiner).

Roberts, J., 1984. Plato on the Causes of Wrongdoing in the *Laws*, Ancient Philosophy 7, pp. 23-37.

Robinson, Thomas M., 2000. State and Individual in Plato's *Laws*, *in* Lisi (2000), pp. 115-123.

Rowe, Christopher, trans., 1995. *Plato's Statesman* (Warminster: Aris and Phillips).

—— ed., *Reading the Statesman: Proceedings of the Third Symposium Platonicum* (Sankt Augustin: Academia Verlag, 1995).

——2001. Killing Socrates: Plato's later thoughts on democracy, *Journal of Hellenic Studies* 121, pp. 63-76.

——2002. Socrate, les lois et les *Lois*, *Revue Française d'Histoire des Idées Politiques* 16, pp. 259-273 [English version in Scolnicov and Brisson, pp. 87-97].

——2010. The Relationship of the *Laws* to Other Dialogues: A Proposal, *in* Bobonich (2010a), pp. 29-50.

Rowe, Christopher and Malcolm Schofield, eds., in association with Simon Harrison and Melissa Lane, 2000. *The History of Greek and Roman Polit-*

ical Thought (Cambridge: University Press).

Ruschenbuch, Eberhard, 2001. *Ein altgriechisches Gesetzbuch: aus dem Kontext von Platons Gesetzen*, herausgehoben und in das Deutsche uebersetzt (Munich: Tuduv-Verlag-Gesellschaft).

Ryle, Gilbert, 1966. *Plato's Progress* (Cambridge: University Press).

Samaras, Thanassis, 2010. Family and the Question of Women in the *Laws*, in Bobonich (2010a), pp. 172-196.

Sassi, Maria Michela, 2008. The self, the soul, and the individual in the city of the *Laws*, *Oxford Studies in Ancient Philosophy* 35, pp. 125-148.

Saunders, T. J., 1962. The Structure of the Soul and the State in Plato's *Laws*, *Eranos* 60, pp. 37-55.

——1973. Penology and Eschatology in Plato's *Timaeus* and *Laws*, *Classical Quarterly* n. s. 23, pp. 230-236.

——1976. *Plato: The Laws* (Harmondsworth: Penguin).

——1991. *Plato's Penal Code* (Oxford: University Press).

——1995. Plato on Women in the *Laws*, in A. Powell, ed., *The Greek World* (London: Routledge and Kegan Paul), pp. 591-609.

——2000. Bibliography on Plato's *Laws*, revised and completed with an additional Bibliography on the *Epinomis* by Luc Brisson, *International Plato Studies* 12 (Sankt Augustin: Academia Verlag).

Sauvé Meyer, Susan, 2003. The moral dangers of labour and commerce in Plato's *Laws*, *in* Scolnicov and Brisson, pp. 207-214.

Sayre, Kenneth M. 2006. *Metaphysics and Method in Plato's Statesman* (New York: Cambridge University Press).

Schofield, Malcolm, 2000. Plato and Practical Politics, *in* Rowe and Schofield, pp. 293-302.

——2003. Religion and Philosophy in the *Laws*, *in* Scolnicov and Brisson, pp. 1-13.

——2006. *Plato. Political Philosophy* (Oxford: University Press).

——2009. Fraternité, inégalité, la parole de Dieu: Plato's authoritarian myth of political legitimation, *in* Partenie, pp. 101-115.

——2010. The *Laws*' Two Projects, *in* Bobonich (2010a), pp. 12-28.

Schoepsdau, Klaus, 2000a. Zur Wahl der Gesetzwaechter in Platons *Nomoi*, *Zeitschrift fuer Papyrologie und Epigraphik* 131, pp. 244-250.

——2000b. Die Regelung des Sexualverhaltens (VIII. 835c1-842a100) als ein Exempel platonischer Nomothetik, *in* Lisi (2000), pp. 179-192.

——2002a. Ethik und Poetik. Literarisch-musikalische Zensur in Platons *Nomoi*, *Gymnasium* 109, pp. 391-408.

——2002b. Des repas en commun pour les femmes: une utopie platonicienne, *Revue Française d'Histoire des Idées Politiques* 16, pp. 331-340 [German version in Scolnicov and Brisson, pp. 243-256].

——2004. Richten und Strafen. Zum Strafrecht in Platons *Nomoi*, *Etudes Platoniciennes* 1, pp. 51-72.

——2005. Die soziale und rechtliche Stellung der Fremden in Platons *Nomoi*, *in* Riemer und Riemer, pp. 115-129.

——2008. Platon als Reformer des Strafrechts. Zu den Strafgesetzen in den *Nomoi*, *Politisches Denken Jahrbuch* 2008, pp. 185-206.

——2011. Platon, *Nomoi* (Goettingen: Vandenhoeck und Ruprecht).

Schuetrumpf, E., 2003. Slaves in Plato's political dialogues and the significance of Plato's psychology for the Aristotelian theory of slavery, *in Ideal and Culture of Knowledge* (Karl-und-Gertrud-Abel-Stiftung [Stuttgart: Steiner]), pp. 242-260.

——2007. Ethos in persuasion and in musical education in Plato and Aristotle, *in* David C. Mirhady, ed., *Influences on Peripatetic Rhetoric. Es-*

says in Honor of William W. Fortenbaugh (Leiden/Boston: Brill), pp. 37-52.

Schweitzer, E., 2007. Plato's Proof of God's Existence, *Philotheos* 7, pp. 136-143.

Scolnicov, Samuel and Luc Brisson, eds., 2003. *Plato's Laws: From Theory into Practice* (Proceedings of the Sixth Symposium Platonicum, Jerusalem 2001).

Sedley, David, ed., 2003. *The Cambridge Companion to Greek and Roman Philosophy* (Cambridge: University Press).

Seubert, Harald, 2005. *Polis und Nomos. Untersuchungen zu Platons Rechtslehre* (Berlin: Duncker und Humblot).

Simpson, Peter, 2002. Les *Lois* de Platon entre les mains d'Aristote, *Revue Française d'Histoire des Idées Politiques* 16, pp. 295-307 [English version in Scolnicov and Brisson, pp. 298-303].

Silverthorn, M. J., 1975. Laws, Preambles and the Legislator in Plato, *Humanities Association Review* 26, pp. 10-20.

Smith, N., 1983. Plato and Aristotle on the Nature of Women, *Journal of the History of Philosophy* 21, pp. 467-478.

Stalley, R. F., 1983. *An Introduction to Plato's Laws* (Indianapolis: Hackett).

——1994. Persuasion in Plato's Laws, *History of Political Thought* 15, pp. 157-177.

——2002. La justice dans les *Lois* de Platon, *Revue Française d'Histoire des Idées Politiques* 16, pp. 229-246 [English version in Scolnicov and Brisson, pp. 174-185].

——2009. Myth and eschatology in the *Laws*, in Partenie, pp. 187-205.

Svitzou, Irene, 2009. The philosopher as citizen in Platonic Magnesia. An optimistic aspect of the *Laws*. [In modern Greek]. *In* E. Moutspoulos and M. Protopapas-Marneli, *The Notion of Citizenship in Ancient Greek Philosophy* (Athens: Academy of Athens), pp. 135-145.

Strauss, Leo, 1964. The City and Man (Chicago: Rand McNally).

—— 1975. *The Argument and the Action of Plato's Laws* (Chicago: University Press).

Szlezak, Thomas Alexander, 1991. *Oralita e scrittura della filosofia: un nuovo paradigma nell' interpretazione di Platone*, tr. Nicoletta Scotti (Napoli: Istituto Suor Orsala Benincasa).

Tarrant, Harold, 2003. Plato's legal "offspring". How creative are the *Laws*?, in Scolnicov and Brisson, pp. 54-58.

——2004. Development, non-philosophers, and *Laws*: review article, *Polis* 21, pp. 147-159. [On Bobonich (2002)].

Taylor, A. E., 1960. *Plato: The Laws* (London: J. M. Dent and Sons).

Todd, S. C., 1995. *The Shape of Athenian Law* (Oxford: Clarendon Press).

Wallach, John R., 2001. *The Platonic Political Art: A Study of Critical Reason and Democracy* (University Park, PA: Pennsylvania State University Press).

Waugh, Joanne, 2000. Oral preambles and written laws. The dialogic character of the *Laws* and lawfulness, *in* Lisi (2000), pp. 27-31.

Whitaker, Albert Keith, 2004. *A Journey into Platonic Politics: Plato's Laws* (Lanham, MD: University Press of America).

White, Nicholas, 2009. Scenes along the Road from Kallipolis to Magnesia: Review Article, *Ancient Philosophy* 29, pp. 157-175. [On Bobonich (2002)].

Winspear, Alban, 1974, *The Genesis of Plato's Thought*, second edition

(Montreal: Harvest House, 1974).

Woozley, Anthony, 2010. Plato and the need for law, *Philosophical Quarterly* 60, issue 239, pp. 373-395.

Younesie, Mostafa, 2009. Profile of justice in Plato and Rawls, *Philotheos* 9, pp. 45-56.

公元前 4 世纪的三联剧：
《苏格拉底之后》

引 言

许多年来,我在阅读一般的希腊文献以及特别是希腊哲学的时候,一直会问自己一个问题:公元前 5 世纪和 4 世纪的这些作家、思想家和教育家们是否彼此相遇过,如果他们碰上了,我们对他们彼此间的交谈又知道多少呢?我很快发现,对这两个问题我们都知之甚少,虽然在古代社会流传着很多未经证实的相遇故事,第欧根尼·拉尔修的《明哲言行录》就记载了一些。

这些故事虽然很有趣,有时也很有启发,但是完全不能深入地回答我的问题,于是我开始用完全不同于惯常的学术方式的戏剧来寻找答案(即便只不过是"文学性的"答案)。比方说,我们知道当时的文人们热衷于观看每四年举办一次的奥林匹克运动会,他们中的有些人甚至还亲自参加比赛。如果确实如此,我想他们中的有些人在这些场合就很可能遇到彼此(或者是偶然的,或者是计划好的),并或许会将其视为一个很放松的机会去讨论各种事情,尤其是他们的著作。

基于这种可能性,我选取了历史上奥运会的举办日作为每个戏剧的发生日期。选定日期后,我就能找寻哪些杰出的人还在世,并能够被合理地设想出席奥运会。我接着设想在每天赛会结束后,他们习惯在傍晚聚在一起喝酒聊天,每个傍晚进行的对谈构成了每部戏剧三幕中的一幕。

参加讨论的文人有当时的诗人、戏剧作家、哲学家、教育家和历史学家,有些人性情温和,有些人则很难容忍别人(像色拉叙马霍斯就很难容忍任何与之讨论的人);有些人是第一次也是唯一一次参加聚会(如第欧根尼[Diogenes]和色诺克拉底[Xenocrates]),有些人则是非常频繁地参加聚会(如柏拉图和亚里士多德),等等。

我继而设想,从较早的时候(前476)开始,这群人逐渐有了这样一种习惯,一定要把自己写的东西带到奥运会来与大家分享,或者是正在写的戏剧,或者是对政治或教育的思考,以期激发有趣的批评和对话。

带着这一跨越了公元前5世纪和4世纪几出戏剧的基本框架,我试图设想可能会进行何种对话,当然要考虑已知历史事件的限制,考虑不同参与者的著作、戏剧等,还有这些著作、戏剧的日期和内容(如果知道的话)。我还假定在大多数情况下,他们都认为彼此之间在智识上相差无几,他们倾向于彼此以这样的方式相待(当然,毫不意外的是喜剧作家都会对他们嘲讽的对象毫不客气,智者色拉叙马霍斯会对每个人恶语相向,有时还会对其他智者如此)。具体来说,在跨越前440—前404这一阶段的戏剧中,我设想了苏格拉底处于他不太熟悉的环境中,他不得不与别人平等对话,而不是作为老师看护学生,或者作为自知无知的上师引导各种无所不知的人最终承认自己真正的无知。在这个新环境中,他常常处于守势,而这会让那些只知道柏拉图或色诺芬笔下的苏格拉底的人感到惊讶。

遗憾的是,考虑到"体面的"(即已婚的)成年女性不被允许出现在奥运会上,戏剧中大部分参加者都是男性,而那些在奥运会上露脸的通常并不体面的女性也不是文人圈中的一员,除了极少数例外的情况。但她们会在对话中出现,其中比较著名的是祭司狄俄提玛(Diotima)和妓女(*hetaerae*,"女性伴侣")阿斯帕西亚(Aspasia),拉伊丝(Lais)和芙丽妮(Phryne)。在后两者身上发生的事情分别带来了关于倒霉的阿里斯提普(Aristippus)和色诺克拉底的笑料。

我撰写的这几部戏剧也考虑到了表演的方便。例如,在关于公元前5世纪和4世纪希腊思想和文化导论第一天的课堂上,学生们可以阅读一部戏剧,以戏剧的方式设置场景,并提出一些课程教师认为有价值的问题在课上讨论。

这些戏剧当然也可以被当作羽翼丰满的戏剧搬上舞台;或者像这样只作为阅读材料。我撰写这些戏剧时特别注意了用词和写法,希望能让学术界以外的更多读者阅读和接受。

最后,我还是得说一些显而易见的事情:有些事物明显是历史记录的一部分,不应篡改,在这一限制之下,我所写的是**戏剧**,我也希望它们也被当作戏剧来评判。虽然我对它们中的很多人物都有很深的学术兴趣,并且就其中很多人撰写了许多学术文章,但是我撰写戏剧是为了完全不同的目的,即娱乐和激发讨论。如果这些戏剧成功地做到了这一点,我就非常高兴了。

T. M. 罗宾逊

人　物

埃斯基涅斯(Aeschines,鼎盛年公元前390)

苏格拉底圈子中的一员,曾出现在苏格拉底辞世的现场。写了一些苏格拉底式的对话,传下来两部残篇:《阿斯帕西亚》(Aspasia)和《阿尔西比亚德》(Alcibiades)。

阿尔西达马斯(Alcidamas,鼎盛年公元前4世纪)

高尔吉亚的学生、演说家、智者。曾在斯巴达的麦西尼亚奴隶起义时提出:"神给予所有人自由:自然没让任何人成为奴隶。"这是现存希腊历史中最早的关于奴隶的开明陈述,也为其赢得了声名。

安提斯梯尼(Antisthenes,约前445—前365)

苏格拉底圈子里一名比较年长的成员,曾出现在苏格拉底辞世的现场。他可能创建了犬儒学派(Cynic School,虽然有些学者对此有争议)。他撰写了大量有关认识论和逻辑的著作,他记述的苏格拉底强调了其自足和忍耐。

居勒尼的阿里斯提普(Aristippus of Cyrene,约前435—前355)

苏格拉底圈子的一名成员,认为快乐是福祉的本质内容,只要在各方面的行动都是节制或自制的(sophrosyne)(学习哲学能够实现这一点)。他可能也是居勒尼学派的创立者(虽然与他同名的孙子也被认为是可能的创立者)。

阿里斯托芬(*Aristophanes*,约前446—前386)
公元前5世纪到4世纪初期的喜剧作家。他在喜剧《云》中对苏格拉底进行了著名的攻击,指责他为危险学说的肇始者,他与苏格拉底的私人关系可能相当友好(如果柏拉图的《会饮》可以视为证据的话)。

亚里士多德(*Aristotle*,前384—前322)
柏拉图最著名的学生,吕克昂学园的建立者。虽然在哲学上也采取了与柏拉图类似的本质主义立场,但是在其他方面两人差异巨大,包括对形式的本质、灵魂的本质及灵魂不朽等问题。

克力同(*Crito*,公元前5至前4世纪)
苏格拉底一位富有的朋友,曾去监狱中看望他,并试图劝苏格拉底逃离。苏格拉底拒绝了他,并且引人注目地捍卫了要判他死刑的法律。可参见柏拉图的对话《克力同》。

德谟克利特(*Democritus*,约前460—约前350[？])
第一位原子论哲学家(与留基波一道),他相信实体完全由在虚空中永恒运动的原子构成。道德哲学方面,他主张某种关于满足(contentment)、"节制"和简单自足的学说。

德摩斯梯尼(*Demosthenes*,前384—前322)
伟大的雅典爱国者,雅典最杰出的演说家,他不知疲倦(但未成功)地试图团结希腊世界,来抵抗先是由菲利普继而是由亚历山大领导的马其顿的扩张。

锡诺普的第欧根尼(*Diogenes of Sinope*,约前412/403—约前324/321),绰号为"狗"

犬儒运动中的重要人物,他因反习俗主义而著名,这使得他能以自己喜欢的方式对待任何人,做任何事,说任何话。他的所作所为让大多数人惊愕。据第欧根尼·拉尔修记载,柏拉图称他为"疯狂的苏格拉底"。

狄翁(*Dion*,前408—前354)

叙拉古的僭主狄奥尼修斯二世的舅舅,狄翁邀请柏拉图到叙拉古宫廷,想让其外甥能更加开明地统治。在失败之后,他被放逐,在柏拉图的学园待了一段时间。他被认为是柏拉图的情人,最后带着雇佣军回到西西里试图推翻狄奥尼修斯的统治。但是最终他为了避免被人刺杀而自杀身亡。

麦加拉(或盖拉)的欧几里得(*Euclides of Megara [or of Gela]*,约前450—前380)

不是数学家欧几里得(鼎盛年公元前300),他是苏格拉底的朋友,并在苏格拉底辞世时在场。他可能写了一些苏格拉底式的对话,但没有流传下来。他建立了麦加拉的逻辑学园(维持了很短时间)。

高尔吉亚(*Gorgias*,约前485—公元前4世纪早期)

著名的演说家和修辞教师,被柏拉图视为智者。他著名的观点是相信无物存在,如果有什么真的存在,那也是不可知和不可言说的。

伊索克拉底(*Isocrates*,前437—前338)

与他的老师高尔吉亚一样,伊索克拉底也是一个著名的修辞教师,他在雅典开设了学校,培养政治领袖,捍卫公益。

斐多(*Phaedo*,公元前5世纪晚期到4世纪早期)

除了频繁出现在柏拉图的圈子之中,我们对他知之甚少。苏格拉底辞世时他在场,他似乎也写了一些苏格拉底式的对话,但都没有保留下来。

柏拉图(*Plato*,前427—前348/7)

学园的创立者,他终生撰写哲学对话,苏格拉底在很多对话中担任主角。他因为《理想国》、形式理论和灵魂不朽的主张而最为著名。

普拉克西特里斯(*Praxiteles*,鼎盛年公元前4世纪)

当时最著名的雅典雕塑家,其最著名的作品是真人大小的赫尔墨斯和阿弗洛狄忒大理石雕像,后者(被称为"尼多斯的阿弗洛狄忒")是希腊世界制作的第一个真人大小的女性裸体雕像。

斯科帕斯(*Scopas*,约前395—前350)

普拉克西特里斯的伙伴,斯科帕斯也是当时重要的雕塑家。其最著名的作品是哈利卡那索斯陵墓的系列浮雕,在古代被称为世界七大奇迹之一。

斯彪西普(*Speusippus*,约前410—前339)

柏拉图的外甥,在柏拉图死后掌管学园。和亚里士多德一样,他也不接受柏拉图的形式理论,并发展出自己的一套复杂的形而上学体系,有诸多残篇传世。

卡尔西登的色拉叙马霍斯(*Thrasymachus of Chalcedon*,公元前5世纪下半叶)

智者兼演说家,我们对他的所知基本上都来自柏拉图《理想国》第一卷。他对苏格拉底正义理论基础的攻击非常机敏,语言则非常粗鲁直接。

色诺克拉底(*Xenocrates*,前 396/395—前 314/313)

柏拉图的学生,在斯彪西普后担任学园的第三任领袖。他非常相信个体灵魂中拥有德性的重要性,而将哲学视为能够平静地影响活在纷扰之中的灵魂。

色诺芬(*Xenophon*,约前 430—前 355 后的某个时间)

色诺芬因身为将军带领一支雇佣军攻击波斯王国而著名,他年轻时是苏格拉底圈子的一员。394 年左右因对斯巴达的同情而被逐出雅典后,在生命的后期,撰写了几本重要著作,其中包括《回忆苏格拉底》和《会饮》(与柏拉图的对话同名),在这两部著作中苏格拉底都是主角。

第96届奥运会:回忆苏格拉底

第一幕

奥林匹亚,第96届奥林匹克运动会(公元前396年)

第一天赛会的晚上。

一群文人聚在一起喝酒和讨论,在之前的一天中,他们已经在各种活动中相遇。在场的有哲学家德谟克利特和最近离世的苏格拉底的一群朋友与学生:柏拉图、安提斯梯尼、埃斯基涅斯、欧几里得、斐多、克力同和阿里斯提普。

安提斯梯尼:(喝酒)当我还是孩子的时候,就经常听老人们谈论离别之痛,直到现在才明白他们的意思。

克力同: 我也是。过去这三年感觉就像三百年一样。

斐多: 我们应该从和他最后的对话中感到幸福,因为**他**显然是幸福的。

安提斯梯尼: 亲爱的斐多,你说得很对。他给我们为何应该感到幸福提供了一些深刻的理由。但是**我**所感受到的全都是痛苦。

柏拉图: 是因为那些论证不够好,安提斯梯尼?

安提斯梯尼: 那些论证很有说服力,但是怎能挽回他永远离开我们这个事实呢?他的死和他的生命一样高贵,但那仍然是死亡啊。论证,即便是**他的**论证,也不过只是一个论证而已。克贝(Cebes)是对的,即便说了和做了所有的一切,我们之中的那个孩童仍然害怕,我们的呼吸——也就是我们的灵魂——会在咽气之后四散飘走,如苏格拉底所言,特别是我们恰好死在大风中就更会这样。

(温和的笑声)

斐多:是的,那是个有意思的说法。它能让人暂时放松会儿。但是它也触及了真实的恐惧。我看到,在苏格拉底的所有论证中,这种恐惧都没有真正消失。

柏拉图:所以他没有说服**任何人**相信我们的灵魂不是气息,而是非物质的,会比肉体活得更长?

斐多:我们都**想**相信这个说法,柏拉图。但是我想,到最后我们都觉得我们怀着悲痛的心情所看到的就是死去的苏格拉底。那是我们**曾经**认识的苏格拉底,当然,对他的**记忆**永远不会离开。但是他离开了,永远地离开了。

柏拉图:我有点撑不住了。当时没能在现场是我永远的遗憾,但是根据你的复述,斐多,即便他的其他论证不能让人信服,至少最后一个论证确实异常有力。

安提斯梯尼:我自己并没有被说服。首先他暗示说那并不是他自己的观念,而是不久前从**你**这里听说的。再有我认为它只是让我们在原地打转,没有得出有效的结论。

柏拉图:是的,在那之前几天我的确和他讨论过这些事情,就我们俩。我当然觉察到那个论证,还有更早的将灵魂说成像形式的论证很像我的理论。但是我想知道你为什么会觉得它站不住脚,安提斯梯尼,在我看来,这个论证非常有力。你的困惑到底是什么呢?

安提斯梯尼:说实话,所有的事情我都很困惑。如果,像火导致了热,雪导致了冷那样,灵魂被认为导致了生命,那么就没有什么能使灵魂比火或者雪更为永恒。所有这些只是揭示出,无论什么情况下你拥有了灵魂就拥有某种活物。或者,换句话说,如果某物是灵魂,它就是活的;或者再换句话说,**就灵魂是灵魂而言**,它是活的,死灵魂压根儿就不存在。

埃斯基涅斯:我想安提斯梯尼说出了我们都觉察到但不愿说出的难点。如果我们的焦虑是正确的话,这个论证就只是说出了很明显的道理,即任何灵魂只要它**是**灵魂那它就是活的,但并没有为相信其不朽提供哪怕很小的理由。

柏拉图:好吧,我不确定现在有没有人想重新考察一下这个论证,并在苏格拉底缺席无法为自己辩护的情况下批评他。我想我们都感觉应该在他去世更久之后再做这样的事情,但是我想有一件事是大家都**可以同意的**。

欧几里得:是什么?

柏拉图:亲爱的欧几里得,我们需要在自己记忆消退之前以某种方式保留住对他的回忆。尽管我是这里唯一相信灵魂不朽的,我们都可以同意能给他退而求其次的东西。

阿里斯提普:从我们听到的来看,你很显然已经在这事儿上思虑良多了。

柏拉图:是的,但不只是我,阿里斯提普。我想埃斯基涅斯和安提斯梯尼也都有类似的想法,还有克力同,他们会写下自己的回忆。此外还有我们的军人朋友色诺芬。他现在切索尼斯(Chersones)驻扎,但我听说他也计划回来后写一部苏格拉底回忆录。在我们完成前,还会有其他几篇记述。

埃斯基涅斯:是的。我真的很怀念他,实际上我已经开始动笔写了。你也是吧,安提斯梯尼?

安提斯梯尼:是的,我也在写。但是我听说**你**似乎已经写了很多了,柏拉图。我们都读过你记载的审判,色诺芬曾许诺他回来后也会写一篇。你还在准备别的吗?

柏拉图：我确实在写几篇关于审判前后发生的事儿。

阿里斯提普：写得差不多了吗？

柏拉图：是的。虽然目前我不确定自己想将它们公开出来。我在苏格拉底离世前几天试着将关于他自己的一些片段读给他听，我想绝对确定他对我所做的事情感到满意。

斐多：你这么做了吗？你尝试了哪些？

柏拉图：一些他与年轻的游叙弗伦（Euthyphro）的对话片段，正当他的案子被提交法庭的时候。我刚好在他们对话后就遇到了游叙弗伦，他很生动地给我讲了他们之间的对话。

安提斯梯尼：那他喜欢你写的东西吗？

柏拉图：是的。我非常感动；我之前真的完全不知道他是否会喜欢。

埃斯基涅斯：你有没有带你写的东西呢？

柏拉图：没带太多，只是我刚刚写完的几段。

阿里斯提普：我们能听听吗？

柏拉图：当然可以。但这只是我正在写的，请不要太苛责。第一段是他和游叙弗伦见面的几行对话。

（朗读《游叙弗伦》中的片段）

（大家私语赞叹）

安提斯梯尼：难以置信！如此动人。我觉得他又活过来了，就在这儿，再一次用他那一如既往而又熟悉的语调讲话。

埃斯基涅斯：是的，我并不相信鬼魂存在，但我感到些许害怕了。话说回来，这害怕的感觉很美妙，我从没有想象过。你还写了别的吗？

柏拉图：还有，但是克力同或许能告诉你，因为那与他有关。

克力同：是的，之前我告诉过柏拉图我去监狱拜访苏格拉底的情形，当时我想劝说他离开雅典逃命。柏拉图已经写下了我和他的对话。

安提斯梯尼：我们能听听其中的片段吗？

柏拉图：好吧，但这只是我目前正在写的一些片段，但我很愿意读给大家听。

（朗读《克里同》中的片段）

（大家私语赞叹）

阿里斯提普：太棒了！他比**我**对法律要友善得多，包括对雅典的法律。

德谟克利特：你为何会这么想？

阿里斯提普：他敬之甚高的法律最终杀害了他。

德谟克利特：是吗？实际上这些法律可以**保护**他，假如他想被保护的话。但是他很显然不想这么做。他打定主意要嘲弄法律，并承受后果。

阿里斯提普：德谟克利特，你站在哪一头儿？我以为你是苏格拉底的朋友。

德谟克利特：我是。

阿里斯提普：那你为什么说出刚才那些话？

德谟克利特：因为苏格拉底追求真理。真理就是我刚才说的。他不会抱怨的。实际上我认为他会微笑的。

阿里斯提普：但这是荒谬的。你所说的——

（人群略有骚动，人们相互问候，晚来的喜剧作家阿里斯托芬和智者色拉叙马霍斯加入人群）

好吧，我们把这话题留着以后再说。

阿里斯托芬：留着什么？赛会？但这是我们来这儿的原因啊！

色拉叙马霍斯：阿里斯托芬，我想这群人在举行智识赛会啊。我想我能猜到他们在讨论什么。

阿里斯托芬：他们在讨论什么？或者在讨论**谁**？

色拉叙马霍斯：哦，阿里斯托芬，难道你看不出我们这些小伙子都很悲伤吗？

阿里斯托芬：这时候怎么能悲伤呢?！这是最激动人心的赛会之一啊！一个女人(！)，阿希达穆斯(Archidamus)王之女斯巴达公主参加战车比赛。如果她赢了，这将是奥林匹克历史上的第一次。没人会讨论别的事情啊。

色拉叙马霍斯：他们可以的。比方说这里就有很多人在讨论别的事儿呢。

阿里斯托芬：真的吗？你**真的**让我燃起兴趣了。我想知道这会是什么？战争已经结束有两个赛会的时间了，所以不可能是讨论战争。雅典仍然存续着，所以也不会是雅典。我们也好久没在雅典看到好的悲剧或喜剧了，所以这也不可能。还有什么重要的事儿？提示一下，德谟克利特。你看起来非常清楚什么是重要的事情。我错过什么精彩内容了吗？

德谟克利特：这事儿你必须自己来决定。为什么不喝杯酒也加入我们呢？我想我们的对话在你到来时刚开始变得有趣，我确定你会带来一些谈资的。

阿里斯提普：他肯定会的，我们正在等着呢。

色拉叙马霍斯：我也可以加入吗？

阿里斯托芬：如果你检点一点的话。这里的很多人都受不了智者。

色拉叙马霍斯：好的，那我就尽量不那么令人讨厌。

德谟克利特：好吧，回到我们刚才讨论的地方：我们关于苏格拉底是否自己寻死有分歧。大部分人倾向于责怪别人，但是我认为他是自己寻死。你们也都经历了这事儿，我们想知道，(看看四周)**我**想知道你们对这事儿有什么想法。

色拉叙马霍斯：这是显而易见的，不是吗？如果法律判你太重，你可以进行战略后退，希冀改天再战。他有过这样的机会，法庭陪审团给过他选择，还有一个机会是在监狱中，克力同后来告诉过我们。他本可以流放他乡，那样至少他会**活着**。但是他就是这种孤注一掷的性格；对他来说这就是他珍贵的德性或一无所是。这是失败者的德性,他也失败了。

(张望四周)

放松点,你们这些没用的家伙。总有胜利者和失败者。道理就是如此。你随便挑吧。我选胜利者。

埃斯基涅斯:当你找到胜者的时候,你会跳上他的战车?

色拉叙马霍斯:当然。难道我应该躺下让他轧过去?

柏拉图:但即便我们接受你对胜利者和失败者的可憎说法,他事实上也曾是(不,现在也是)胜利者。

色拉叙马霍斯:是嘛!你能告诉我他在哪儿吗?我好祝贺他的胜利——不管那个胜利是什么。

德谟克利特:好啦,柏拉图。你知道他在引诱你。如果你要对他说"不朽的灵魂"之类的事情,他就会嘲笑你的。所以不要浪费时间了。

柏拉图:我不相信色拉叙马霍斯会不参与论证。我见过他在一个重要的场合和苏格拉底讨论过,就在三届奥林匹亚运动会前的这里。还有一次在雅典,我当时并未在场但听说过他们的全部讨论。

色拉叙马霍斯:你显然不知道另一次的**实情**。我认为他是一个傻子,并且告诉他了。

柏拉图:无疑。但是有人告诉**我**,当时在本狄斯(Bendis)节的人对你关于正义长篇大论的印象,是你根本应付不来他的论辩,最后你就只剩辱骂和愠怒的沉默了。

色拉叙马霍斯:苏格拉底很擅长让人有那种印象,特别在他的朋友和仰慕者那里。但是他对手的沉默往往不是因为被他那冒牌智慧的糟糕论证所挫败,那些论证常常是冗长乏味而又翻来覆去的。你忍不了多长时间就放弃了,而他还在不停地絮叨。所以不要认为那是苏格拉底的胜利;糟糕的论证仍是糟糕的,不论最后谁还在说个不休。

埃斯基涅斯:色拉叙马霍斯,你真让人受不了。你非常清楚苏格拉底的目的就是让更好的**论证**取胜,不论是他的还是别人的论证。这也是为何他的很多对话都无果而终的原因;**他**并不确定哪一种论证胜出,所以他并不试图伴装某一种论证赢了。你显然很钦佩**那一点**,不是吗?

色拉叙马霍斯:的确是的。在那一点上他直面事实,我也相信事实。我对他的批评是关于他在**用论证辩护**时显示出的可悲**信念**。就像有关"德性"和"照料灵魂"(不管**那**是什么意思)之类的事。我不确定你们这些哲学家所说的"哲学"是什么意思,但是我怀疑在苏格拉底这里哲学大大地退步了。

欧几里得:按照你对哲学家的理解,你能说出哪个哲学家进步了吗?

色拉叙马霍斯:当然,亲爱的欧几里得。他就在这儿。

埃斯基涅斯:你已经把自己排除出去了,或许是阿里斯托芬?

色拉叙马霍斯:猜得不错;在我看来他比大多数自称为知识分子的人要强。但实际上,我认为在场的德谟克利特是最好的例子。

阿里斯托芬:我嫉妒了。创作一部伟大戏剧的机会就这么没了:"阿里斯托芬的成哲之路"!你确定不改变主意了,色拉叙马霍斯?我保证让你做联名作者。

色拉叙马霍斯:不,我不想当联名作者。如果不是迫不得已,我是绝对不会玩儿火的。我认为就是德谟克利特。

德谟克利特:虽然这是出自二流智者之口,但**我还是**受宠若惊!你不想进一步阐述你的观点吗,色拉叙马霍斯?这儿酒很多,我们也都全神贯注。大家来喝一杯?

(所有人喝酒)

色拉叙马霍斯:你知道吗,我也受宠若惊。这么多自封的文人转而注意我的情形并不多见。

如果你们听过德谟克利特讨论,或者读过他写的东西,我想你们中大部分人能猜到,为什么我认为他比苏格拉底更像一个思想家(thinker)。(你们介意我使用思想家这个词吗?我讨厌那个听起来自命不凡的"哲学家"[philosopher],也就是"爱智慧者"[lover of wisdom],真是的,就好像别人都对智慧不感兴趣似的。)

德谟克利特只是探究简单朴素的事实,并不苦心孤诣地得出关于如何行动的推论。存在的,那已经存在和永远会存在的,显然就是原子在空间中的无规则运动,原子互相结合和重新组合构成了在特定时间中我们所看到的周边世界。

我们如何**应对**它以及我们作为个人和社会如何**行动**,并不能从世界的**存在**方式中推导出来。德谟克利特关于正确的行动也有自己的观点,但是我觉得那都过时了。幸运的是,那些看法并不危及他的主要理论,虽然有这一点缺陷但仍站得住脚。

德谟克利特:我想到目前为止我都应该感谢你。能被理解总是件好事,虽然只是被一个不是非常有名的智者部分理解。(顺便说一句,色拉叙马霍斯,你对"哲学家"这个词提了太多异议;难道你没有意识到"智者"这个词也同样是自命不凡地宣称智慧吗?或许更自命不凡,哲学家将自己限定为**爱智慧**,而你们则宣称实际上拥有"智慧"的**名号**。)

严肃一点的话,我倒是很困惑你说我关于正确行动的观点比起我的自然理论要薄弱得多。如果我在这一点上是正确的话,即从世界构成和运转的方式中推导不出行动准则,那么世界的结构或运转就不能以任何方式作为证据,来评判关于我们应该如何在这个世界中**行动**的不同论证的优点或缺点。

色拉叙马霍斯:德谟克利特,你不用困惑,在这一点上我同意你。我们应该如何行动必须基于不同于关于所谓的"外部世界"的论证。在这儿我们就面临着不同的预设了。

德谟克利特:比如?

色拉叙马霍斯:比如有这么一整套信念,所有思想健全的人很久之前就放弃了理论,而只保留实践。还有哪些明智的人仍然相信来世,更不用说来世的罪罚和审判了?还有哪些明智的人仍然相信奥林匹斯诸神,或者别的神?但是我们仍然遵从一些行为规则,这些规则是从人们还相信那些事情的时候传下来的,很显然是在这些信念基础上形成的。比如"节制"对你来说就很重要(对于苏格拉底来说也很重要)。谁还需要节制?我会说,如果你能摆脱掉它,就去占有你能占有的一切。老安提丰(Antiphon)曾说得很直率,但他是对的。强者优胜!

阿里斯托芬:我太爱看这些智者们干架了!这和搏击一样有趣。(顺便问一句,这回的搏击运动员是谁啊?对那个可能赢得战车比赛的女人的讨论太多了,压过了所有其他话题。)但我们需要更多的人参与这场讨论。阿里斯提普,你难道不想加入吗?你不是那个伟大人物的追随者吗?

阿里斯提普:我不确定自己会想参加任何一场由你做裁判的比赛,阿里斯托芬。

柏拉图:如果他不想的话,我加入,阿里斯托芬。你又说起你那可笑的观点了,竟会认为哲学家和智者没有区别。许多年前,你把苏格拉底当作智者的典型代表,自那以后,你就没放弃过这个想法。

阿里斯托芬:如果我是正确的,为什么要放弃呢?

埃斯基涅斯:但这恰恰是不对的,阿里斯托芬,你知道的。如果苏格拉底是智者的话,那他为什么终其一生都在攻击智者呢?

阿里斯托芬:很简单,亲爱的埃斯基涅斯。他只是想将自己的智术与别人的区分开来,并在此过程中夸大自己的主张。这是惯用的诡计,也经常奏效。这回也是如此。

柏拉图:那你肯定能辨认出他的论证方式与比如说这里的色拉叙马霍斯非常不同了?

阿里斯托芬:你为什么不问**他**呢?他就在你旁边。

柏拉图:我会的。色拉叙马霍斯,苏格拉底是智者吗?

色拉叙马霍斯：柏拉图，这是苏格拉底式的盘问不那么精致的开头吗？我想他还在的时候，我已经受够了。

柏拉图：不，只是一个问题。如果你能回答它的话，很多事情就能澄清了。

色拉叙马霍斯：我不太确定。你真的认为一个喜剧作家会在所谓的证据面前改变他的笑话吗？这个笑话已经让观众笑了半辈子了；究竟是什么让你认为他现在会放弃它呢？

柏拉图：色拉叙马霍斯，我愿意冒这个险。请告诉我们你的回答。

色拉叙马霍斯：好吧，我会回答的。

阿里斯提普：那？

色拉叙马霍斯：我恐怕你们会对我的回答非常失望。

柏拉图：如果你的回答是真的，我们就不会失望。

色拉叙马霍斯：但你为什么如此确定**有**一个真的答案呢？

阿里斯托芬：唉，这些智者们！说你想说的，快说吧！

色拉叙马霍斯：好吧，我说。这取决于你的"智者"是什么意思。

阿里斯托芬：又来了！你有证据了。他所说的只不过是一个很短的句子，每个词都被苏格拉底说过。"这取决于你的意思"：这是纯粹的诡辩，纯粹的苏格拉底。你们这些人为什么不能直接说是或者不是，就像任何理性的人那样？

欧几里得：在我看来他这回答不错。色拉叙马霍斯，别管他，告诉我们你心目中的区分是什么？

色拉叙马霍斯：谢谢你，欧几里得。我这就说。如果智者指的是周游四方、通过教导青年而营生的老师，那苏格拉底就不是智者。他以继承的小份遗产为生，在教导别人时也不收取任何费用。如果你同意**他的**观点，认为在这一点上，他可以与智者区分开来，那么他就不是智者。但另一方面，如果你同意**阿里斯托芬**说的，智者就是按照**大家**普遍感知的印象是智者的人，那么他就是智者。

埃斯基涅斯：你是认真的吗？打什么时候开始只要人们认为是这样，事实就是这样了？

色拉叙马霍斯：没必要大惊小怪，亲爱的埃斯基涅斯。我只是提出一些原因来解释，基于不同的原因，在不同的时间和不同的环境下，有些人可能愿意称苏格拉底为智者，而有些人不这样。这有什么奇怪吗？

阿里斯托芬：唉，没头儿的文字游戏。你就**直说**吧——他是不是智者？

色拉叙马霍斯：很遗憾让我们的喜剧作家失望了，但是他不会得到这个简单答案的。但是如果你允许的话，我会尽力说一些我认为有意义的话，尽管我不确定有没有人会喜欢。

阿里斯提普：我们等不及了。但我们还是先喝一杯吧。

（所有人喝酒）

色拉叙马霍斯：我认为苏格拉底是智者吗？我认为他是，而且不幸的是他这么一位智者还给智术带来了恶名。苏格拉底出现之前，我们都只是周游四方的老师，做我们的工作，并以此谋生。如果家长们觉得我们在教危险的内容，比如诸神不存在，或行为规则的相对性质等，我们中有些人偶尔就会陷入麻烦之中，比如老普罗塔哥拉。但是如伯里克利认为的那样，我们是城邦重要的有效组成部分，他也很乐意把我们邀请到雅典。

苏格拉底改变了这一切。他并不公开教学，而是经常在角落里和年轻人私语。在他和成年人讨论的时候，他倾向于让他们感到自己很无知。只要没有带来麻烦，你就可以一直这么做下去。但是问题很严重。特别是当与他交谈的年轻人开始告诉自己的家长他们所听到的内容，还有被认为是神圣的事物遭遇质疑之时。

在战争开始前，问题还不大；那些日子里我想人们不太能区分开普罗塔哥拉和苏格拉底这样的人。两个人无疑都在许多方面具有颠覆性，但雅典很强大，能够容忍这一切。但是随着战争的开始，所有的事情都变了。对大部分人来说,在战争期间有些事情绝不容许被质疑,教师们在教导年轻人的内容方面也受到特别的限制。

苏格拉底很显然没有感受到任何限制,不久之后人们就开始点出他的一些学生,以及他们在战争中所起的作用。我只要提阿尔西比亚德(Alcibiades)和克里提亚(Critias)就够了,一个是叛国者,一个是平民刽子手和民主制度的憎恨者。

实际上,是像我这样的智者发现自己被这里的这位喜剧作家等人与苏格拉底放到一起,而感到困窘不堪,就像苏格拉底可能会宣称因为被和我们放在一起而困窘不堪一样。**我们**中哪曾有人培养出了克里提亚或阿尔西比亚德式的人?**我们**教导的年轻人中哪曾有过伤害雅典的人?

这就是我要说的。

柏拉图:你说得不够好。从何时开始我们因为一两个学生不够完美而指责当老师的呢?苏格拉底总是看到阿尔西比亚德很多潜在的好品质,很多雅典人也同样如此。他可能是个浪子,但他是一名良将,如果他有最高指挥权的话,他本可以为我们赢下西西里远征。

那他怎么跑到斯巴达那边去了?一旦他认识到自己的敌人掌权并要召回他,那在雅典等待他的肯定是死刑判决,他还有别的地方去吗?就像你不停说的那样,色拉叙马霍斯,世界很残酷,在必要的时候你就要做出逃命的选择。

色拉叙马霍斯:听听苏格拉底年轻化身的话哟。告诉我,有哪个雅典人赞美阿尔西比亚德在斯巴达时引诱阿吉斯(Agis)王的妻子?或者在阿吉斯发现之后,钦佩他匆忙跑去寻求另一个敌人波斯的保护?

柏拉图:你还是没明白我的意思。没人说阿尔西比亚德是完美的;苏格拉底完全知道自己试图教**他**德性时是在干什么。但是他不会轻易就放弃一个人。不管怎样,阿尔西比亚德在他生命的最后几年回到雅典这边,赢得了广泛的欢迎,如果我们允许的话,他也本可以为我们赢得战争。但是雅典人以惯有的愚钝将他从将军群体中排除出去,而原因却是他的一个副手输掉了一场战斗,三年后我们就全面溃败了。

德谟克利特:但他最终还是叛国者,不是吗?当斯巴达人在战后俘获他的时候,他在波斯人的保护之下。

柏拉图:某些保护。但我们可以略过这些。我们还能期待他跑去什么地方呢?去斯巴达?那肯定是死路一条。回雅典去面对将自己所有的将军都投票杀死的暴民?让我们认真来看这事儿。他做了你自己也会做的事情,色拉叙马霍斯,假如你在他的位置的话。承认吧。

色拉叙马霍斯:假设的问题还是留给你们哲学家吧。

柏拉图:不,你不要这么轻易溜走。我为阿尔西比亚德做的很多事情而脸红,也对我舅舅克里提亚做的事情而惊恐。但这是两个个体。你们智者教导了很多青年,他们最大的特点就是懦弱。当然,他们没做任何破坏城邦的事情,但是他们以某些方式破坏了城邦的灵魂。

阿里斯托芬:又是这话。

德谟克利特:别管他,柏拉图,继续。

柏拉图:你教导的人们至少是投票处决十将军的暴民的一部分;只有一个人投票反对,那就是苏格拉底。他们至少也是参与投票支持对弥罗斯(Melos)残忍远征的暴民的一部分。

色拉叙马霍斯:无疑是的。他们从我们这里学会了谨慎和好的战争政策。这有什么错吗?你自己太年轻而不能参与这些决策。如果你能参加,你能非常确信自己会与大多数人作对吗?

柏拉图:不。但我愿意认为我会的。

阿里斯托芬:好,好,我们遇到了一个难题。一个智者培养出了浪子、叛国者和凶手;其他智者培养出的人的首要特征是自保的能力。我想我在很久之前的《云》里就说中了这些。

德谟克利特:我们又跑到《云》里去了;为什么我们总是以《云》结尾呢?我提议休息一下,明天看完斯巴达的西尼斯卡(Cynisca)的战车比赛之后再说。那会暂时改变一下讨论的主题。特别是如果她赢了的话。

柏拉图:好。但是需要警告色拉叙马霍斯:苏格拉底的朋友们绝不允许对他的回忆遭到你这种人的诽谤而毫无回应。不管西尼斯卡最后赢不赢。

色拉叙马霍斯:我等不及了。最后一杯,来,大家干?

(所有人喝酒)

第二幕

同一地点,同一群人,第二天晚上。

埃斯基涅斯:太神奇了,她赢了!

阿里斯托芬:不算特别神奇。你什么时候见过国王资助的团队在战车比赛中输过?不过还是挺出色的。一个**女人**的赛马赢得了桂冠,还有斯巴达王姐妹的赛马。

德谟克利特:我想只有斯巴达人才行……

色拉叙马霍斯:当然。为他们赢得那场大仗收了个好尾。这是给雅典人的最后一击。这肯定会让你想起些什么,阿里斯托芬。

阿里斯托芬:肯定的。我在我的《吕西斯特拉忒》(*Lysistrata*)中让女人们主宰城邦,现在这个斯巴达女人又强化了这一点。我本来倾向于一位雅典女人;但是现在我会选一个斯巴达人。

埃斯基涅斯:别着急,阿里斯托芬。你还没告诉我们强大的女人这主意只是你的想法,还是结合了斯巴达人而形成的想法?

阿里斯托芬:不,不完全是。我曾经和欧里庇德斯说过这都是他的功劳。是他告诉我们女人们必须忍受什么,以及她们偶尔决定要怎么应对,我只是将这些又推进了一步而已。

埃斯基涅斯:你不认为我们雅典哲……我们雅典的知识分子,对此事有些有用的讲法吗？

阿里斯托芬：据我所知没有。你是在特别指某个人吗？

埃斯基涅斯：是的。但我想你并没在他身边听他说。

阿里斯托芬：可能没有。你呢？

埃斯基涅斯：是的，至少在他最后几年里我都一直在他身边。我还做了笔记，所以这些观点并不会消逝。

阿里斯托芬：我想你是说苏格拉底。你们这些苏格拉底的信徒（Socratics）（我可以用这个词吗？）不会讨论别人的。那他关于这事儿说了哪些有意思的观点呢？

埃斯基涅斯：好吧，关于这个问题我必须承认我只有二手货。这行吗？

阿里斯托芬：我想没问题的。

埃斯基涅斯：好吧，这是一个**可靠的**二手货，来自苏格拉底自己。在他最后几年，他常常向我们谈起他很早之前的一些对话，那时我们中的年轻人并不在场。那一次他告诉我们，他在几年前如何向卡利阿斯（Callias）建议将他儿子希波尼库斯（Hipponicus）送到阿斯帕西亚（Aspasia）那儿学习政治事务。这着实让卡利阿斯吃了一惊，尤其是苏格拉底为说明这是件好事儿而提供了一堆理由。后来他向我们复述了这些理由。苏格拉底说，没有丝毫理由怀疑女人能在政治技艺和战争事务上与男人一样优秀。就像阿斯帕西亚自己就是一个例子。或者米利都的塔格利亚（Thargelia）。还有很多其他例证。

柏拉图：他提到第俄提玛了吗？

埃斯基涅斯：那次没提。但是我确定听他在别的时候提到过她。他很显然将**她**视为与男人平等。

柏拉图：是的，我有一次听他说过同样的话。她绝对是苏格拉底遇到过的印象最深刻的女人。

阿里斯托芬：你是在告诉我说，苏格拉底认为女人和男人一样吗？

从他对待桑西婆(Xanthippe)的方式来看,我很难相信。虽然她对待苏格拉底的方式与苏格拉底对待她的方式有一拼。

埃斯基涅斯:我们如何想与如何做并不必然匹配。苏格拉底只是说,基于某些杰出女性的生活与活动,有理由推断至少有些女人能够像男人一样胜任同样的军事和政治技能。

阿里斯托芬:所以苏格拉底在这事儿上的观点也具有革命性喽?

埃斯基涅斯:绝对如此!这是另外一件你错过的关于他的事情。

阿里斯托芬:对此我很怀疑。"回忆"二三十年前的对话往往是要说你*想说*什么而非你实际上说了什么。或者你目前的想法而非你过去的想法。这很正常。只要看看那些老年人就知道了。

事实是这样的,在苏格拉底的最后几年,雅典在战争中的局势并不太好,大家都在讨论城邦中各种新观念的变化,包括由女性掌控的城邦或者至少让女性参与其中的城邦。你忘了我的《吕西斯特拉忒》吗?

此外,我不记得在战争*之前*或在战争刚开始的几年中,也就是苏格拉底回忆的大部分对话发生的时候,曾经流传过这样的观点。

欧几里得:你是在暗示说他编造了所有这些事情?

阿里斯托芬:不。我只是说如果他的门徒想要撰文回忆他的话,那就得谨慎点儿。听起来似乎很快就会有很多不同形象的苏格拉底被制造出来,根据就是我能想象到的最不可靠的证据——老人们的回忆。那*真*的让人恼火,一个苏格拉底带来的损害就足够多了。

德谟克利特:别说了,阿里斯托芬。你这姿态真让人受不了。除了嘲笑以及用嘲笑来获奖外,你这辈子还干了什么别的?克里昂(Cleon)盯上你后,你就再也没写过一部关于掌权政治家的戏了。即便你那勇敢嘲讽克里昂的戏,现在看来也只是年幼的愚蠢而非勇敢。当我们在弥洛斯屠杀的时候,你在哪里?我们投票处决八位将军的时候,你在哪里?克里提亚和他的团伙在城内大开杀戒的时候,你在哪里?苏格拉底被那些恶毒的指控攻击的时候,你又在哪里?你没为此写下一个字。

你只是写了关于悲剧诗人、性罢工以及云中布谷乐园（Cloudcuckooland）的戏谑剧。除去这些，在过去二十年中，除了自保以外你作为公民还做了什么？到底是谁在一直伤害雅典，是准备对抗八将军判决中的暴民以及冒生命危险拒绝遵从克里提亚的苏格拉底，还是谨小慎微的喜剧作家？

阿里斯托芬：听我说。城邦在哪些悲惨的年月中需要很多轻巧的宽慰。我提供了这些。我并不为此感到羞愧。没错，苏格拉底展现出了他的勇敢。我为此很敬佩他。但是他在这么做的同时还做了很多其他事情，依我看，这在战争期间是很危险的，给其他很多人带来了危险。但对此我已经说过了。无论我如何说，你们这些人还是会以不同的方式将其神化。但是我仍然认为基于传闻——哪怕是从这个伟大的人物那里听到的传闻——写的回忆录有百害而无一利。就像埃斯基涅斯关于阿斯帕西亚的故事那样。

安提斯梯尼：但是这故事确有其事。你忘了我比埃斯基涅斯早二十年就是苏格拉底的朋友了，苏格拉底谈论她的那会儿，我就在他**身边**，他多次说自己从她那里学到了很多东西，就如从狄俄提玛那儿学习一样。你也忘了她在伯里克利死后活了很久，在战争结束那年才去世。在那段时间，很多人都跑去咨询她的意见，包括年轻的色诺芬和他的夫人。我不觉得他们是对的；对我来说，她就是一个非常精明，并且曾经非常有权势的妓女。在这一点上我和阿里斯托芬观点一致。但是苏格拉底和其他一些人认为她远不止于此，认为她和男人们一样聪明，并且向每个愿意聆听的人这么说。

阿里斯托芬：你说得没错；我忘了你当时在场。那这个故事是有证据的了。但是我仍担心那些最终没有证据的故事。但是我已经说了我的意思，之后就闭嘴不说了。

阿里斯提普：我没听错吧？阿里斯托芬要闭嘴了？难以置信。

阿里斯托芬：你不会相信的。亲爱的阿里斯提普，因为我的许诺并不包括你。

阿里斯提普:(小声的)为什么我要说?

阿里斯托芬:好问题。我猜你并没有构思写一个苏格拉底回忆录吧?我知道你已经写了一些表达爱慕的文章。你写过两篇关于拉伊丝(Lais)的描述,可能还有更多吧。

阿里斯提普:很遗憾让你失望了。我准备依靠柏拉图和埃斯基涅斯等人的作品来写我的回忆录。

阿里斯托芬:好大的打击啊,我太伤心了!我很确定你写了些东西。事实上我在即将完成的剧中还讽刺了这些呢。真可恶。我讨厌停止我的剧本,特别是非常好的作品。啊,我受不了了;对苏格拉底、你还有拉伊丝的三人恋情的伟大描述永远不能面世了。

德谟克利特:那你**正在**计划更有趣的剧本?(当然是**安全的**有趣剧本)我还以为你太老了写不动了呢。给点线索?(当然,除了拉伊丝的故事,我同意没有这部分非常遗憾)说说吧,在场的都是朋友啊。

阿里斯托芬:搞笑的人只有敌人。即便是搞笑的**老人**。但是对你的问题的回答是:好吧。

德谟克利特:好吧,不要害羞,想什么就说什么。现在没人能伤害你了。你冒犯的最后一个人也早就过世了。给我们一两个线索,好让我们继续。

阿里斯托芬:我希望我能吧。除了通常的候选人:妓女和她们的客人、暴发户、小偷、江湖骗子和吹牛的,还有谁能被嘲讽呢?这些我都用过了。

德谟克利特:另一部关于女人的戏?你上一次巨大的成功就是《吕西斯特拉忒》。那个巨大的矿藏都用完了吗?

阿里斯托芬:你提到那个真有趣。我的确**曾经**想过再写一部关于女人的新戏。还有关于新的政治理论的。

德谟克利特:你曾经?

阿里斯托芬：是的，战争让每个人都在讨论于致使我们最终失败的城邦不同的另外一种政治体系。所以看看女人们如何统治会很有趣。我记得柏拉图在三届奥运会之前也很热切地讨论变化之需。我没记错的话，那其中就包括女人在更好的城邦中扮演重要的角色。

柏拉图：你记得不错，阿里斯托芬。谢谢你！我想这也是你为什么那么出色的原因，你总是留意身边的事。

阿里斯托芬：谢谢你，柏拉图。虽然，我记得在你的新城邦中，像我这样的人是会首先**丢掉**工作的。

柏拉图：阿里斯托芬，你不用过分担心。我写完关于那个主题的内容还要一段时间呢，即便到那时，我看也不会发生任何事。所以继续写吧。但不要再说苏格拉底是智者了。

德谟克利特：别再要求他了，柏拉图。你知道他不会听你的。

柏拉图：如果他错得如此荒谬，我还能怎么做呢？

德谟克利特：我能想到一种可能。

色拉叙马霍斯：你竟然能？说来听听。

德谟克利特：为什么不像哲学家（和有些智者）偶尔做的那样，即为了讨论之故而对有疑问的问题做出**让步**，看我们能讨论出什么结果呢？这个策略有时会出现有趣的结果。

色拉叙马霍斯：那你打算对什么让步呢？

德谟克利特：为什么我们不以此开头——当然仅仅是为了讨论之故——苏格拉底**是**智者。

埃斯基涅斯：我要走了。

柏拉图：请不要走，埃斯基涅斯。我们在听苏格拉底**朋友**的话呢。听听他说什么。

德谟克利特：谢谢你，柏拉图。虽然我理解埃斯基涅斯为什么恼怒。

好吧，如我所说，让我们假设苏格拉底**是**个智者。然后呢？我们就有义务阐明在哪些方面他和别的智者不同。实际上,这差异是如此之大,以至于他自己还有他的很多朋友都感觉他**不是**智者。

阿里斯托芬:"智者"这个词真要了我们的命。是哪个傻瓜想出来的?

德谟克利特:正如我**想要**说的,要完成我们的任务需要仔细审查两项内容,即苏格拉底如何说以及他如何做。这听起来合理吗?

埃斯基涅斯:还成。

德谟克利特:下面就麻烦一点了。让我们进一步假定,尽管苏格拉底不断声明自己无知,尽管他持有很多其他智者没有的重要信念,在很多人看来,他的论证方式与很多骄傲地自称为智者的人并没有重大区别。我在此处试着要小心区分,我们只是讨论苏格拉底给许多人的**感觉**。你们跟上我了吗?

欧几里得:到目前为止还行。但那样的感觉导致了对他的审判。

德谟克利特:部分原因是这样。但是这将我引向了进一步的假设,当然还是为了讨论之故。

阿里斯提普:那是?

德谟克利特:让我们假设,除了人们认为的论证方式之外(这种认识可能是错误的),他还在挑选朋友和学生的判断力上有着不好的名声。阿尔西比亚德和克里提亚就是主要的代表;阿斯帕西亚,或许还有阿里斯提普是次要的例子。你们当然不必认为苏格拉底这名声是有根据的;我只是说这**是**他在某些人心目中的名声(看着阿里斯托芬和安提斯梯尼)。你们还跟得上吧?

柏拉图:我想是的。但然后呢?

德谟克利特:我自己也不太确定;一边说一边思考是我的弱项。但是我首先必须把所有的假设说出来,像我做的这样。让我们再加上一个。我们能假定在有些人看来,他在教给学生什么方面判断力也很差吗,特别是在战争期间?

埃斯基涅斯：你一定在说笑。他教过学生什么可能会被认为是危险的内容吗？

德谟克利特：比如，无论代价如何都要遵从论证的逻辑？假定讨论的问题是：在战争中哪一方处于优势地位，雅典还是斯巴达？假设讨论中大多数论证倾向于支持斯巴达？当然，我不是说他曾经用这么多话提出过**这个**问题。我只是说他留给很多人这样的印象，**没有**什么，不管多么神圣，是不能讨论的。这注定会让很多人，特别是那些老古板们吓得半死。特别如我所言，当你正在打一场可能完败的战争的时候。

埃斯基涅斯：有人说过这个人是苏格拉底的**朋友**吗？

柏拉图：是的，**我**说过。但是我开始怀疑自己的判断了。

德谟克利特：不要动摇，柏拉图；你一开始就是对的。我可以继续吗？

柏拉图：继续吧。

德谟克利特：我想，我所要说的是我们大概可以接受所有对苏格拉底的批评，但仍然仰慕他。

色拉叙马霍斯：你在说笑吧。你刚刚描述的是一个威胁啊。

德谟克利特：我不这么认为，即便这些他被认定的错误其实是有根据的。

色拉叙马霍斯：我想你还有另一个清单，能抵消这些错误。

德谟克利特：这是一种说法。但是色拉叙马霍斯，如果它是一个清单，也是非常短的。我只想说他即便不是在很多代人中最优秀的，至少也是我们这一代人中最优秀的。

阿里斯托芬：德谟克利特，这可是个重要的论断啊。你为什么不从被克里提亚杀掉的人中挑几个出来，对**他们**这么说呢？

德谟克利特：阿里斯托芬，你已经说过几次，你相当**喜欢**苏格拉底，就像他肯定喜欢你一样；只是他**做的**一些事让你不安。他坚持论证到底的决心就是其中之一吧？

阿里斯托芬：不分场合——是的。

德谟克利特：目前的场合算是吗？你是很认真地告诉我们说老师需要对他所有学生日后的行为负责吗？或者你忘了，苏格拉底被喊去**参与**克里提亚的暴行时，他明确拒绝了？或者你主张他应该以某种方式拒绝教授某些学生政治德性，哪怕是试图教授都不行？**你**准备对这些问题进行严肃而彻底的讨论吗？还是说你认为直觉是比繁琐的论证更好的向导帮助我们通向真理？

阿里斯托芬：别再诡辩了。苏格拉底当然是个好人，谁会否认呢？正是这个好人能成为威胁。这就是苏格拉底。

德谟克利特：这就是我们有分歧的地方，阿里斯托芬。他对谁和什么**是**威胁？

色拉叙马霍斯：当然是对雅典的威胁。他可能爱雅典，但他给雅典带来了很多伤害。

德谟克利特：用他自己讨论的方式来说，这取决于你说的"伤害"是什么意思。他有个很著名的说法，即我能给另一个人带来的唯一真正的伤害是把他或她变得更坏。我能对城邦带来的唯一伤害就是将城邦变得更糟糕。比如说，将它从民主制变成僭主制。按照**那种**对伤害的理解，苏格拉底从未故意伤害过他的城邦或城邦中的任何人。

色拉叙马霍斯：但这就是你论证的弱点——"故意"一词。苏格拉底的确没有故意去伤害，他意在做好事。但是我们都知道做好事的人可能制造混乱。

德谟克利特：谢谢你指出这一点，色拉叙马霍斯；它终于帮助我们接近整个问题的要点了。以苏格拉底之名，我们先同意你说的，的确他的某些言语、行为、对学生和朋友的选择等等，给城邦带来了无意和无心的威胁。但能够从中得出结论说他伤害了或至少冒险伤害了城邦中的任何个体或城邦整体吗？

阿里斯托芬：他的法官们是这么想的，还有很多其他人也是这么想的。

德谟克利特：对你来说，这算是个论证吗？在你早期的戏剧中，你会对这观点暴怒的。你必须进行辩驳的——你知道的——是苏格拉底对**伤害**的定义。他的定义是否正确？因为如果他是对的，你就要好好重新想想要怎么做了。

阿里斯托芬：可能。但如果他**错了**的话……

德谟克利特：我愿意冒这个险。愿更好的论证获胜。大家再来一杯？

（所有人喝酒）

回到我们的讨论中来。按照我对苏格拉底的理解，他的观点是说，如果在伤害的重要意义上说你伤害一个事物，就是说你伤害了它之为其自身。失去了一根手指是相对较轻的，因为我并没有作为身体实体受到伤害；作为身体实体，我会继续活下去。但如果我没有了脑袋，那我作为身体实体就不能再活下去了。

如你们都知道的那样，苏格拉底走得要比这远得多，他的想法让像色拉叙马霍斯这样的人恼怒，苏格拉底会说即便没了脑袋，即便身体的我不再存在，真正的我仍将续存。所以，要赢得包括色拉叙马霍斯在内的所有人对我下面要说内容的同意，我会暂时越过这一点，就好像苏格拉底并没有说过一样。

埃斯基涅斯：我们要对色拉叙马霍斯这么友好吗？他认为友好是给呆瓜准备的。

色拉叙马霍斯：是的。你无须对我客气，德谟克利特。我能照顾好自己。

德谟克利特：毫无疑问。但是我想你不会**禁止**我对你友好吧？

色拉叙马霍斯：即便我想，我也不会的。你为什么不继续呢？

德谟克利特：好吧，让我们回到伤害城邦的问题上来。如果我对苏格拉底的理解不错的话，对城邦所能做的唯一真正的伤害就是使它作为一个城邦变得更糟糕。所以我能对像雅典这样的民主城邦做的唯一真正伤害就是让它变成更坏的城邦,比如僭主制。

克里同:你不会说只要我们不让民主制堕落为僭主制,我们就能在民主政体内对它做任何事情吧?

德谟克利特:不,我不是这个意思,克力同,我也不认为苏格拉底会这么主张。我们应该做的是尽最大的努力来将其变成最好的民主制。这么做的一个方式就是将自己变成明辨而爱国的公民。这就是我们制度的目标。

色拉叙马霍斯:但这恰恰是他不去做的事情。苏格拉底多久才在公民大会上出现一次并参与公共辩论呢?

德谟克利特:我必须承认,他很少来。但是当他做这些事的时候,他就极富智慧和勇气,比如城邦给八位将军定罪的时候。但是他生活在政治边缘的这个决定并不难解释。苏格拉底很早就发现像雅典实行的这种民主制的致命缺点,即它很容易催生民众领袖。在这样一种氛围中,很难有严肃讨论的空间;公民大会变成了为当政者欢呼的场所,而不是沉静地倾听论证各方的地方。所以他或多或少放弃了这种生活,除了一些特别的场合,他感到自己必须参加,来用他认为更加有效的方式承担积极的公民角色。我们都知道他的方式是怎样的。

色拉叙马霍斯:但是你刚刚承认成百上千的人比他更忠实地履行着自己的公民义务。他们实际出现并参与到政治进程中来。

德谟克利特:苏格拉底从没有否定他们的参与。但是他们参与后所做的,恰恰是用他们未经思考的对民众领袖的支持来促使城邦滑向僭主制。他们这么做的时候无疑认为自己是立场坚定的公民,并且在做好事;如你刚刚所说,我们都知道做好事的人能造成什么样的混乱。

阿里斯托芬:所以你是说苏格拉底是比其他人都要好的公民?

德谟克利特:这么说吧,我说不出任何一个比他更好的公民。那究竟什么是好公民呢?最基本的层面,好公民是参与民主生活的人,忠实地参加公民大会等等,即便只做支持民众领袖的好好先生。在这最低的意义上,很多雅典人都是好公民,在战争中也都是。

阿里斯托芬：苏格拉底会称他们是好公民吗？

德谟克利特：可能吧,但如果问他,他会说他使用的"好"只是在所谓"通俗"的意义上。

色拉叙马霍斯：这听起来太傲慢了。除了普通人使用的意义之外,"好"这个词还有什么**别的**含义？

柏拉图：看来你从来没有仔细听过苏格拉底讲话。

色拉叙马霍斯：我当然仔细听过。我只是想他**绝不能**想象出任何**别的**意思来。但是先略过这一点；我更感兴趣的是听德谟克利特说,为什么苏格拉底是比所有其他人更好的公民。

德谟克利特：我们很快会回到那个主题。现在我只想说,按照我对苏格拉底的理解,他会认为至少有两类公民比我刚刚称为"基本"的好公民更加优秀。第一种公民是那些试图在自己的能力范围内**改善**他们所在的民主政体的公民。第二种是那些更大胆的公民,他们准备探究是否可能有比民主制**更优越**的政体。

柏拉图：你是说苏格拉底**自己**的那种大胆？而这也就是他比所有其他公民都要远为优越的原因吗？

德谟克利特：是的。

柏拉图：在我看来,逻辑上本应是苏格拉底最大敌人的哲学家,竟然是他最好的朋友之一,这太让我感动了。他如此**理解**苏格拉底,可能比很多他最亲近的朋友都要了解(看着阿里斯提普)。

阿里斯托芬：但是很不幸,还不够理解。柏拉图,你来说说吧,我看到你鼻孔快要喷火了。

柏拉图：你说得很形象啊,阿里斯托芬。我的确想——我该说什么？——在我们的朋友德谟克利特刚才所说的基础上再**补充**几句。

阿里斯提普：我们都听着呢。(环望四周)好吧,至少**我**在听。你可能教会了我一些苏格拉底很显然没教会我的事情。

阿里斯托芬：那个要求可能太高了吧。

阿里斯提普：在任何时候都太高？还是只是现在？

阿里斯托芬：只是现在。

阿里斯提普：你认为我们会错过这一刻？

阿里斯托芬：大概吧。

阿里斯提普：比如？

阿里斯托芬：我想在你放弃拉伊丝的那一刻。

阿里斯提普：又是拉伊丝。我猜就是。来一点快乐何妨？苏格拉底并不反对少许的快乐。我记得他有一次详细地向老普罗塔哥拉说过这事。还有至少有一次,他把阿尔西比亚德灌醉。他追求的是节制的快乐——这是他的目标。我喜欢那样。

柏拉图：你是说**最终的**目标？但是你和他的区别在于他**实现了**目标,而你没有。你也没有任何迹象想要这么做。

阿里斯提普：你是说我让你们都不好意思了吗？

克力同：有一点。我们所理解的苏格拉底虽有不同,但我们是有共同标准的。你宣称自己的目标是不成为任何特殊的快乐或特殊类型的快乐的奴隶,但你总是能给自己找到例外的借口。

阿里斯提普：比如？

克力同：是的。但是我们又跑题了,一旦拉伊丝的名字出现就会这样。我想,刚才柏拉图正要说些什么呢。

柏拉图：是的,我很好奇他说的苏格拉底达到的勇敢境界。在我看来他说得没错,但是我猜想有更多的事情要说,即使不是关于苏格拉底,也是关于各种勇敢的境界。苏格拉底肯定想考察民主制更好**形式**的可能性。埃斯基涅斯已经提到苏格拉底和卡利阿斯的谈话,要把他儿子送到阿斯帕西亚那里学习,那次对话中,他明确说他认为有些女人至少和男人有同样的能力参与政治。这肯定会带来民主制的全新形式。我想你会同意的,阿里斯托芬?

阿里斯托芬:肯定的。但是你为什么跟**我**说?

柏拉图:我只是想知道,当你开始考虑写那个**女人**掌控城邦的戏时,你是否准备承认这个想法的**作者**是谁。

阿里斯托芬:亲爱的柏拉图,别想入非非了。当你看到我戏里女人们的所作所为,你就不那么确定你希望我承认这些观念都出自你的英雄了。但是我们又离题了。让我们再听听你的高见,你用的什么词来着?——勇敢的境界。

柏拉图:是的,我记得我们在讨论苏格拉底在挑战民主制方面走了多远。我自己的观点是,他差不多到了德谟克利特说的最后阶段,但我想他从没有宣称雅典如果换一个制度,比如斯巴达式的制度,会更好。他最多也就是说我们能从斯巴达**学到**很多。特别是我们可以学习设立(或如伯里克利的一些朋友们说的,重置)某种"有指导的民主制"(guided democracy),将我们的民主制与最好的独裁统治(autocracy)结合起来。老普罗塔哥拉就有这种想法。但是——大家再来一杯?

(所有人喝酒)

但是,我自己并不确定这个观点显示了勇敢的最高境界。至少还有两个境界要更高。

色拉叙马霍斯:我想我知道你要说什么了。上次你开始这样的讨论就是在这里,那是三届奥运会之前了。

柏拉图:谢谢你还记得,色拉叙马霍斯。如果你能记得我当时讲的内容,那我就更要感谢你了。

色拉叙马霍斯:我很愿意说说。你说民主制是无可救药的,世界需要一种截然不同的城邦制度。你没有谈到说这些或写这些内容所需要的**勇敢**,但是我猜这就是你刚才要说的吧。我说的没错吧?

柏拉图:完全正确。

色拉叙马霍斯:但是我记不得你曾谈过任何比这更高的勇敢境界。

柏拉图:没错,我当时没说。

色拉叙马霍斯:那是因为你当时还没想过,还是你不想提及呢?

柏拉图:是不想提及。像每个人一样,我并不知道战争会怎样收场,谨慎一点总是好的。

克力同:你现在感觉好点了吗?

柏拉图:些许吧。但还没有到考察最高境界的时候。

欧几里得:那是什么?

柏拉图:亲爱的欧几里得,当我提到它的时候你就会知道了。现在,让我们设想有一天我自己斗胆**撰写**远远超过民主制的真正好城邦。如果我这么做了,那我仍会像苏格拉底一样,在触及实际**变革**之前就点到为止。这方面我要比苏格拉底克制一些。因为如在场的很多人指出的那样,他虽然并没有采取行动去改变自己身处其中的制度,但是他在制度**之中**做了很多勇敢的事情。而与之形成对照的是,当战争快结束以及战后的危险出现时,我意识到了德谟克利特对阿里斯托芬的严厉指责,我自己则像其他人一样,只关心保护自己。

色拉叙马霍斯:这让我们年轻的革命者很沮丧,是吗?

柏拉图:如果你问我是否认为自己在过去几年中不够勇敢,那么我的回答是:确实如此。

色拉叙马霍斯:真荒谬!聪明人要么离开那里,要么留下来保护自己。但我们先别讨论这个问题,你已经知道我不认同这观点,就如同你不认同我一样。

柏拉图:很高兴我们能如此理解对方。

色拉叙马霍斯:但我仍想听听你说的"实际变革"是什么意思。我希望,你仍然会讨论它吧?

柏拉图:当然,哪怕只是为了取悦欧几里得。在我看来,我们所能设想的开启变革的方式只有两种:要么用个人的努力;要么通过一个足够明智的人来进行,他能够知道为什么变革是必需的,有深切的**愿望**这么做，并且拥有足够强大的力量**能够**这样做。亲身尝试的诱惑很大，但是我们必须要抵制这种诱惑，因为失败几乎是必然的，苏格拉底会将那些想这么做的人称为冒险而非勇敢。所以"个人"试图变革并不属于我所说的勇敢的不同境界中的一种。

欧几里得：但另外一种情况属于？

柏拉图：是的。因为万事俱备，冒险也是理性的（或用苏格拉底的话说，是"高贵"的）。苏格拉底智慧的一部分（我希望我能继承他这部分智慧）就是他知道自己所能达到的界限，并保持在界限之内。其他人——比如启蒙了的绝对君主，年轻而有活力，有深切的意愿进行必需的变革——是在现实中促使变革**发生**的人。

阿里斯托芬：那他们的勇敢在哪儿呢？如果他们非常强大，那就没有风险了，没了风险又何谈勇敢呢？

柏拉图：为什么喜剧家总是提出最好的问题呀？或许这就是苏格拉底如此钟爱你阿里斯托芬的原因吧——不管其他事情。我尽量回答你，你所说的让我想到最高的勇敢境界实际上是我刚刚讨论过的勇敢的变体。这样我们伟大的变革开启者就不是绝对君主而是战士，他**奋力**将坏城邦摧毁而将其置换为我头脑中的好城邦。我认为这是一个能让你满意的够格的风险，阿里斯托芬？

阿里斯托芬：是的。

德谟克利特：你心目中有这样的人选吗？

柏拉图：亲爱的德谟克利特，还没有。但是我希望哪天遇到他的时候我能认出他来。

色拉叙马霍斯：对战士的讨论让我想起了战斗。而说起战斗我又想起明天的搏击比赛。我们都得起来看那比赛。我们最后再来一杯吧，明晚再最后聚聚？

阿里斯托芬：我要为此干杯。

（所有人喝酒）

第三幕

色拉叙马霍斯：太不可思议了！但在讨论比赛之前，让我向大家介绍一位尊贵的客人。他告诉我，身为演说家和赛会爱好者，高尔吉亚是第十次来参加奥运会了。

（大家欢迎）

亲爱的高尔吉亚，我已经和你说过，我们在过去两个晚上所讨论的内容，但是我们得先说说这搏击比赛，否则我就憋死了。塞翁（Theon）太厉害了，不是吗？

克力同：你是说那个获胜的粗人？

色拉叙马霍斯：我是说塞翁，拉里萨（Larissa）的荣耀，他向我们展示了生命的本质：尽可能快地击败对手，荣耀地带上胜利的花环。难道他还不够卓越吗？他掰弯懦弱对手的后背以致几近断裂，并紧锁住他的脖子。一切都以迅雷不及掩耳之势发生了。我惊异于他的对手还能及时举手示意**认输**。

斐多：你的意思是说你为他及时举起手而感到**遗憾**？

色拉叙马霍斯：好吧，是的，我想我是这个意思。我总是想看到有人在搏击中被杀死。

（沉默）

你们都怎么了？难道你们不都是默默地想看到这一幕吗？为什么不承认呢？难道我们不都想第54届奥运会的那场不可思议的比赛再度上演吗？那次挑战者锁住想要夺取连续第三次胜利的伟大的阿拉席翁（Arrachion）的脖子，但是阿拉席翁抓住他的脚踝并扭断它。脚踝断裂的巨大痛苦让他举手投降，但是就在那一刻**阿拉席翁自己**也窒息而死！你们还记得裁判们试图决定谁是获胜者的困境吗？**那才是我说的**搏击，你们不这么认为吗？

（沉默）

你们不这么想？啊，我早应该知道。我们这儿都是些娘娘腔的哲学家。感谢神（我是象征性地说）还有几个智者露面能让人高兴。这其中的一位特别有名望、他教过的学生很可能比苏格拉底更多。是这样吧，高尔吉亚？

高尔吉亚：我想你可以这么说。我想伯里克利是最杰出的，更不用说这里的安提斯梯尼了。我想你们很快就会听说伊索克拉底，还有阿尔西达马斯。

德谟克利特：我想你还应该提到其他人：比如阿斯帕西亚，当然还有克里提亚。

高尔吉亚：德谟克利特，为什么克里提亚是"当然"要提的？我**走入**什么圈套了吗？

德谟克利特：圈套？不尽然。不，我们只是在讨论这些情况是否能被用来指责苏格拉底，即他有一些像克里提亚这样的坏学生，他甚至还宣称从苏格拉底那里学到很多东西。这里的阿里斯托芬和安提斯梯尼会如何称呼她？——那个有影响和精明的妓女阿斯帕西亚，当然也是**你的**另外一个学生。或许你能帮我们解开这个小难题。

阿里斯托芬：什么难题？根本就**没有**难题。这只不过是**智者**之间的又一场讨论而已。他们都是一样的。谁教谁毫无意义。

高尔吉亚：阿里斯托芬，我知道**你**这么想；当我观看《云》的时候，我和每个人一样大笑。但是你大错特错了。

阿里斯托芬：你不会是认真的吧？

高尔吉亚：我是认真的。苏格拉底曾经和我、卡利阿斯还有一些年轻的我记不得名字的智者有一场大讨论，当时你很显然并不在场，而这场讨论我永远都不会忘记。如果说什么时候我感到自己在与认为智术是敌人的人对抗，就是那次了。我知道一旦听到他喋喋不休地讨论真理，我们之间就没有共识了。

柏拉图:让你说的"真理"好像是个脏字似的;我感觉你在说这个词的时候像是在唾弃它。

高尔吉亚:不尽然。我从不否认有些事情是真的。但我的**职业**对真理并不感兴趣。我们这些教导公共演讲的老师感兴趣的是说服和取胜;**事实**如何并不重要,首要的是在讨论中**获胜**。

德谟克利特:虽然你事实上**好像**也否认真理。人们仍在讨论你写的短文——你怎么称呼它?——"非存在"。你又说了什么呢?

高尔吉亚:噢,**那篇**啊!你不会把那文章当真的,不是吗?我说了什么,是这样的:

——无物存在。

——即便存在某物,也是不可知的。

——即便能被知道,也是无法和别人沟通的。

这只不过是小小的脑筋急转弯,你愿意的话也可称为脑力练习。我们的工作就是教授说服的技艺,要让脑子变得灵活你就得知道所有的诀窍。用这种小难题进行训练是最佳途径。

阿里斯托芬:但是如果你确实相信真理,那你只是做与苏格拉底不同类型的工作;他私下里教授别人,而你教授公共演说。你们仍然都是智者。

柏拉图:我不这么觉得。高尔吉亚教授人们如何误导,并且通过误导取胜;苏格拉底教导我们要将目标设定为发现真理,并在发现之后坚持真理——无论付出什么代价。而他和高尔吉亚都同意**真理**,像马其顿在阿提卡的北面之类是不重要的。

色拉叙马霍斯:的确,我亲爱的柏拉图;这也是对我们俩之间分歧的最佳描述。我们智者教授如何生存;生存意味着说服,无论要付什么代价。

阿里斯托芬:但是这不就是苏格拉底自己教诲的核心吗——愿意被更好的道理**说服**,不论付出什么代价?

柏拉图：说得很好，阿里斯托芬，但是冒着强化你认为我们**都是**智者的风险，请你考虑我的另一个区分。

阿里斯托芬：另一个区分。我需要喝一杯。大家干杯？

（所有人喝酒）

继续，柏拉图。

柏拉图：我们说有两种说服。一种说服采用任何看起来有效的论证方式；另一种则只采用那些能立刻被别人检验的论证。如果论证经受了检验，就保留下来；如果没有经受住检验，就被抛弃，讨论继续转到对其他论证的考察上去。

埃斯基涅斯：说得很好也很清楚。

阿里斯托芬：未必吧。我当时的确没在苏格拉底讨论的现场，但是大家告诉我的是他的讨论从未达成过结论。不管他的对话想要界定什么——虔诚或勇敢——它都没有做到这一点。现在人们可以将之说成是热切地寻求真理，但注定是穷途末路。但还有另外一种解释。

斐多：比如？

阿里斯托芬：他并不当真相信**任何东西**能够被界定。哲学就是探究，而不是相信在探究终点处存在着什么东西。

德谟克利特：好吧，让我们设想你说的是真的。这又证明了什么呢？

阿里斯托芬：这样一来，就会表明，他可能被指引着感到有必要摧毁在讨论中出现的**任何**定义，不管它有什么价值。如他真心所言：根本没有可靠的定义这句话根据定义就是真的。故而不管用什么样的论证去完成这个高贵的目标，所有进行定义的尝试，不管如何值得称赞，都注定要失败。在我看来，这就像是一个给自己提出的智识欺诈的规则，它和高尔吉亚以及其他人一直很成功地做到的事情一样令人遗憾。

德谟克利特：说得太好了，阿里斯托芬！你超出了所有这些智者。你确定你从来没参加过高尔吉亚的课程？但是你并不指望我们让你就这么得逞,是吧?

阿里斯托芬:谁是"我们"?你没有加入苏格拉底的小马厩,不是吗?

德谟克利特:当然没有。但是我怕如果这里的**苏格拉底门徒**竭力在这一点上捍卫他的话,你会嘲笑他们是苏格拉底的马屁精。所以我作为外人想为他辩护。我希望你对此不会有什么异议吧?

阿里斯托芬:没有,继续。

德谟克利特:好吧,如果你不介意的话。我想回到在昨天晚上我使用的一个策略,就是承认一切事情,然后看看我们能得到什么结果。让我们接受阿里斯托芬的观点,即对苏格拉底来说没有哪个一般性的词语是能被定义的,哲学就在于探究的过程而非在过程终点处所能(或不会)找到的东西。

这会使他变得在智识上不诚实吗?不,不会,虽然它肯定会将他置于不诚实的风险之中。他向这种风险屈服了吗?只有他自己能回答我们,但他并不在场。所以我们必须问另一个问题:他**像是**屈服了吗?如果是的话,重要性何在?

我这么提问是因为我想在这个问题上区分出重要和不重要的事情。如果我们问自己:苏格拉底会享受胜利吗?答案可能是肯定的。谁会不享受胜利呢?

他会不顾一切地去赢得胜利吗?肯定不会,除非我们想指责他在很多场合说他的目标是让更好的**论证**获胜时是在**撒谎**。

他会偶尔操控论证来确保**任何**一种定义都不能被视为可接受的定义吗?这么做的诱惑似乎是很明显的。我们不知道他是否曾经有意屈从于它。

他会有时**无意**地屈从于它吗?我们还是不知道,但是从表面上看,基于我们所知道的苏格拉底,他更像是无意识地这么做而非**有意**屈从。

所以让我提出一个建议。让我们假定苏格拉底的确偶尔落入我刚提到的圈套,通常是无意的,但偶尔或许是有意的。这会怎样帮助我们为阿里斯托芬提供一个答案呢?

阿里斯托芬:我一直希望你能给我答案呢。我基本上已经听够了**别人**的长篇大论……

德谟克利特:如我们都知道的那样,苏格拉底最接近于提供定义的一次是说(有点啰嗦),勇敢是对头脑中正确信念的坚守,这正确信念关于什么值得害怕和什么不值得害怕。我们在早先的对话中看到他如何在自己的生活中做到这一点,特别是当他敢于对抗其他所有人处决十将军的投票,还有他对克里提亚说不的时候。我现在想说的是他在生活的核心活动,即追求智慧上,也表现出同样的勇气,甚至可能是更大的勇气。他面临着两个危险。首先,他自己事业的本性被包括阿里斯托芬在内的大部分人深深误解,他甚至被称为是伪君子。第二,更糟糕的是,他面临着**自己**在唯一真正重要的事情中,即自己灵魂的良好状态,遭到破坏的风险。如他所说,我能对另一个人施加的最大伤害就是让他变得更坏。我们可以确定他肯定相信我能对自己施加的最大伤害就是将自己变得更坏。他一生都准备着冒这两个危险,实际上也在冒着这两个危险。

不管我们如何看待苏格拉底的这些**信念**,除了苏格拉底门徒之外的所有人都会怀疑这些信念中的大部分,甚至是最基本的信念,但我们都同意他甘冒这两个风险的勇气。不管是在公民大会还是在广场的讨论中,他都对什么值得害怕和什么不值得害怕,什么值得牺牲**一切**和什么不值得牺牲拥有深刻而坚定的信念。我想就是在**这一点**上,我们能够非常清楚地看到他标志性的特征,使他不仅区别于智者而且也区别于我知道的所有其他**哲学家**。我坚信,我们所感受到的他在自己认为值得冒一切风险的事情上勇于承担风险的高贵品质**将会**永存。

我的话说完了。

(大家沉默)

埃斯基涅斯：就像柏拉图刚才说的那样，从理论上本应是苏格拉底最大的敌人口中听到这些话，让我很感动。为此我深深地感谢你。对我而言，我禁不住认为哲学随着苏格拉底的离开而结束了。他朋友所能做的就只是怀念他了。

柏拉图：我没那么确定。我怀疑我们才刚刚起步。当然，我只能说说自己的情况，但是我真的不能设想安提斯梯尼或欧几里得会满足于在余生只是不断重复苏格拉底。即便是阿里斯提普可能也会构想出自己的体系。

高尔吉亚：我喜欢你的乐观。但是我不确信雅典现在会欢迎开启任何事物，包括新的思想潮流。我看到她多年的兴盛，之后是整个战争时期，再就是最后的失败。我们完了。我们所能期待的只有一个平庸城邦的生活。目前是斯巴达的天下，之后——谁知道呢？——其他地方又会崛起。可能是忒拜(Thebes)或者是阿格斯(Argos)。但是我们的光已经熄灭了。我们再也不会看到另一个埃斯库罗斯(Aeschylus)，或索福克勒斯(Sophocles)，或欧里庇德斯(Euripides)了。这儿的阿里斯托芬是——更确切地说曾经是——我们最后的喜剧诗人了。抱歉，我这样说没有冒犯你吧，阿里斯托芬？

阿里斯托芬：我，被冒犯？一个倾其一生冒犯别人的人？你说得完全正确。一旦我不再写政治家们，我就只能创作口水剧了。

欧几里得：你下一部关于女人的喜剧也是这样吗？

阿里斯托芬：还是让我先写完吧。但是如果我不能讽刺真实的政治家，它肯定就是更多的口水而已。虽然很有趣，我希望。

但高尔吉亚是对的，我想，或者大部分是对的。从政治上说，我们完了。在艺术上也是一样，我想。虽然柏拉图在思想家方面可能说对了；可能他们还有潜力。（看着柏拉图）或者他们中的一个，无论如何。

高尔吉亚：可能吧。你或许能看到那一天。我看不到了。

德谟克利特：振作点儿，高尔吉亚。快到百岁的人常常能活过百岁呢。

高尔吉亚：我不确定自己想活那么久。

阿里斯托芬：你这么说很奇怪啊。通常你都是很高兴和坚定的。为什么突然之间这么失落了？

高尔吉亚：我不知道。我只是有了一种不常有的感觉。

德谟克利特：是什么？

高尔吉亚：在经历了因为我的公开演说——不只在奥林匹亚——而被大众仰慕的一生后，我感到承认这一点有些奇怪。但是我感到嫉妒，事实上是致命的嫉妒。

克力同：为什么会这样？

高尔吉亚：我刚刚听到了一段对话，中间有人而不是**我自己**被描述为独一无二地勇敢，那人在去世三年之后还能让希腊的引领者们连续三个晚上来讨论他。**我**死后三年，谁会连续三个晚上讨论**我**呢？或者在我去世前三年来讨论我呢？谁还会记得**我**的名字？

柏拉图：是的……我怀疑谁会记得？

（所有目光转向他）

大家喝酒？

（所有人喝酒）

尾　声

公元前360年奥运会的精灵独白。

关于政治权力的悲观态度是对的；雅典的时代结束了。斯巴达暂时成为霸主，再后来是忒拜。谁能知道接力棒会传到哪儿呢？

高尔吉亚关于艺术的讲法也应验了。在悲剧作家中，没有重要人物能够取代埃斯库罗斯、索福克勒斯和欧里庇德斯；喜剧作家中，也没有人能够取代阿里斯托芬。

有很多人撰写了苏格拉底回忆录;埃斯基涅斯、安提斯梯尼、欧几里得和其他几个人都撰写了对话,回忆苏格拉底在不同场合的谈话。但这一群体中最成功的要属柏拉图了,他连续撰写了许多部对话,并继而建立了自己的重要学园。还有其他一些人也成立了自己的学派,尽管有人说苏格拉底之死就是哲学的终结。除了柏拉图,安提斯梯尼和欧几里得,甚至阿里斯提普也最终建立了自己的学派。

智者们则经历了他们的繁盛期。在高尔吉亚死后(我应该补充一点,他活了一百多岁),除了他的学生伊索克拉底(仍然很活跃)外,几乎没有什么重要的智者。虽然他不那么出名的学生阿尔西达马斯曾因对奴隶制的攻击而短暂地引起过风波。

在苏格拉底的门徒中,从未被真正接受的就是阿里斯提普。有人(特别是柏拉图、色诺芬和安提斯梯尼)自始至终认为他是个吃白饭的,从未真正追随苏格拉底哲学的精神。但是他平静地走着自己的路。假如**苏格拉底**之前接纳了他,阿里斯提普就不会被安提斯梯尼或柏拉图等人不那么宽容的观点所困扰了。他总认为快乐——尤其是理智的快乐(但不仅仅是理智的快乐)——如果能够节制地享用的话,那就是完美的目标,他认为苏格拉底就是这一信念的源泉。对于那些指责他显然离那目标尚远的人,他会非常愉快地(我相信我用的词很恰当)回答说,那仍是伟大的**目标**,他总有一天会实现的。

另外,他很富有,他没有浪费时间,而是创建了自己的学派,由幸福的快乐追求者组成。在苏格拉底死后几年,在拉伊丝开始嗜酒之前,他与拉伊丝保持着田园诗般的恋情,尽管拉伊丝从没停止过对大个子优博塔斯(Eubotas)的梦恋。**这段**关系何等奇异!每年**她**在科林斯作为"伴侣"(多么有魅力的词语)生活十个月,然后来到与他初次相遇的埃伊纳岛(Aegina)和**他**度过**另外两个月**的时光。他为此花费了多少钱呢?可以确定,相比起他的财富而言不过九牛一毛。所有这些就是他被蔑视的原因,(谁知道呢?)也是安提斯梯尼和柏拉图这样的人默默嫉恨他的原因,但是这并没有怎么困扰他。他每次从科林斯拉伊丝的居所离开或是和她一起在埃伊纳岛住处沿海边走下来时,脸上都洋溢着灿烂的笑容。

下届奥运会再继续吧?(喝酒)

第105届奥运会:搏击

第一幕

奥林匹亚,第105届奥林匹克运动会(公元前360年)。

第二天赛会的夜晚。

一群文人聚在一起喝酒和讨论,在前一天,他们已经在各种活动中相遇。在场的有哲学家柏拉图,还有他的学生亚里士多德,斯彪西普和色诺克拉底;智者——修辞学家阿尔西达马斯和伊索克拉底;退伍军人色诺芬;雕塑家斯科帕斯和普拉克西特勒斯;柏拉图的情人狄翁;还有公共演说家德摩斯梯尼。

斯科帕斯: 这是值得铭记的一天。

色诺克拉底: 是吗?我只注意到炎热的天气了。

斯科帕斯: 你不会是认真的吧。你什么事情都不喜欢?

色诺克拉底: 我已经热得没法去想喜欢或者不喜欢什么了。我来这儿只是因为……

柏拉图: 因为我带他来的,这就是原因。色诺克拉底太专注于学业了,他需要拓展点儿视野。他将全部精力都放在心智上面而不关心身体。他应该更加认真地读读我的《蒂迈欧》。但是,我并不需要费心劝说斯彪西普来这儿。

斯彪西普：这倒是真的，我喜欢比赛。我发现，它们是战争非常好的演习。

狄翁：我知道你在想什么。（悲伤地看着柏拉图）我知道柏拉图不会喜欢的。

柏拉图：我保证我们会讨论到这个话题的。但是，让我们先聊聊斯科帕斯提出的这个"值得铭记的一天"吧。我也认为今天值得载入史册，但是我很好奇我们两人心中所想的是不是同一件事。我喜欢很多比赛，但是在我看来，双马战车的比赛是最出类拔萃的。

斯科帕斯：说得对！但是谁能想象一个哲学家会喜欢马！我以前以为你们哲学家都是只动脑子的。

柏拉图：我建议你也读读我的《蒂迈欧》，斯科帕斯。在场的一些人可以作证，我在那本书里花了很大篇幅讨论，如果我们想过整全生活的话，就需要心智和身体的平衡。讲到马的事情，我也碰巧认识一位出色的前辈。你知道，恩培多克勒（Empedocles）出身于一个繁育马匹的大家族。

斯科帕斯：谢谢你，我还真不知道那个。我会读读你的书。但是这个比赛为什么尤其吸引你呢？

柏拉图：好问题。吸引我的并不是赢得冠军队伍的名字；特奥刻拉伊丝图斯（Theochrestus）来自繁育马匹的世家，所以他获得冠军是理所应当的事情。事实上，他也拿到冠军了。

狄翁：如果是这样，亲爱的柏拉图，那又是因为什么呢？我们俩曾讨论过成千上万的事情，但是，我可想不起来你曾经谈论过马。

柏拉图：没错，我想我没有谈过。虽然我在《蒂迈欧》中写过关于它们的内容。对蠢人的特殊惩罚是让其转世为马。

斯科帕斯：所以，也不是因为马。

柏拉图：其实确实是因为马。它们的美丽吸引了我。

色诺芬：就像狄翁的美丽？

柏拉图：谢谢你，亲爱的色诺芬（看着狄翁，转而看着其他所有的人，微笑着）。你说得**差不多**正确。但是我真正想的是机体在正确地发挥功能时所展示出的美丽，不管这机体从其他方面来看是否那么引人注目。当马匹在赛场上奔驰的时候，它们是非常富有吸引力的动物，我当然爱它们。赛马按预想的那样将自己的才能发挥得淋漓尽致，这让我热血沸腾。我想**那**正是它们真正的美。

斯科帕斯：我知道你说的是什么了。我想我同意你的观点。让我再往前推进一步。

色诺芬：但是肯定也和竞争有关，对吧？难道不是**竞争**吸引我们来看所有赛事的吗？

柏拉图：是的。当我说正确地发挥功能时指的是在竞争的前提下做出需要做的事情。

斯科帕斯：这让我又重新回到斯彪西普刚刚说起的关于战争的观点。赛会在我看来是一种非常有用的变体。或者我应该说为战争做准备。这至少是我个人喜欢它们的部分原因。我需要关于冲突对抗的灵感来完成我最好的雕塑。但是我不确定我年轻的朋友普拉克西特勒斯是否会赞同我的观点。

普拉克西特勒斯：你说对了。我喜欢比赛，但不是因为竞争，更不是因为竞赛是战争的另外一种形式。我之所以喜欢是因为这里到处都有美丽的裸体。功能或许也是我喜爱比赛的一个原因，但并不是主要原因，至少对我来说是这样的。一个俊美的、比例匀称的、最好处在静止状态的裸体，而不是在比赛中四处奔跑的大汗淋漓的身体，就是我所指的"美"，这就是可以让我乐意长途跋涉前来观看的事物。这里总是有许多这样的美人。

色诺芬：普拉克西特勒斯，你是一个雕塑师，对不对？

普拉克西特勒斯：是的，只是才刚刚起步。斯科帕斯早已扬名立万了。你们中的一些人将会在泰格亚（Tegea）的雅典娜神庙中看到他的伟大作品。

斯科帕斯：谢谢你。但是我听你刚才所言，你好像会走一条和我非常不同的路。

普拉克西特勒斯：有可能，我现在还不知道呢。但是，我现在的直觉是去雕塑那些最吸引我的东西，就是在静止中的裸体人物，而不是战斗或对抗中的人物。今后会有什么样的发展还很难说。

斯彪西普：我已经等不及了。

色诺芬：我想自己不太会为了看什么东西在这里待更长时间。但是你最后说的话让我很感兴趣。当你谈到"在静止中的人物"，你想过是哪种类型的人物吗？

普拉克西特勒斯：还没有。但是如果他们具有最完善的美，那种能够让我兴奋的美，他们很可能是神和女神，至少在一开始会是这样的。

色诺克拉底：神和**女神**？完全赤裸的女神？你在开玩笑吧。

普拉克西特勒斯：我很抱歉，我看出来你被吓到了。但是我确实有这样的想法。如果说神不介意我们把**他们**雕塑成裸体的，为什么女神会介意呢？

色诺克拉底：但这是闻所未闻的。

普拉克西特勒斯：我知道，但是我还是有这个意向。事实上尼多斯（Cnidos）人刚刚来找我，要我给他们雕塑一个阿弗洛狄忒的雕像。我说我会花费几年的时间来完成，而不会一蹴而就。我打算把**她**雕成裸体的。我知道这会为我带来麻烦，但是当我需要正视问题的时候，我是不会逃避的。

色诺克拉底：在我听来这是哗众取宠。

斯科帕斯：噢，色诺克拉底，你真是个败兴的家伙。听起来好像你之前从来没有见过裸体女人一样。

色诺克拉底：我从没有过，并且以后也不准备见。

斯科帕斯：柏拉图，你确实承认这个坏脾气的家伙是你的学生吗？

柏拉图：他有他的德性，斯科帕斯。但这倒是真的，身体确实给他造成了比一般人更多的困扰。

斯科帕斯：我很抱歉，因为现在他不得不听到更多关于身体的话题了。比如说普拉克西特勒斯的模特*。我想你心里已经有了一个人选来做那个雕塑的模特吧，普拉克西特勒斯？

普拉克西特勒斯：模特？

斯科帕斯：不要那么害羞嘛，亲爱的朋友。希腊所有的艺术都使用模特。问问柏拉图就知道了。如果这是错误的，他哲学的很大一部分就都站不住脚了。

柏拉图：如此的善解人意实在是太令人愉快了，而且是这样的言简意赅。谢谢你，斯科帕斯。请继续吧。

斯科帕斯：所以？我们听到的都是真的？

（普拉克西特勒斯在回答前停顿了一下）

普拉克西特勒斯：好吧，是的，这是真的。但是我不太确定她会愿意来做模特，并且我不想谈她。

斯科帕斯：但是**我**想啊。大家都说芙丽妮（Phryne）是希腊最美丽的女人。如果你真的能雕塑她，尼多斯人就用一个女神的价钱得到两个女神。这听起来是他们很难拒绝的买卖。

普拉克西特勒斯：我们拭目以待吧，我还没开始雕塑呢，芙丽妮也还没有答应做模特。

斯科帕斯：他们说她没有固定的价格，而且如果她能找到一个她愿意竭尽全力去征服的男人，事实上她很乐意分文不取——（看着色诺克拉底）比如说一些好说教的、憎恨身体的哲学家或者其他什么人。

色诺克拉底：你是不是疯了？

---

* 模特（model）用来指柏拉图哲学中的形式/理念作为现实中各种事物的"模特"时可理解为"范本"。——译者注

斯科帕斯：不，只是觉得你可能会有兴趣知道。还是谈谈美丽的身体和一般意义上的美吧，我非常喜欢读你最近的对话《会饮》，柏拉图。

柏拉图：谢谢。

伊索克拉底：我也是。

柏拉图：谢谢，伊索克拉底。

色诺芬：但是，这无疑令人有点惊讶，难道不是吗，伊索克拉底？我想你们两个之间极少有共同点。为什么突然这样友好了？

伊索克拉底：这是问题吗，色诺芬？我很高兴接受对我的称赞。不管柏拉图和我之间有什么分歧（我也记不清总共有多少了），看到他最终回心转意，认为至少我的**一些**东西是值得效仿的，即便仅仅是我演说的散文风格，我都会感到受宠若惊。

阿尔西达马斯：我要说这本是他最不应该决定去模仿的。所有那些经过精雕细琢的话语，有如一条宽广而平滑的蜜糖河。每次我被迫听它的时候，都感觉自己要被淹溺了一样。哪天让我听点粗糙的即兴演讲吧，而不是这样按照写好的稿子朗读经过精心打磨的内容。听起来就像是雕像在讲话一样。想到他曾是高尔吉亚的学生……

斯科帕斯：我的天，我们这儿开始了一场多么精彩的小型摔跤比赛啊！没有什么比观看一个智者质疑另一个智者的智术是否合法更精彩的事情了。但是当我称赞柏拉图的新书时，并不是指它的语言风格。

阿尔西达马斯：那是什么呢？

斯科帕斯：事实上是他关于美（Beauty）的理论。我发现自己完全不能自拔。

亚里士多德：真的吗？你能够理解它？

斯科帕斯：谁在讨论能不能理解的问题？但是，也许**你**能在这方面帮助我，你是柏拉图最新的学生，对不对？再问一下，你的名字叫什么来着？我总是记不住名字。

亚里士多德：亚里士多德。我不太确定能否给你很多帮助，因为我不太确定自己是否理解了那个理论。或者说,即使我已经理解了,我也不太确定是否赞同这一理论。为什么你不问问我老师自己?你已经吸引了他全部的注意力。

斯科帕斯:我会试试的。不过我发现哲学家都太隐晦了。(看着柏拉图)我在你的书中发现了什么让我兴奋的东西?有很多,但是特别是那篇长篇演讲,演讲者是,她的名字是什么来着?那个从曼提尼亚(Mantinaea)来的女人——

柏拉图:狄俄提玛。

斯科帕斯:是的,狄俄提玛,说的是爱的阶梯。那些年轻的渴望见到美的追求者一开始首先瞥见美丽的身体,随后开阔了眼界关注美丽的灵魂,接着是政治制度的美,最后终于看到纯粹的美。这种"纯粹的美"(这是我的说法,我想,柏拉图,你叫它作美的"形式"或"类",对不对?),它使美的事物成为美的。实际上,它也是唯一拥有毫无争议之美的事物;任何其他美丽事物都仅仅是在某种程度上接近这个范本。

看吧,这已经非常哲学了。柏拉图,我理解对了吗?还是我仅仅在胡说八道?

柏拉图:斯科帕斯,你太令人敬佩了。你确定不想加入我的学园吗?

斯科帕斯:我太受宠若惊了。让我为受到邀请干一杯。(喝酒)不,搞清你这个关于事物的范本或原型的大理论让我很开心,那些范本和原型听起来好像比事物本身还真实。这听起来太神奇了,但是你不会指望所有人都信服这个观点,是吧?

柏拉图:我曾经一度这样期望过。但是年轻的亚里士多德不久以前,对这个理论提了非常尖锐的批评。由于他在学园里所表达的观点迟早会被大家知道,我想我还是请他在这儿阐述一下他的观点吧。

色诺芬:亚里士多德,这是真的吗?

亚里士多德:是的,但鉴于柏拉图是我的老师,我希望这不是真的。

（看着柏拉图,在继续讲话之前,停了一小会儿）

好吧,让我解释一下自己对这个理论的疑虑吧。

如果我对柏拉图的理解不错,他认为在语言中,统称词(general words)指代具体事物的方式与特定的词语是一样的。所以如果我有一只叫作阿斯蒂阿纳克斯(Astyanax)的狗,当我谈到我的狗阿斯蒂阿纳克斯的时候,我指的是一只特定的、真实的、叫这个名字的狗。但是,普遍意义上的"狗",**同样**指代真实的事物,事实上比叫阿斯蒂阿纳克斯的狗更加真实。"狗"所指代的真实事物是指作为原型的狗性(dogness),它使得所有的狗成为狗。

可以将同样的道理应用于更重要的统称词,例如真、善或者美。用斯科帕斯的话来说,"纯粹的真"使所有真陈述成为真的,"纯粹的善"使得所有好人为好的,"纯粹的美"使得所有美丽的女人美丽。从这个意义上来说,"纯粹的三角形"使得所有三角形成为三角形。

在我进一步论述之前,我要多说一句,柏拉图并不将这些事物比如"真"、"美"等等视为概念或**观念**。他认为这些是真实的事物,我们对这些事物**拥有**诸如"真"、"美"等的观念。

但如果它们是真实的,它们在哪里呢? 它们很明显不在这个世界之内。但也不是仅仅存在于我们的思想之中,因为它们远非简单的观念。所以它们一定存在于某个另外的世界中,就像他在新书中明显暗示的那样,它们存在于这个世界"之上"的世界之中。

当然,这个理论还有很多其他内容,但是把所有的细节都说出来要花费整晚的时间,并且可能让已经迷惑的你们更加迷惑。所以我仅仅想要提出两点,我认为这两点就足以质疑这个理论,尽管可能还有其他问题可以说。

首先,他将这些原型置于另外一个世界。为什么要发明另外一个世界来解决这个问题呢? 无需发明另外一个世界,我们在**这个**世界就已经有足够多的问题了,而假定存在另一世界,与我们起初要解决的问题相比,给我们带来了甚至更大的困难。如果真的有柏拉图所说的原型存在(我对它们的存在表示怀疑),为什么不把它们放在这个世界中呢?如果我们想要说一种普遍的狗性使得所有的狗成之为狗,那为什么不说,不论不同的狗之间有哪些可以彼此区分的特征,这种普遍的狗性就是所有狗都具备的一系列普遍特征。狗性就在狗之中,而不存在于其他世界中。

我要说的第二点关于我们在如何指代事物方面的重大误解。比如说一个绿苹果。对于柏拉图来说,使得包括这个苹果在内所有绿的事物成为绿色的,是原型的绿(或"纯粹的绿"),这原型的绿本身也是绿色的。但这犯了严重错误。绿色的**事物**是绿色的;而绿**本身**,不管我们还能怎样描述它,绝不能被说成是绿色的。所以任何基于这一误解的理论从一开始就存在严重问题。

关于这个理论的缺陷,我能说的还有很多,但是这两个就够了。有这两个反对就足以使这理论崩溃了。

普拉克西特勒斯:(转向柏拉图)他总是这样吗?

柏拉图:(看着所有人)是的,他一直都是这样。异常明晰。

伊索克拉底:我能看出来,但他说的对么?

柏拉图:我不知道。我承认这些反对意见确实很强有力。它们可能已经足够摧毁目前构建的这个理论。但是我怀疑它们是否能够摧毁理论的**核心**(周围人都发出不满的嘟囔声)。

伊索克拉底:那个核心是什么呢?

柏拉图:那就是统称词不会骗人;它们一定是指代**某些**普遍的实体,不管我们最后把它定位在哪里,(像亚里士多德那样将其定位在)这个世界,或者(像我一样将其定位在)另一个世界。

伊索克拉底:在我听起来好像你自己最终让步,承认你的原型**不需**要存在于其他世界里了?

柏拉图:可能是这样吧,我已经发现整个理论需要进一步的仔细斟酗。你们中的一些人可能已经看了我最初的想法,就在我最近写的青年苏格拉底与老巴门尼德讨论的那篇对话中。但我现在开始觉得亚里士多德和我有共识的部分比那些我们有分歧的部分重要得多。

斯科帕斯:冒着可能破坏这个令人愉悦的共识的风险,作为一个非哲学家,我可以问一个问题吗?

柏拉图:可以。

斯科帕斯:如果那个你认为你们两个都认同的重要观点本身是错的,并使得你们两个全都错了,那又会怎样呢?假设**一些**统称词确实指代一些事物,但是另一些并不指代。统称词"狗"确实指代事物,因为确实有狗存在。但是统称词"美"呢(回到我们最初的讨论)?我可以看见狗,我可以听见狗,它们就在那里,真真切切地在这个世界里。但是美呢?我完全不能看见美。我能看见那些我称之为美的事物,比如说海伦的脸,或者帕特农神殿的轮廓。但是在我所知道的每一个例子里,美似乎是我们发明的很多有用的词汇之一,用来形容或者讲述我们共同的经验。我是唯一一个这里认为统称词非常有用,但并不必然**指代**什么事物的人吗?

柏拉图:我可以再次邀请你加入我的学园吗?以你的智力基础,加以哲学的基本**训练**,你的前途将不可限量啊。

(斯科帕斯笑了)

色诺芬:我不是哲学家,但是斯科帕斯好像让我明白了一件事情,哲学家是不能忍受被人轻易置之不理的,柏拉图似乎就在这么做。

但是,关于原型中的美的理论已经谈了够多的了。我们今天在那场精彩的赛马比赛上也见识到足够的美了。明天我们将会欣赏到搏击比赛的美,然后晚上会再回到这里来,进行我们自己的小型搏击。主题将会是什么呢,柏拉图?政治?

柏拉图:对于摔跤比赛来说还有什么更好的主题吗?明天再说吧!

(所有人喝酒)

第二幕

同一地点,第二天晚上,同一群参加者。

色诺克拉底: 多么可怕的一天。我绝不会再被拖来看奥林匹克运动会了。

斯科帕斯: 这可是美妙的一天啊!你怎么了,色诺克拉底?

色诺克拉底: 你看那个搏击比赛了?你看着一些可怜的残暴之人,差点被另外一些残暴之人殴打致死,直到裁判终止比赛并宣布那个更强大的残暴者获胜,你称那为美妙?

斯科帕斯: 噢,那个呀。那只是一群参赛者在比赛而已,你这个老是扫兴的人啊。不过我并没有真正在看比赛。事实上,几乎没有人在看比赛,除了你以外。

色诺克拉底: 你这是什么意思,除了我以外没有人在看比赛?

斯科帕斯: 是的。我们这些人的注意力都被别的吸引过去了。

色诺克拉底: 被别的?

(在这时,普拉克西特勒斯到了,他安静地加入了人群中,大家都心知肚明地笑着,轻轻地碰着彼此)

斯科帕斯: 是的,被女人。

色诺克拉底: 女人?什么女人?女人是不允许来到比赛现场的。

伊索克拉底: 她们能来。你想的是**已婚**的女人。其他女人如果乐意的话,是可以到比赛现场的。来的女人不会很多,但总是有一些的。

色诺克拉底: (怀疑地)比如谁?

斯科帕斯: 当然是妓女啦。她们在哪里还能找到那么多没有妻子陪伴的男人聚集在一起呢?

色诺克拉底: 多么荒唐啊!柏拉图哄骗我来这儿的时候,从来没有提起过**她们**。

柏拉图：亲爱的色诺克拉底，因为你从来不注意女人，所以我从没往那个方面想。也没有想到斯科帕斯说的那配得上你的妓女。

色诺克拉底：配得上你的妓女？配得上你的妓女？我现在身边都是些什么人啊？

斯科帕斯：冷静点，色诺克拉底。我们现在说的是希腊的荣耀。自科林斯的拉伊丝之后最美丽的女人，拉伊丝也曾出现在这里，来追求她的优博塔斯（你知道那个故事吗？不，你当然不知道）。

色诺芬：噢，我知道！柏拉图也知道。在十二届奥林匹克运动会之前，我们都在这儿，那时雅典和斯巴达还处于激战之中。科林斯的拉伊丝也出现在那届运动会上，热情地追求一个大块儿头，那个叫优博塔斯的赛跑运动员。我可以告诉你，并没有太多人观看了那一年的比赛。但是现在，我们又重聚在这里，四十八年之后，美丽的芙丽妮来了。这对于一个老者来说是多么幸运啊？

柏拉图：色诺芬，你显然是在代表你自己发言？

色诺芬：代表我自己？（看看狄翁，接着看看柏拉图，笑了）。好吧，就算是这样吧。但是她太可爱了。没有人（看着柏拉图、狄翁和色诺克拉底）——好吧，是几乎没有人——能将自己的眼睛从她身上移开，就像没有人可以把眼睛从拉伊丝身上移开一样。**这**就是为什么今天如此美妙的原因，如斯科帕斯所说。但是，为什么是我来说她呢？普拉克西特勒斯最终还是来了，有一点晚，但是可以理解。（所有人都笑了）普拉克西特勒斯，你就是她的优博塔斯，不是吗？你来告诉他吧。

普拉克西特勒斯：告诉他什么？她有多么的美？如果他从来不知道如何欣赏一个女人，我怎么能够做到这一点呢？告诉他我和她是情人？如果他对什么是情人都没有概念，我又怎么能够做到这一点呢？不消说，（沮丧地笑着）他更不能理解爱上贩卖爱情的女人的人是怎样的了。

斯科帕斯：也许你是对的，和雕像谈话就像对牛弹琴。但是——既然说到雕像——现在我明白,为什么你希望由她来担任你为尼多斯人雕塑的阿弗洛狄忒像的模特了。幸运的尼多斯人!请告诉我雕塑什么时候会完成并就位,我要搬到那里去。

普拉克西特勒斯:你可能得等上一两年,但到时候我会告诉你的。

色诺芬:我恐怕会在雕塑完成前就不在人世了。多么遗憾啊!唯一比芙丽妮穿着什么更好看的一定是芙丽妮光——

斯科帕斯:别说了,你这个老淫棍。你就不能看看周围人的眼神是多么尴尬吗?

色诺芬:他们?那么他们从芙丽妮到场的那一刻开始,直到她离场的那一刻,怎么都把眼睛牢牢地黏在她身上?当然除了……(转向柏拉图、狄翁和色诺克拉底)

斯彪西普:今天晚上开头的讨论(如果用这样一个词形容还算体面的话)实在是令人反胃地幼稚。我们好好干一杯,深吸一口气,然后将话题升升格调吧。

(大家喝酒)

斯科帕斯:什么更高的格调?我们在谈论美。连柏拉图(或者我应该说,尤其是柏拉图)都同意,没有什么比这个话题更重要了。

色诺芬:你很清楚地知道,他唯一的兴趣就是灵魂的美。

柏拉图:这大体没错,亲爱的色诺芬,但并不是全部。正如灵魂之眼赋予了我们凝视斯科帕斯所讲的"纯粹之美"的能力,肉体之眼赋予了我们凝视身体之美的能力,这包括拉伊丝和芙丽妮的美丽,这样我们就能回想起"纯粹之美"。

普拉克西特勒斯:你的意思是你会来尼多斯看我的雕像了?

柏拉图:有可能,如果我能活着看见它完工的话。苏格拉底曾经见到过那个为萨摩斯的赫拉神庙增添了荣光的美丽的赤裸**男子**的雕像,他非常欣喜。所以或许有一天我能同样欣喜地观看美丽的赤裸女子的雕像。

色诺芬：完全正确。并且你的奖赏会是,你将看到**我**本该展示给这个世界看的东西。

但是,这些所有关于芙丽妮和普拉克西特勒斯,拉伊丝和优博塔斯的谈话让我回想起上次你和我在这里见面,回想起自那以后发生的所有事情。我现在开始感觉到我余生短暂,很有必要抓住这个机会谈谈。有太多事情要谈了。

柏拉图：我也是,亲爱的朋友,我们从哪里开始呢?

色诺芬：我来提一个祝酒词吧,为怀念我们最初相见时陪伴我们的人干杯。让我们为怀念苏格拉底干杯。

(所有人喝酒)

当然,他在我们每个人的回忆里都是不同的,就像其他老师在学生们的回忆里也不尽相同。我对他的描述不像你的描述那么哲学,再加上我和他的私交并不如你和他那么深厚,但是我依然希望我对他的回忆是真实而有价值的。

柏拉图：我相信时间会证明你说的是对的。我自己所写的对话明显更哲学化,并且我从来没有说过要为大家呈现完整的传记。苏格拉底实际上是很复杂的,流传的所有关于他的描述不过是对他一些方面的描述,把所有这些都加起来可能会了解他很大一部分,但也许永远不能了解他的全部。

阿尔西达马斯：你为什么这样说?因为他从来没有用他总是促使别人自省的方式来显露自己的内心吗?

斯彪西普：但是他确实在审判的过程中这样**做**了。

阿尔西达马斯：我从来不这么认为,你在非常公共的场合对陪审团所作的自我评价,并不一定是在自己的空间里对自己私下说的话,不论你所做的是自省还是把想法写在日记这类东西上。当然,我并不是说他审判时所说的不真实;只是他所说的可能远非全部事实,要知道全部事实是非常复杂的。

斯彪西普：我不明白你的意思。什么复杂？

阿尔西达马斯：好吧，比方说，苏格拉底曾经为什么事情后悔过吗？他是否认为他曾经的某个行为是可耻的？如果有的话，是在什么场合，或者哪些场合？他对自己城邦历史或者他那个城邦伟大的艺术成就有过什么经过慎重考虑后的观点吗？除了整天谈话，并且让自己被邀请到富人的宴会上，在那里他可以继续整晚谈话之外，他还做过其他什么事情吗？

斯彪西普：阿尔西达马斯，这说法可不公允。你提的第一个问题还是合理的，但是你不能暗示他除了谈话什么都没有做。他是个勇敢的人，并且在需要的时候为他的城邦挺身而出。他曾站出来反对三十僭主，并且在阿吉纽西（Arginusae）海战之后投票反对处决将军们。你是知道这些的。

阿尔西达马斯：我很抱歉，我无心的谈话乍听起来像是指控。从你的评论说起，我很想知道除去**我们**对他的评价，苏格拉底是否也认为**自己**是勇敢的。在战争中，我们的城邦做了一些非常可怕的事情，比如屠杀弥罗斯的成年男子，让女子和孩子成为奴隶，那时苏格拉底从来没有在公共场合说过一句反对的话。我真的想知道他会怎样评价他**当时**的作为（或者说不作为）。

色诺芬：我们现在永远都不会知道了，所以我看不出继续深究这件事有什么意义。我仅仅知道他**做了**什么就已经非常满足了，不会纠结那些他没有做的事情来自寻烦恼。不管如何，他都不会出现在这儿做出回应了，所以不要再纠缠这个问题了。

阿尔西达马斯：好的，你至少了解他，所以我会听从你的要求。但是我可以问你这个问题：你是否**亲耳**听他谈过我提到的这些事情？

色诺芬：基本没有。但是我确实有一次听他谈起，他那个时代的雅典可能会成为什么更好的城邦。我认为通过这个，我们可以了解到他对于这些主题的一些思考，即使仅仅是间接地了解。

色诺克拉底:那是什么场合呢?

色诺芬:四十八年前的奥林匹克赛会——那一届我们全都被拉伊丝对优博塔斯的追求分了心。但是当大家讨论的时候,战争还是最主要的议题,政治主导了一切。当时在场的有苏格拉底,还有柏拉图和我,以及一个吵吵闹闹的智者色拉叙马霍斯。修昔底德也在那里(你记得他当时被驱逐,在伯罗奔尼撒),还有阿里斯托芬、索福克勒斯和欧里庇德斯(他刚刚准备离开去马其顿)。那是一场持续了多久的讨论啊!我肯定柏拉图还记得。

柏拉图:我怎么会忘记呢?

色诺芬:亮点绝对是苏格拉底和色拉叙马霍斯之间的争论。他们在正义这个问题上展开了唇枪舌剑,我从柏拉图所写的书中推断他们在一些年之后进行了关于同样主题的讨论,那一次在雅典。

柏拉图:是的,你说得对。我恰好两次讨论都在场,并且将第二个写了出来,这就是我的对话《理想国》。

斯科帕斯:太有趣了,那么这两次对话说的都是同样的事情,还是不同的事情呢?

柏拉图:噢,差不多是同样的事情。苏格拉底声称做正义的人永远是好的,但是色拉叙马霍斯认为这个观点很荒谬,他认为通晓事理的人都知道强权决定何为正当。

色诺芬:是的,历历在目。和你对话中开始的部分差不多。

柏拉图:**开始**的部分?

色诺芬:是的,开始的部分。那部分结束于苏格拉底说他确定正义的人比不义的人更有利,但他也承认自己确实还没有定义德性。那绝对是苏格拉底的方式,就如同我记忆中的他一样,永远不能定义任何事物,并且愿意承认这一点。

柏拉图:你是在说我书中所有其他部分都**不是**在描述苏格拉底吗?

色诺芬:确确实实。那是**你**。

柏拉图：你说什么？

色诺芬：我说了，"那是你"。

柏拉图：但是你怎么能这样说？第二次会面的时候你并**不在场**。

色诺芬：是的，但是第一次会面的时候我**在场**。

柏拉图：那又怎样？

色诺芬：很重要呢。因为我记得**你**在早前的讨论中说了什么，以及你说的**自己**关于正义城邦的观点。这听起来与你在《理想国》最后让苏格拉底所说的完全一致。唯一的新东西，并且我承认还是一个很大的创新——是关于形式（你怎么称呼它们的？）的荒谬理论——这肯定是你后来才有的疯狂想法；至少，你在奥运会时没有提起过。当然，苏格拉底也没有提到这个观点；他会认为这整个想法都是很荒谬的。

柏拉图：但是你怎么如此自信地知道苏格拉底**会**怎么想？你已经承认和他私交很浅，而我却当常了解他。

阿尔西达马斯：拜托，拜托。我们先不要讨论苏格拉底可能有什么想法。他不在这里，而我们在。让我们看看《理想国》是怎么说的，到底是柏拉图的观点还是苏格拉底的，抑或是他们两个人的观点。谁赢了？

伊索克拉底：很明显是色拉叙马霍斯。没有哪个清醒的人会认为做正义的人总是更有利。即便我们默认正义会产生更好的灵魂状态（不管这是什么意思），当我们处于一个绝对悲惨的境地时，我们不可能是"更有利"。

柏拉图：你明显没有仔细阅读《理想国》，苏格拉底毫无疑问地证明了，即便在最悲惨的处境中，正义的人也是幸福的。

伊索克拉底：好吧，也许对你来说是毫无疑问的。但他的观点在我看来完全说不通。我绝不会相信真正的苏格拉底会接受格劳孔和阿德曼托斯提出的愚蠢挑战，试图证明在任何情况下正义的人都会比不正义的人"更有利"。

柏拉图:噢,所以**你**也了解苏格拉底的心意,伊索克拉底? 和色诺芬不同,**你**从没见过他。

伊索克拉底:你这么说没有道理,柏拉图,你知道的。你自己在你先前的著作中给了足够的例子,让我们得以了解苏格拉底的主张。除了开篇部分以及和色拉叙马霍斯那场一对一的讨论外,《理想国》中的苏格拉底不是原来那个苏格拉底。

色诺芬:在我看来,伊索克拉底在这一点上是正确的。在之前苏格拉底和别人的讨论中,他有哪一次曾暗示过他持有这样一个关于正义由什么构成的夸张(并且极端不靠谱的)观点? 对我来说,他很明显是被迫坚持这个观点,来应对一个他原本绝对不会接受的疯狂挑战。至于那个关于幸福和正义完全一致的观点,他会仅仅止步于宣称幸福是某种意识状态而非感觉,谁会相信这一点呢? 如果我感到幸福,我就是幸福的,我保留嘲笑那些对我说"你可以感到幸福,或者你可以认为自己幸福,但实际上不是!"的人的权利。

柏拉图:所以你想在这一点上嘲笑苏格拉底?

色诺芬:完全不是。他并**没有**这样荒诞的观点。是**你**那个把观点强加给他。

斯科帕斯:我喜欢这样。让我们再来一杯。(喝酒)如果有什么比看两个智者争论什么是智者的正统观点更有趣的话,那就是看两个**苏格拉底**的学生为哪个是**苏格拉底的**正统观点而争吵。这比搏击还有意思。我很遗憾苏格拉底没有在场看看这个。

伊索克拉底:噢,别理他,色诺芬。快点把你刚才提出的有趣观点说完吧。

色诺芬:我是一个士兵,不是一个哲学家,但是,若是一个哲学家(不管是苏格拉底,还是柏拉图,或是他们两个一起)走入陷阱,我还是能清楚地看到的。在《理想国》中,苏格拉底(就是柏拉图的苏格拉底)通过回答格劳孔和阿德曼托斯从未真实提出的问题而获胜。**他们想知**

道的是,如果一个人因其正义一生都会受到痛苦的折磨,换言之,一辈子都**感到**巨大的痛苦,那么正义是否还总是更好的。但是苏格拉底最终回答说正义的人是幸福的,因为他的灵魂处于**均衡**的状态。但这不是问题的答案。如果我在刑架上承受漫长的折磨,或者看着我的孩子们在我眼前承受同样的折磨,谁会在乎我的灵魂是多么均衡呢?

柏拉图:我会的。无论多么痛苦,没有什么可以扰乱人因正义产生的满足感所带来的平静。

伊索克拉底:这话好像是由从来没有受过酷刑的人说出的一样。亲爱的柏拉图,如果你乐意的话,你尽管可以相信这个。但是不要把这个观点加到苏格拉底身上,他可比你明智多了。

柏拉图:但是,为什么你那么不愿意接受正义是灵魂的均衡是苏格拉底式的观点呢?

色诺芬:在我试着回答你之前,我可以问问你为什么刚才说的是"苏格拉底式的"(Socratic)而不是"苏格拉底的"(that of Socrates)吗?

色诺克拉底:这有什么不同吗?

色诺芬:我想这是有区别的,亲爱的色诺克拉底。并且柏拉图自己无疑在这一点上提醒了我们。就我来看,"苏格拉底的"观点是苏格拉底自己真正持有的。而"苏格拉底式的"观点可能仅仅意味着符合苏格拉底思想的精神,但并不必然是他明确持有的。所以我必须要问柏拉图他是否同意我刚才所做出的区分,如果同意,他是否认为灵魂三分,以及正义是灵魂三部分合宜均衡的观点是苏格拉底曾经提出的。如果他从来没有这么说过,为什么要在《理想国》中让他提出这个观点?

(长时间的沉默)

普拉克西特勒斯:我想我们需要更多的酒。(所有人喝酒,然后转而注视柏拉图)

柏拉图:经过再三考虑,我必须承认,苏格拉底从来没有以这样确切的方式来界定正义。但是我绝对肯定这符合苏格拉底基本思想的**精神**,如果面对格劳孔和阿德曼托斯的挑战,他非常有可能采取那个立场。

色诺芬:你是在告诉我们,《理想国》唯一真实的描述就是开头和智者色拉叙马霍斯的对话,而所有其他部分(事实上是全书的十分之九)都是你想象的,一旦色拉叙马霍斯退出对话,苏格拉底**可能**会如何同其他人继续谈话?

柏拉图:我觉得这种说法还需要再斟酌。为什么我们不说那后十分之九的内容是色拉叙马霍斯退出讨论后,对于苏格拉底如何回应格劳孔和阿德曼托斯的**合理预期**呢?

伊索克拉底:我看不出这有什么帮助。这完全取决于人们接受哪种关于"合理"的看法。

色诺芬:你知道,这用一种奇怪的方式将我们带回到了色拉叙马霍斯和苏格拉底(以及柏拉图)之前在这儿的争论,就在那场大仗结束前四年。因为在那场讨论中有一位聆听者提出了和柏拉图非常相似的观点。那个人就是修昔底德。据修昔底德所说,伯里克利在雅典人葬礼上的演讲只是"伯里克利在那个场合很可能会说的话,而不是他事实上所说的话",这样做并无问题。他书中所有其他演讲也是如此。修昔底德自己很明显认为这是完全可以接受的,但是根据我对那次谈话的回忆,他遇到了很多反对意见。就像伊索克拉底刚刚说的,问题的关键在于人们接受哪种关于"合理"的看法,以及背后的道理是什么。

所以,让我纯粹出于好奇问问你,亲爱的柏拉图,你自己是否觉得修昔底德的那个观点是合理的呢?

柏拉图:这还用问。在我看来他是完全合理的,并且当我将某些观点赋予苏格拉底时,我也会毫不迟疑地运用同样的原则。

阿尔西达马斯:我猜想这也同样适用于他对艺术的观点吧?他在一生中似乎热爱艺术,特别是戏剧,尤其是多次观看欧里庇德斯和阿里斯托芬的剧目。这些都是伴装的吗？

柏拉图：完全不是。我的《理想国》描绘的是一个范型式的好城邦，因此其中不会有可怕的事物，比如说坏的艺术。苏格拉底尽其所能地改善腐败的城邦，比如说当时的雅典，只要那是多少有点价值的，他就会乐在其中。

普拉克西特勒斯：但是你刚才对艺术所言似乎是你自己的观点，不论我们讨论的是不是范型式的城邦。假如我理解了你的意思（你在《理想国》中的观点太奇怪了，也许我还没有理解——事实上我希望自己完全理解错了），你似乎认为所有的艺术只是迎合了人类灵魂中最低的部分，那部分只与对食物、酒和性的本能追求相关。所以，在一个完美的城邦里，荷马、埃斯库罗斯、索福克勒斯或者欧里庇德斯都不能立足，像阿里斯托芬这样的喜剧作家也是一样。事实上，让雅典人很正当地引以为豪的每项艺术成就都无法在这个城邦中立足。所留下来的只有很少的"励志文学"，比如伊索的一些寓言，还有很多军队进行曲。在我看来，这简直就是艺术之死。

你怎么能说欧里庇德斯的那些理性的戏剧仅仅是迎合我们最低的部分呢？苏格拉底很喜欢欧里庇德斯的戏剧（苏格拉底因此还主动培养与欧里庇德斯的友谊）难道不正是因为它们引人**思考**么？

柏拉图：我能够体会你沮丧的原因，我知道当我写《理想国》时，我的艺术观（也是苏格拉底的艺术观）……

色诺芬：不，是**你的**艺术观。

柏拉图：我知道我自己，也是**苏格拉底的**艺术观，会冒犯很大一批人。但是真理远比取悦他人更重要，并且对这一艺术观我没有什么需要辩解的。

色诺芬：好吧，但是不要指望别人会相信你。也许除了色诺克拉底；他看起来已经承接了你的衣钵。

柏拉图：我希望他全部接受。但事实上他还有很多要学。这是真的吧,色诺克拉底?特别是关于接纳身体的内容。我希望你能用欣赏的眼光看待芙丽妮。这对你来说是一件好事。

(色诺克拉底怒目而视并且继续沉默,其他人笑了起来)

普拉克西特勒斯:关于你的论述还有一件事让我感到困惑,柏拉图,是这样的。你对艺术的较低评价似乎全都限定在语言类艺术上面。你对我和斯科帕斯感兴趣的艺术形式,比如说雕塑则鲜有论及。

柏拉图:你注意到这一点了?谢谢你。

普拉克西特勒斯:那是说和我想的一样吗?

柏拉图:在某些程度上,是的。事实上,我的理论很难涵盖希腊在**造型**艺术方面的一些杰出成就。

伊索克拉底:是的,要设想帕特农神庙或者遍布希腊的伟大庙宇也有道德危害还是有点难度的。

普拉克西特勒斯:或者是一些三角墙上的雕塑和那些庙宇的浮雕。我也很难想象它们中哪一个会破坏好城邦中人民的道德观。

柏拉图:你触及了一个很重要的问题,在回答之前,我得好好想一想。

斯彪西普:我记得在《理想国》的某处,你谈到灵魂的三部分"或者不管多少个部分",好像你并不是特别肯定。有没有可能其中的一部分与另外的部分是不一样的,有一些情感部分的特征,也有一些理性部分的特征,因此我们可以欣赏像美这样的事物?当然,在对话里面你花了很大篇幅来讨论,美对于年轻人所处的艺术环境的重要性,他们要想成长为城邦所需的公民就必须经历这种环境的熏陶。有一些美丽事物似乎很像是我们已经拥有的,比如是帕特农神庙,还有我们很多伟大的雕塑。

普拉克西特勒斯:我注意到你说的是我们"很多"伟大的雕塑。我想你的意思是,并非所有的雕塑都能免于柏拉图的苛责。

色诺克拉底:比如说?

普拉克西特勒斯:好吧,如果我说错了,柏拉图在这可以更正我。阿基里斯(Achilles)与赫克托(Hector)英勇搏斗的雕塑是可以留存的,但是阿基里斯趴在帕特洛克勒斯(Patroclus)的尸首上痛苦的雕塑则不会。

柏拉图:普拉克西特勒斯,你理解的完全正确。第一个雕塑为良好城邦描绘了恰当的勇士精神,而第二个则没有。在我的城邦中,男人是不会哭泣的。

色诺芬:即便对着他们死去的爱人?

柏拉图:即便对着他们死去的爱人。

斯科帕斯:但是,哭泣的是英雄**阿基里斯**。这和你那个好城邦中普通人的行为有什么关系?

柏拉图:休戚相关。我们都知道近朱者赤,近墨者黑(like influences like, and like produces like)。好的环境会有利于塑造灵魂之美;丑恶的环境同样会塑造灵魂之丑。就像**语言**艺术能传达适宜与不适宜的信息,前者有利于塑造出公民德性,而后者则导致我们在民主城邦中发现的公民灵魂的失序。**造型**艺术同样承载着信息,只有当它们承载着正确的信息时,我们才会鼓励其创作。

伊索克拉底:我很高兴你提到了那个近朱者赤的理论。在你的写作中它像个咒语一样贯穿始终。你总是简单地假设它成立,而从来没有对它进行辩护。我知道这是为什么,但是这完全没有道理。为什么**我**不能从暴力的画面中学到什么,而非要将自己引向暴力呢?有多少女人在看了欧里庇德斯的《美狄亚》之后,变成了杀害孩子的凶手?有多少人在他们感受到了阿基里斯为帕特洛克勒斯哭泣的痛苦之后,突然从好公民退步了?你在这里所倚仗的原则是荒谬的,你知道这一点。

斯科帕斯:我不能说我自己曾经对原则进行过这样或那样的**思考**。但是真正让我忧虑的是柏拉图的假设。如果我正确理解了《理想国》的话,艺术有一个目的,但是这个目的不是我们大多数人所**认为**的。对柏拉图来讲(如果我错了的话请一定更正我,柏拉图),艺术是要在好城邦里培养有德性的公民。如果艺术做到了这一点,它就要被鼓励;如果没有做到这一点,就会被从这个体系中排除出去。即便这意味着切除我们大部分遗产。

柏拉图:你又一次完全理解了我,斯科帕斯,谢谢你仔细读了我的书。我们之间对艺术的目的确实存在根深蒂固的不同理解,对此我又能说什么呢。我看到了这个领域中大多数人很明显没有看到的危险。我也知道持有这种观点人少之又少。

普拉克西特勒斯:但是我依然不认为我们的观点**完全**不同,特别是当说到我(我认为还有斯科帕斯)感兴趣的**造型**艺术时。除了柏拉图可能不希望看到的古怪作品,比如哭泣的阿基里斯的雕像,大多数庙宇以及我们绝大部分的雕塑事实上是可以在他的城邦中保留下来的,要么仅仅因为它们是美的,要么因为它们讲述了合乎道德的故事。或者是两者兼备。我在这点上说得对吗,柏拉图?

柏拉图:你说的完全正确。

斯科帕斯:所以这意味着我在泰格亚神庙的作品或者说大部分作品都可以留存了?

柏拉图:绝对可以。我自己还没有造访过那里,但是通过我所听闻的,你在那儿制作了堪称杰作的美丽雕塑,这雕塑连同雕塑所传达出来的信息绝对可以保留在我的城邦中。

斯科帕斯:我感到受宠若惊。尽管你的艺术理论是这样古怪。

普拉克西特勒斯:那么多尼斯人给我的任务,阿弗洛狄忒的雕塑呢?我等不及要知道它能不能幸存呢?

柏拉图:你还没有完成它呢。

普拉克西特勒斯:但是你对它将会是什么样子一清二楚。它将会是有史以来第一个真人大小的全裸女神雕塑。肯定有一些人,也许是大部分人将勃然大怒。

柏拉图：包括我？

普拉克西特勒斯：我想我会这么认为。但是你之前说"可能"会去看一尊女性裸体的雕像，所以也许我会得到一个惊喜。

柏拉图：你是多么观察入微啊，我亲爱的普拉克西特勒斯。让我这样回答你的问题吧。如果塑像是完全赤裸和绝对美丽的（让我们假设它是兼而有之的），就取决于雕塑它的方式会（用荷马的话来说）"让观者四肢瘫软"（我认为男性观者会占大多数），还是会让观者融化在眼前艺术作品的**美**之中。

斯科帕斯：我想我知道下面要说什么了。第一种情况是**不能**进入你的好城邦的，而第二种情况可以。

柏拉图：完全正确。

普拉克西特勒斯：现在，轮到**我**感到受宠若惊了。虽然我又一次对你刚刚所作的区分背后的理论困惑不已。让人偶尔四肢瘫软有什么问题呢？但是让我问你，柏拉图，假如我哪天完成了雕塑，你会亲自来尼多斯看吗？出于对美的重视，你不是许诺过，假如人们都传说我雕塑出全希腊（或者其他任何地方）迄今为止最美的阿弗洛狄忒雕像，你就会来尼多斯看它吗？

柏拉图：真是个好问题。答案是（为了强调而停顿）——可能会也可能不会。如果那个雕塑确实是绝美的并且也是一丝不挂的，我不认为我能够在仰视她时感觉不到灵魂最低部分被刺激的愉悦。这就足以让我**拒绝**你让我去尼多斯的邀请了。

色诺克拉底：我也是。

普拉克西特勒斯：这个邀请仅限于柏拉图，亲爱的色诺克拉底。邀请你来尼多斯就像邀请一个雕像来看另一个雕像。我为什么要浪费自己的时间这样做呢？但是柏拉图还没有对我的问题给出完整的答案呢。

柏拉图：但是，假如这个雕塑**不是**完全赤裸的——

普拉克西特勒斯:但她**会**是的!

色诺克拉底:这很明显意味着柏拉图不**可能**去看她。为什么我们要在这个问题上浪费时间?

柏拉图:不要那么心急,色诺克拉底。不完全赤裸有两种方式。

色诺芬:两种?启发一下我们。但是我认为在受到启发之前,我们都应该喝一杯。

(所有人喝酒,转而注视柏拉图)

柏拉图:好吧,一种不完全赤裸的含义是(仅仅)穿着一些轻薄的衣裳,就像现在的一些女神塑像那样。但是普拉克西特勒斯很明显不会这样做。他希望他的阿弗洛狄忒一丝不挂。

普拉克西特勒斯:确实如此。

柏拉图:好吧,另一种方式是让她不穿衣服,但是让一只手巧妙地摆放,以便于挡住(我该称呼它什么?)她的**那部分**裸体。所以她是裸露的,但是同时也遮挡了她的裸体。她是无与伦比的美丽,同时也显示出灵魂合宜的端庄。

色诺芬:这样说来,即便是考虑你那疯狂的理论,我们也取得了双赢。既传达了一堂非常好的关于女子端庄的道德教育课,同时受到视觉之美滋养的那部分灵魂也可以饱尝珍馐。

普拉克西特勒斯:让我再将这个说得明白点吧。如果你听说我的阿弗洛狄忒确实是美貌绝伦,并且确认与此同时,比如她的一只手,巧妙地摆放着遮住了她的……你就会来看我的雕塑。

柏拉图:当然。

普拉克西特勒斯:谢谢你,柏拉图。我会记得的。

斯科帕斯:我知道你也喜欢范本。美丽的事物同样是通过参照美丽的**模特**产生的。我自己已经非常明了谁将会在这个作品中担任模特了,我想普拉克西特勒斯也是如此。是吧?

柏拉图:我们都知道,除了(看着怒视着他的色诺克拉底)……让我们为芙丽妮干杯。

普拉克西特勒斯:是的。(看着柏拉图)也为明天会加入我们的另外一个美人干杯。让我们为芙丽妮,也为**狄翁**干杯!

(所有人喝酒,柏拉图笑了)

第三幕

相同的地点,除了新加入的狄翁之外相同的参与者,比赛最后一天的晚上

斯科帕斯:真是一场伟大的战车比赛!

色诺芬:是的,这马队太优秀了。

伊索克拉底:你应该知道,你是我们中这方面的专家。

色诺芬:很高兴你这么说。但是我对获奖马匹的所有者怀有和获奖马匹同样的兴趣。

色诺克拉底:我从来没有注意到。

斯科帕斯:就像你从来没有注意到芙丽妮那样。你**会**注意到什么吗?

伊索克拉底:不要对他那么严厉,斯科帕斯。如果他都不能注意到**他**有一个身体,你怎么能指望他注意到马匹也有身体,或者同样,马匹的主人也有身体呢?

伊索克拉底:再和我们说说,色诺芬。你对这个佩尔狄卡斯(Perdiccas)王有什么想法?

色诺芬:除了他开始派获胜的队伍来到奥林匹克运动会外,没什么好说的。

柏拉图:最近几年他早已在马其顿组建了一只夺冠队伍。你自己不会在寻找一支新的获胜队伍吧,色诺芬?你一定会看好斯巴达,直到

斯巴达衰落,还有忒拜(包括雅典在内的其他一些地方都很看好它),直到它衰落。你现在打算移居马其顿吗?我知道**欧里庇德斯**喜欢马其顿,但是我基本上觉得它是片荒蛮之地。

色诺芬:不,我没有打算在那儿定居。我年纪已经太大了。但是我非常清楚它是个值得关注的地方。尤其要提防着年轻的菲利普。他可能会伤害我们所有人。

德摩斯梯尼:再多说说,你是在场最了解希腊之外世界的人。

色诺芬:我不太清楚我是否愿意**说**得更多。就像柏拉图刚刚暗示的那样,我对长远未来的预测一向不准。就让我这样说吧,我不会活着看到那一天了,但是请一定记得,是色诺芬第一个提出这种可能性,当菲利普获得权力后不久,他就会开始吞食希腊。

德摩斯梯尼:我会记得的。

色诺芬:你的名字是什么来着?我开始记不住名字了?

德摩斯梯尼:德摩斯梯尼。

色诺芬:噢,是的,现在我记起来了。你开始从事公共演说了,对吧?

德摩斯梯尼:是这样的。

色诺芬:我感觉你会在以后一段时间内有很多要说的。特别是关于马其顿对我们的入侵。

伊索克拉底:你是这样想的?自从波斯人上一次企图占领希腊之后,希腊世界就陷入城邦间的纷争困顿中,我自己倒是觉得可以依靠马其顿来**拯救**希腊。首先是雅典试图对希腊世界指手画脚,接着是斯巴达,之后仅仅几年前,又换成了忒拜。现在雅典又开始大展拳脚了。哪个是真正为希腊考虑的?谁又真正意识到波斯**卷土重来**的威胁。现在,希腊分裂至此,比起上一次,我们将更容易成为波斯的战利品。

色诺芬:也许你是对的。我们许久以来一直冒着忘记波斯威胁的风险,沉溺于自身内部的争斗而无法自拔。如果雅典想着它能够从忒拜近期的挫败中获利以重建过去的帝国,它就确实是自欺欺人了。为了这个目的而与他的宿敌斯巴达合作是一个注定无望的策略。斯巴达已经完了,当忒拜人释放了斯巴达所有的奴隶时,一切就已经注定了。它现在不断被欧罗塔斯(Eurotas)山谷的敌人——包括所有之前的奴隶——团团围困。向斯巴达寻求支持就像向一个被反绑着的人求取帮助一样。

德摩斯梯尼:但是雅典肯定有比你说的更好的机会。看看它为自己重建的庞大舰队,再看看它在过去两年内为自己筑造的战略联盟。**我想我们有很好的**机会创造出一个新的雅典帝国。

色诺芬:我亲爱的德摩斯梯尼,你太年轻了,你得听听一个年已耄耋,阅历丰富,变得无疑非常愤世嫉俗的人的话。在我看来,正是你的这种观点有百害而无一利。应该是时候停止纠缠于雅典、斯巴达和忒拜,要开始想想希腊了。不然就会像伊索克拉底想的那样,我们有一天会发现自己被波斯永远完全征服了,或者,按照**我的**预测,我们不是被波斯,而是被来自北方生气勃勃的新手马其顿征服。不管是哪一个,我们都完蛋了,到那时回过头再看我们所有自相残杀的争斗就只是一些对过去的猎奇而已。

德摩斯梯尼:噢,这太耸人听闻了。雅典是一个伟大的城邦,并且我肯定它会重振荣光。当然(极力寻找一个合适的词)**一般**而论,我支持希腊,但是雅典就是雅典;这个地方让希腊扬名,并且它还会继续让希腊扬名。它是我的城邦,是我会用生命去捍卫的地方。

色诺芬:我从不怀疑你会这样做。但是我认为你所坚持的是一项无意义的事业。假如,我能被允许对**不久**的将来做一个预言(人群中发出笑声),我觉得雅典这新近出现的帝国野心至多撑不过五年,之后就会终结。再之后,就会是马其顿的时代。

色诺克拉底:那么雅典会**变成**什么样呢,请问?

色诺芬:它还会是一个伟大的城邦。丰碑仍然会在那里。它的图书馆,它的哲学家。但是它将只是自己过去的影子。权力将永远归于它处——非常有可能是马其顿,也许是波斯,或者最终在一些我们还没关注到的其他地方。

伊索克拉底:我想你对雅典现在重振帝国的野心的判断是准确的。它没有任何机会了。但是在我看来,马其顿并没有你认为得那么危险。如果希腊被波斯攻破,马其顿也会被波斯征服。马其顿是很强大,但是还没有强大到能承受波斯的全力进攻。我想他们知道这一点。这就是我为何推断,他们应该非常愿意帮助希腊在马其顿的领导下团结起来,从而让波斯面对一个面积更辽阔、相互更团结、力量更强大的敌人。足够强大到可以考虑在波斯与其开战,并且一劳永逸地摧毁波斯。

色诺芬:听起来很好!但是我希望你对马其顿所拥有的善意判断正确。

德摩斯梯尼:痴心妄想。你这个看法恰恰是错误的,伊索克拉底。如果马其顿人像我所推测的那样最终入侵希腊,他们到这里来不会是为了帮助我们的。**他们入侵的理由与波斯是一样的——统治希腊。**

色诺芬:这不正是个很好的理由来暂时忘掉雅典和它的新帝国主义野心,而将希腊团结起来抵御威胁吗?为什么你不能从雅典、斯巴达和忒拜这三个城邦轮番试图建立他们自己小帝国的失败中吸取教训呢?如果希腊想幸存下去,唯有通过联合才能做到,别无他法。

阿尔西达马斯:色诺芬你自己很显然从最喜欢的斯巴达的经历中吸取了一些教训。谁会想象到斯巴达会战败呢?

色诺芬:事实上,我会。

色诺克拉底:你会?

色诺芬:是的,任何读过修昔底德对发生在雅典和斯巴达之间的那场大战叙述的人都会注意到,一个意料之外的偶然事件可以改变战争的一切,或者是颠覆一个城邦的命运。

斯彪西普:我想你说的这些对斯巴达来说也是合适的。

色诺芬:当然。我肯定人们可以举出很多这样的事件,但是对我来说最重要的一件事是,斯巴达奴役的城市麦西尼亚的反叛,奴隶们受到来自忒拜的支持。丧失了所有的奴隶,并且这些奴隶全变成了敌人是难以设想的,但它还是发生了。在那之后,斯巴达就完了。

德摩斯梯尼:这是看待事件的**一种**方法。但是肯定还有其他方式来看待这件事。

色诺芬:那是?

德摩斯梯尼:要从中吸取一个教训,永远不要对奴隶丧失控制。

色诺芬:但是如果你不小心丧失了呢?

德摩斯梯尼:那么就要无情地镇压起义。

色诺芬:这话说得像是一个毫无经验的年轻人。

阿尔西达马斯:当然还可以吸取另一个教训,一个好得多的教训。

柏拉图:我想我知道你要说什么。你在不久之前发表过一个长篇演说。

阿尔西达马斯:是的,在斯巴达人被忒拜人打败后,我确实有机会对他们说一些话。

柏拉图:我记得你说了一些关于奴隶制的非常具有革命性的话。你说什么来着?

阿尔西达马斯:如果我没有记错的话,我说"神让所有人自由,自然没有让任何人成为奴隶"。当时我向斯巴达人建议给他们的奴隶城邦麦西尼亚自由,那个城邦作为斯巴达奴隶的来源,已经为他们供给奴隶几百年了。

亚里士多德:有趣。但是哪个头脑正常的人会这么说?每个人都知道有些人依据**自然**(用你的话讲)就是**奴隶**。

阿尔西达马斯:每个人? 我知道**你们**这些人(看着柏拉图和亚里士多德)会想这么说的,你们总是坚持事情本质上是这样,本质上是那样,或者自然是这样,自然是那样。但是我们智者(不,是我们之中的

一些智者[他看着伊索克拉底,伊索克拉底回避了他的眼神])没有义务这样说。我们不认为语言中的统称词必然指涉形式上真实的事物,不管它是"在世界之外的某处"(这是你刚才的说法,对吧,柏拉图?)的形式(Form),或者像亚里士多德说的这个世界中事物的形式(form)。一些统称词确实指称真实事物的普遍特征,另外一些仅仅是帮助我们和别人交流并更好地理解我们如何看待世界。

亚里士多德:那么"奴隶制"属于后者?

阿尔西达马斯:说得对。我们是创造词汇的人,并且用之来形容特定类型的人。但是不论我们如何形容,他们还都是人。

色诺克拉底:但是你并不是要告诉我们没有奴隶存在吧,你当真?

阿尔西达马斯:当然不是。有成千上万的奴隶存在。你甚至可以说有一些阶层的人终其一生,或者部分人生都在被奴役。他们中一些人可能是战争时被俘虏的囚犯,或者是已经被奴役的父母的孩子等等。但是他们并不具有使他们构成"自然"奴隶阶级的特征。

亚里士多德:但是有一些人确实有这样的特质。比如说能听从理性但不能运用理性。

阿尔西达马斯:至少我们现在清楚地知道了我们的分歧何在。在你看来,亚里士多德,一些人是自然的(或者用你的话说,"本质上的")奴隶,而人类语言中的"奴隶"和"奴隶制"佐证了这一事实。而在我看来一些人最终成为奴隶,或者生来就是奴隶,而我们自己发明了一种语言或者用我们已经有的语言来形容它。语言并不是从一开始就永远不变的,并总是形容一些永不改变事物的。

柏拉图:但是语言肯定就**在**那儿。它一直都在那儿。我们并没有发明它。事物**确实是**永不改变的。伟大的造物者就是那样**创造**它们的。

伊索克拉底:但是你为什么要那样说?为什么语言不能是像恩培多克勒所说的**事物**演变的方式,演变成它现在的那个样子?为什么事物应该永远是那个样子,为什么语言应该永远都是现在这个样子?

斯科帕斯:在柏拉图(或者亚里士多德)回答你之前,我想说他们的学说都非常有道理。不同种类的事物一直都是它们现在这个样子,并且永远会是这个样子。猫和狗,即便是最微小的细节也一直是这个样子,并且永远不会改变。同样的情况也适用于语言,从来没有也永远也不会有任何改变。也许更重要的是,这些永恒的语言是我们理解这个世界的向导,就像一盏明灯永远照耀着事物。这在大部分情况下是成立的,当然有一些时候会不成立。

色诺克拉底:比如说什么时候?

斯科帕斯:好吧,让我说说**我**了解的东西,雕塑。让我们说说普拉克西特勒斯有朝一日要制作的阿弗洛狄忒雕像。

普拉克西特勒斯:好吧。

斯科帕斯:因为在我们的语言里有"美"这个词,我们可以因此推断**存在**美这样的事物,并且要问"它在哪里?"至少柏拉图和亚里士多德会这样想。但依我看,这恰恰是把事情搞错了。因为我有一只猎犬埃阿斯(Ajax),也不时看见很多其他的狗,我确实**可以**非常有根据地说,"狗"这个词确实指称某物——因为狗确实存在。我自己亲眼所见就是证据。从马到蚂蚁的大多数词汇也是如此。

但是一个像"美"(或"真"、"善")这样的词呢?将普拉克西特勒斯的阿弗洛狄忒称为"美的"是合理的,甚至可以对她的美进行讨论,但是四处寻找称作"美"的事物看起来就很荒谬了,认为找到了它之后,还能像柏拉图和亚里士多德说的那样准确说出它居于何处,就更加荒谬了。

柏拉图:但是荒谬的肯定是你,斯科帕斯。你是一个被美环绕,并创造美的雕塑家,但是你竟然不相信美?

斯科帕斯:冒着被你说我荒谬的风险,我依然想要区分作为实体的美和作为语言中有用词汇的美。像苏格拉底偶尔会用的那种悖论性的说法,我要说这个世界充斥着美,但是没有美这样一个事物。

阿尔西达马斯:你在嘲笑我们**智者**的文字游戏吗?

(笑声四起)

斯科帕斯:我的同伴很明显传染了我!但是请让我强调一下我的观点,只是为了让柏拉图和亚里士多德向我指出我如何误入歧途。对我来说,奴隶制这词就像美一样是人的发明,来满足我们的需要。它所描绘的既不是真的,也不是事物的**本质**。

伊索克拉底:我希望,你不是在说这应该是我们抛弃奴隶制的原因吧?我赞同你说的我们是语言的创造者,以及**当然**没有**自然**奴隶(或者用亚里士多德的术语说,**本质上**的奴隶),但是我并不认为有任何必要放弃我拥有的优秀奴隶。

阿尔西达马斯:我很高兴你至少支持我的这个哲学观点,伊索克拉底,虽然我对你很明显不愿意面对其后果有些懊恼。

斯科帕斯:作为幸福的雕塑者,我并非哲人,但我很好奇地看到一些智者又一次讨论这个问题,更好奇的是发现他们达成了如此卓越的**共识**。谁会料到,在苏格拉底和柏拉图攻击智者世界观中的道德缺陷之后,是一个**智者**而不是他们自己最后宣称奴隶制是一种暴行。这值得我们再喝一杯。

(阿尔西达马斯、伊索克拉底和斯科帕斯喝酒;其他人没有喝。)

亚里士多德:我看不到任何值得庆祝的原因。**当然**有一些人依据自然只适于被奴役。这与人的天资相关,或者说与人的秉性相关,如果你愿意这样表述的话,**他们的**秉性就是要居于从属地位。奴隶是工具,只是拥有灵魂的工具。只不过他们的灵魂等级非常低,可以听从理性的命令,就像我说的那样,但是他们并不拥有理性。

斯科帕斯:所以当他们被告知如何做时知道怎么做,但是不可能明白为什么这么做。

亚里士多德:这不是我的原话,但是,差不多就是这样。

斯科帕斯：在战争中被俘的囚犯也是这样的吗？

亚里士多德：你指的是在战争中被俘的**希腊人**？

斯科帕斯：是的。

亚里士多德：他们是被奴役的，在那个意义上我们**称**他们为奴隶；但是那是不同的。我非常乐意称他们为"被奴役的囚犯"，但那是一个很啰嗦的说法，我想大多数人都会很快将它摒弃，并开始重新称它们为奴隶。虽然我知道这在某些人之中引发了一些焦虑。

斯科帕斯：那么那些**外国的**俘虏呢——比方说，波斯人？

亚里士多德：哦，他们就是野蛮人，他们是**自然奴隶**。

阿尔西达马斯：他是你的学生，柏拉图。你赞同他的这个看法吗？

柏拉图：不是很赞同。我从来不倾向于称呼任何人为"自然"奴隶。但这并不是说我们不需要奴隶，我们怎么能够想象没有他们？你可以吗？你说我们最初都是自由的，这带来了很大麻烦，但这恰恰是说现在不是每个人都是自由的。我们正在讨论的就是现在。你肯定不是说我们释放奴隶就万事大吉了吧？

阿尔西达马斯：事实上，我是这个意思。当然，在一开始会有问题，直到我们找到应对之策为止，但这不能被视为坚守一个可怕制度的原因。

亚里士多德：但这是很荒诞的。我们怎么能有主人而没有奴隶？

阿尔西达马斯：我们又回到了这里。语言指示现实。我们在语言中有"主人"和"奴隶"这两个**词**，所以你说肯定**存在**主人和奴隶。当然这两个概念是彼此**联系**的，如果这是你的意思的话。奴隶是相对于主人的奴隶。但是谁规定从一开始就有主人和奴隶呢？他们只是我们发明出来用以满足我们需求的词语。

柏拉图：当然，阿尔西达马斯，在这里我们有深刻的分歧。我自己坚信伟大的造物主制造了恰当的语言来反映这个世界，并且也反映事物是怎样与其他事物联系的。我也相信，很多人会本能地认同我的这个观点。

阿尔西达马斯:有可能,但那是相信的理由吗?大部分人仍认为地球是平的,我相信在很长一段时间内,人们还会这么想。大多数人的信念与真理何干?

柏拉图:我明白你的意思。但是我想我们仍能在一件事上达成共识:虐待奴隶就是对我们这些自由人的自我贬低,并在证实之后要合理地受到惩罚。

阿尔西达马斯:是的,我们同意。我很遗憾我们在其他方面不能达成共识。比如说我们所做的不仅仅是自我贬低。比如说,假如奴隶被认为**自然**就是那个样子,那我们有时给予奴隶自由不是很奇怪吗?(看着柏拉图)

柏拉图:我想这个问题应该提给我的学生。是亚里士多德坚信"自然"奴隶这个概念。

亚里士多德:我同意允许这样获得自由的奴隶成为公民,允许他们行使完全的公民权利是非常奇怪的。人们很快就会发现,他们对**自己**所拥有奴隶的所作所为要比**自己**做奴隶时所受的虐待还要糟糕得多。城邦最多能允许,少量获得自由的奴隶在城邦中从事仅需奴隶的禀赋就能完成的事务。

色诺芬:所以,假如我释放了自己的一个家奴,他能在叙拉古的矿中运用自己奴隶的禀赋,而现在则要付给他钱?

亚里士多德:非常正确。对他被察知的良好表现的奖励就是自由,但是在行使那种自由时,他并没有给城邦造成任何麻烦,他的表现也继续证实了我的观点,即在他的新生活中,不管是天资还是脾性方面,他还是具有自然奴性的。

伊索克拉底:看来为无法辩护的事情固执狡辩是你们哲学家的共性。以我自家的两个奴隶为例。他们来自塞西亚(Schythia),不能读写,在这一点上,他们就像大多数希腊人一样。但是,与希腊人不同的是,他们从不学我们的语言,他们年纪很大,他们唯一能做到的就是学会辨识几个希腊语的命令并且服从它们(假如他们知道什么对他们有利,那就是……)。所以对无知的希腊人而言(之中也包括一小部分哲学家),他们总是显得特别愚蠢;他们说的语言对只使用一种语言的希腊人来说,听起来像叭叭叭叭(bababababa),所以他们将永远是野蛮人(barbarians),因此也是愚蠢的。因为聪明的人理所当然都是说希腊语的。所以我的两个塞西亚人是"自然的"(用亚里士多德的词汇)奴隶。

但这太愚蠢了!根据同样的论证,**我们**在这些塞西亚人眼中,也都是自然奴隶。无论我们如何看待我们珍视的语言,它在世界其他地区的人听来也是叭叭叭的。据我所知,我那两个塞西亚奴隶如果处于更有利的环境下要比我聪明得多,也许也是比我好得多的人。所以,为什么我们不停止讨论这个荒谬的话题?提到塞西亚人让我想到一些更加迫切的事情,也许这些事情会让我们达成一些共识。狄翁,我们所听到的是真的吗?你是想结束流放回到叙拉古,从狄奥尼修斯那里夺回政权吗?

狄翁:谣言传得真快。我们可以说这只是我脑中一闪而过的想法吗?

伊索克拉底:绝对不只如此。斯彪西普,你不这样认为吗?

斯彪西普:好吧,我确实一直非常鼓励他这样做,我希望最终能成功。

伊索克拉底:我想你对这件事情有一些想法吧,柏拉图?如果爱人不能给出建议,还有什么用?特别是在关乎生死的问题上。

狄翁:生与死?你说的太直白了。

柏拉图:我想没有那么直白。上两次去叙拉古宫廷的经历让我非常强烈地预感到,假如狄翁结束流亡回到西西里,会将自己置于极度危险的境地。但是这些天,他只听斯彪西普的,而不听我的话。也许事情就应该是这样。我告诉他,我对他返回西西里会面临的生命危险担心,而斯彪西普却用苏格拉底的话强调这个计划是"高贵的冒险",是德性的最高表达。假如他最终采纳了斯彪西普的建议,我一方面会继续为他的生命担心,另一方面也会羡慕他的英勇。

伊索克拉底:再跟我们说说你将为西西里带去什么,狄翁,如果你有机会掌权的话。当下,那里是僭主在统治,并且已经持续了很长一段时间了。你的统治会有什么不同吗?比方说,你会给人们带去民主吗?

狄翁:当然不会。我会采用仁慈的专制。

伊索克拉底:你认为他们会接受吗?

狄翁:是的。我非常了解西西里人。

伊索克拉底:我希望你能活到让我们看到你是对的那一天。

斯科帕斯:在你心中是否有你说的仁慈专制的范本?

狄翁:我需要回答这个问题吗?

斯科帕斯:好吧,柏拉图自己似乎在西西里应用那个范本的问题上没有任何进展。但是我想我应该让**他**来说说这个。

柏拉图:你说得不错。我在西西里的经历是对将类似《理想国》中的城邦付诸实践的沉重打击。但这并不是说我曾经对这事儿**有过**很高的期望。

色诺芬:你没有吗?很多人都认为你是带着这种期望去那里的。

柏拉图:他们显然没有非常仔细阅读我的《理想国》。在书中的两处地方,我确实很乐观地谈到正义城邦实现的可能性,但是当我第三次和最后一次谈到这个问题时,你会记得,我变得不那么乐观了。这是我最终的观点。

但是我已经习惯于被误解了。所有的人都乐意去谈论《理想国》中包含的更加革命性的城邦政治观念。我关于实在、知识以及灵魂本性的理论都被忽略了。但没有这些,所有的事情就都没了根基。

这并不是说它们对现在的讨论很重要。

阿尔西达马斯:你的意思是?

柏拉图:好吧,《理想国》现在给我的感觉是许多年前写的东西。

这是好城邦的**范型**,现在我开始感觉需要讨论确实有可能由鲜活的希腊人实现的非范型的城邦。假如人们如此严重地误解了我的范型城邦,也许我能有更好的机会用他们可以认同的**次优城邦**来说服他们。

阿尔西达马斯:你现在已经写出来什么了吗?

柏拉图:还没有。在我开始动笔之前,还有一些其他的东西要写。

色诺芬:但是你已经有了一些大致的想法了吧。

柏拉图:一点点。我将不那么依赖有德性的领袖,更多依靠好的法律。我非常确定我将会有一个非常不同的正义理论。

色诺芬:但是你的正义理论是《理想国》的核心啊。

柏拉图:是的。假如人们觉得我第一次的论述非常激进的话,他们要做好准备,因为我的第二个想法也同样激进。我还是个革命者。

阿尔西达马斯:这一次你会对民主态度友好点吗?

柏拉图:对这个问题,我还是必须进一步澄清自己的想法。但是如果撰写次优城邦需要在这方面进行调整的话,我也会的。

伊索克拉底:那我们智者的日子会好过一点吗?

柏拉图:绝对不会。你们这些人——虽然作为个人来讲是有魅力的——还是我所知道的理性思考的最大敌人。你们最雄辩的演讲者曾经说过"人是万物的尺度";而我现在想说"**神**是万物的尺度",并且不怕你来挑战我。

阿尔西达马斯:我等不及要看这本书了——还有你的论证。它听起来和你平时所说的一样匪夷所思,并且现在还有你年老睿智的保证。

柏拉图:你还要等一段时间。我并不准备在三四年内动笔,它还要十年的时间写就。

色诺芬:和我不同,亲爱的柏拉图,你看起来有足够充沛的精力来完成它。你有可能完成它,虽然我可能活不到那一天了。

普拉克西特勒斯:我希望能看到它。到那时,我的阿弗洛狄忒也完成了。我希望你会来看它。

柏拉图: 那个我不能保证,但是你已经听见我对那雕像的评价,这也许会让你满意。

普拉克西特勒斯: 当然,我很自豪。

斯科帕斯: 普拉克西特勒斯,在我们最终离开这次奥运会之前,让我问你最后一个问题。你是否会利用这次机会询问令人愉悦的芙丽妮,她是否愿意作你雕像的模特?

普拉克西特勒斯: 与芙丽妮这样的女人陷入爱恋的男人一心只想着(我应该怎么说?)迫切的事儿,而无暇考虑别的了。当雕塑塑成的时候再问我吧。让我们为友谊、为美、为芙丽妮和阿弗洛狄忒的美丽干一杯。

(所有人喝酒,除了色诺克拉底,所有人转向他,在他的怒视下,众人大笑不止。)

尾 声

公元前352年奥运会的精灵进场,说话。

色诺芬是对的,他日益衰老,他在360年的奥运会举行四年之后就去世了。他对雅典的判断也是正确的,她想建立第二帝国的荒谬野心在四五年之后就崩塌了,并再也没有崛起的迹象。至于马其顿,他的判断也是对的。在色诺芬做出了他的预言之后,菲利普掌握了政权,从此以后变得日益强大。需要补充的是,伊索克拉底依然相信菲利普可能是希腊人的救星,最终将会团结希腊人抵御共同的敌人波斯。与此同时,年轻的德摩斯梯尼成为雅典最有才华的演说家,发表了很多雄辩的演说,控诉那个他一直坚信是雅典最大的敌人——马其顿的菲利普。

年轻的亚里士多德一直在进步,冷静地摧毁了柏拉图哲学的一些基本原则。而智者仍然还是智者,伊索克拉底是杰出的代表,用富丽堂皇和甜美动人的散文迷惑这个世界。而阿尔西达马斯则继续嘲笑它。

在写了很多对话之后,柏拉图依旧文思泉涌,他基本完成了他提过的关于次优城邦的对话。虽然年事已高,他的精力之旺盛依然令人吃惊,但是也变得非常抑郁。他的爱人狄翁死了,伤害狄翁的是他一直自信会支持他的西西里人。在这种情况下,他能否完成作品是大家都在背后讨论的事情。

由于斯彪西普和色诺克拉底这两个重要人物的加入,学园变得愈加繁荣。有很多人都在讨论柏拉图死后,他们两个中谁会成为继任者,因为柏拉图确实时日无多了。和柏拉图在一起,他们现在被称之为"柏拉图主义者",好像他们曾是某个学派的成员,尽管我们并不知道柏拉图自己对这个称呼是否满意。

斯科帕斯依然是个杰出的雕塑家,每个人都在谈论他在哈利卡尔那索斯的莫索鲁斯(Mausolus of Halicarnassus)王的巨大坟墓的伟大雕塑。人们用非凡的语汇来形容那雕塑,很多人都称这个坟墓为世界的一大奇迹,堪比埃及的金字塔。

那么普拉克西特勒斯呢?普拉克西特勒斯又如何?

他履行了自己的诺言。这作品和其他的任务一起,花费了他七年时间,他最终还是完成了他为尼多斯人制作的阿弗洛狄忒雕像。他当然知道这个雕塑会是饱含争议之作,所以给了他们两个选择:一个传统的,穿着衣服(好吧,是半穿衣服的)的阿弗洛狄忒;还有一个全裸的阿弗洛狄忒。不,还是容我表述的更精确点:一个是半裸的阿弗洛狄忒;还有一个全裸的阿弗洛狄忒,但她的手很巧妙地摆放在了恰当的位置,恰好遮住了她的……她的……(好吧,你懂的)。这个安排很成功。他们立刻选择了那个全裸的雕塑,尼多斯从此声名远扬。

柏拉图来看过那个雕塑么?还没有。但是他还活着,谁知道以后会发生什么。

下次奥运会再说吧!

(喝酒)

第108届奥运会：陷入困境的柏拉图

第一幕

奥林匹亚，第108届奥林匹克运动会（公元前348年）

运动会的第二天，体育赛事结束的夜晚。

一群文人聚在一起喝酒和讨论，在前一天，他们已经在各种活动中相遇。在场的有哲学家柏拉图和他的学生亚里士多德、斯彪西普和色诺克拉底，智者——修辞学家阿尔西达马斯和伊索克拉底，公共演说家德摩斯梯尼以及雕塑家普拉克西特勒斯。

普拉克西特勒斯普最后一个到场，除了色诺克拉底外，所有人都笑了。

阿尔西达马斯：他又是如此。

德摩斯梯尼：谁？普拉克西特勒斯？

阿尔西达马斯：不，但是我猜到他也一样。（所有人——除了色诺克拉底——都看着普拉克西特勒斯大笑，普拉克西特勒斯愣了一下，然后就大声地笑起来）我说的是菲利普！这个强人总是确保他们的队伍赢得马车比赛的胜利。这已经是三连冠了。都让人感觉有点乏味了。他什么时候才会停止呢？

德摩斯梯尼：也许当他最终占领希腊的时候吧。也许那个时候都不会停下来。

伊索克拉底：噢，德摩斯梯尼，你太针对那个人了。他**当然**是一个非常强大的人。但是你**非要**把他看作永远的敌人吗？不出所料，你对他最近一次的抨击就是关于他在马车比赛中取得的胜利。

普拉克西特勒斯：拜托，让我们稍后再谈论政治吧，伊索克拉底。我们就不能有片刻时间享受一下比赛吗？他的马匹非常棒，不是吗？如果马其顿人都能和这些马媲美的话，我就要到那里长待下去了。雅典已经不行了，我们能做的只有改变。

德摩斯梯尼：哦，普拉克西特勒斯，你太令人无法忍受了。你和你软弱无力的雕塑，还有你那昂贵的妓女，芙丽妮。

普拉克西特勒斯：请称她为"伴侣"，德摩斯梯尼，这可是有区别的。

德摩斯梯尼：你说得对，她们是非常**昂贵**的妓女。她们只接受礼物，而不是像现金这样粗俗的东西。为什么你不能别再让她出现在比赛现场来亵渎比赛了呢？如果你谋求改变，为什么不把兴趣放在拯救你的城邦上面。等野蛮人哪天进攻到城门口的时候，你还可以谈谈漂亮的马其顿战马，因为他骑着它们之中的一匹进入了我们的城邦。

阿尔西达马斯：什么惹到你了，德摩斯梯尼？芙丽妮的出现有什么问题么？这是优良的传统哩，她让普拉克西特勒斯高兴，也让很多其他男人们高兴。唯一一个没有注意到她的人就是色诺克拉底。但是他也不会留意到她。色诺克拉底，你来这儿干什么？你平时似乎很讨厌身体性的东西，看来你真的是来错地方了，就和上次一样。

色诺克拉底：还是你了解我；我憎恨体育比赛。

普拉克西特勒斯：那你为什么又来了？

色诺克拉底：和上次一样的原因。我的老师坚持我应该跟随他来。他喜欢体育比赛，并且向我保证这是为了我好。

德摩斯梯尼：真是这样吗，柏拉图？

柏拉图:完全正确。色诺克拉底对身体的看法太过负面了。并且,奥运会对于试着帮他转为欣赏体育运动是有利的。这是我上次也带他来的原因。

德摩斯梯尼:有效果吗?

柏拉图:不太理想,他上次也没有注意到芙丽妮,并且在看搏击比赛的时候几乎吐了。

普拉克西特勒斯:他一定是疯了。除了在赛会上,哪里还可以让人如此集中地欣赏雄伟的男性裸体——

阿尔西达马斯:更别说雕像般的芙丽妮了。

普拉克西特勒斯:噢,够了,阿尔西达马斯。你就是嫉妒了,当然,你们中的很多人,除了色诺克拉底都嫉妒了。我们为男性和女性华美的裸体干一杯。色诺克拉底,你可以不喝。

(除了色诺克拉底之外大家喝酒。)

阿尔西达马斯:说到雕像般的芙丽妮,她已经完成为你准备给尼多斯人雕塑的阿佛洛狄特雕像摆造型的工作了吗?

普拉克西特勒斯:是的,完成了。

德摩斯梯尼:后来怎么样了呢?

普拉克西特勒斯:这个说来话长了。我确实不知道一个裸体女神雕塑是否能让他们满意,所以我给了他们两个选择:一个是穿着衣服的,另一个是裸体的。

德摩斯梯尼:然后呢?

普拉克西特勒斯:根本就没有争议,他们看了一眼裸体女神的雕塑,就决定选这个了。那个雕塑现在是尼多斯最引以为傲的珍藏了。人们从各地蜂拥而来去看她。

色诺克拉底:太恶心了,你的意思是那些人可以围着一个完全赤裸的女神像转来转去地看?

普拉克西特勒斯:也不完全是。我确保她的手很巧妙地放在前面,挡住了她的……

柏拉图：噢，是的，当然。我记得上次见面的时候我们谈论过那个可能性。

普拉克西特勒斯：亲爱的柏拉图，我真希望你记得！因为我这样雕塑完全是为了取悦你。你会想起这个的，我相信，不像我们这儿这位讨厌身体的朋友（大家都回头看色诺克拉底），只要没什么能够刺激你的——你怎么说来着——"欲望的灵魂"，你自己在原则上并不反对裸体的男神塑像**或女神塑像**？

阿尔西达马斯：他指的是他的阴茎。但是请继续。

柏拉图：你太敏感了，阿尔西达马斯。不过你说对了一部分。阴茎勃起的情况在一定程度上确实是我欲望的灵魂被唤醒的一个征兆。

普拉克西特勒斯：但是你确实暗示，巧妙放置的阿弗洛狄忒的手很可能让你将全部精力放在雕像整体的美上面。

柏拉图：我说过，但是我想（或者说希望）我说的是"**可能会让我**"而不是"**很可能会让我**"。

普拉克西特勒斯：如果你恰巧在尼多斯地区，你会想要冒这个风险去试一试吗？

柏拉图：当然，为什么不去呢？（尽管事实上我现在不可能再有机会去那个地区了。）但是从我听说的来看，那个雕像是一个世界奇迹。哪一个热爱美的人会放弃欣赏它的机会呢？

阿尔西达马斯：我肯定所有这些都大大提升了芙丽妮的生意。

普拉克西特勒斯：可能吧，但这不是我们谈论的主题。

阿尔西达马斯：我推断，这肯定让你接到了另一个大任务。

亚里士多德：你是说所有人都在谈论的赫尔墨斯雕像。

阿尔西达马斯：是的，另一个伟大的软弱无力的美人。普拉克西特勒斯，我倒希望你会为他增加一些动感。比如说，一个漂亮的古希腊搏击，赫拉克勒斯（Hercules）与一些猛兽或其他什么搏斗。你每次都来运动会并且观看所有这些运动中漂亮的庞然大物,但是看起来你从来没有想过把他们**雕成**青铜或者大理石像。

普拉克西特勒斯:亲爱的阿尔西达马斯,你**注意**到这些了。好敏锐的洞察力啊!真伤心斯科帕斯刚刚过世了。我肯定他本**可以**充分满足你的要求。

阿尔西达马斯:你可能是对的。我觉得他并没有完全离开我们。只要泰格亚屹立的神庙,还有莫索鲁斯王的宏伟坟墓不倒,他就仍然活着。人们已经开始从各地启程去看它了。如果老莫索鲁斯曾希望他的名字永世长存的话,他也许已经达成了愿望。

德摩斯梯尼:我们都知道的另外一个人仍以莫索鲁斯的名义从事着他的事业。

伊索克拉底:我们需要猜猜他是谁吗?

德摩斯梯尼:没错,在我们被彻底践踏之前,必须要阻止马其顿帝国的菲利普。

伊索克拉底:胡说,这个人更像是要拯救而不是摧毁我们。我们需要恐惧的是波斯人。

德摩斯梯尼:这多么不靠谱啊?波斯人**当然**是希腊人的一个威胁,但菲利普却更加急迫、更加危险。在我们设法建立伊索克拉底式的泛希腊联盟之前,菲利普就可以进军南下,把整个希腊侵吞了。现在唯一能做的事情,就是集合我们所有的力量攻击他、打败他,尽管我们现在还没有统一起来。

伊索克拉底:德摩斯梯尼,你在做梦。他会一个接一个地摧毁我们。

德摩斯梯尼:雅典除外。

伊索克拉底:不,雅典也一样!自从伯罗奔尼撒战争以斯巴达获胜告终之后,雅典就已经彻底完了。雅典的唯一希望就在于泛希腊联盟。

阿尔西达马斯:我似乎以前听过这个说法。你们两个没有什么新观点要说吗？比如说，如果菲利普占领了雅典，雅典会变好还是变差。

德摩斯梯尼：这是一个荒谬的问题。

阿尔西达马斯：真的吗？我不确定柏拉图会这样想。据我回忆，他认为雅典非常糟糕，只排在僭政之上。

柏拉图：这么说来，人们还在阅读我的《理想国》，很明显还包括一些智者。也许，我应该感到荣幸。但事实上我已经开始有一些新的思考了。

普拉克西特勒斯：你已经有新的想法了，给我们讲一讲吧？

柏拉图：好的，我从来没有放弃将《理想国》作为美好城邦的范型，但是我现在更感兴趣的是由鲜活的、会犯错误的希腊人构建的真实城邦会是什么样子。这将是一副完全不同的景象。

普拉克西特勒斯：你现在正在写这个吗？

柏拉图：我已经写了几年了。

德摩斯梯尼：接近完成了吗？

柏拉图：噢，还有一年的时间大概就完成了，如果我能活那么久的话。但是大部分已经接近完成了。

德摩斯梯尼：你说这个会和你在《理想国》中的描述有非常大的不同，是在小细节上还是在大问题上呢？

柏拉图：两方面都有，阿尔西达马斯。就拿我在《理想国》中认为民主是一种仅仅高于僭政的政治制度来说吧。这是事实，但是在我们生活的世界中（我的新对话就是讨论这个的），如果结合适度的自上而下的管理，民主在我看来事实上是构成最好城邦的一部分。

阿尔西达马斯：令人惊讶！这又将我们带回到了菲利普。假如，举例来说，菲利普占领了雅典又将雅典变成了这样一个地方，它基本上是民主体制，但是又有一些来自马其顿的适宜的管理，这样的雅典在你看来会比现在好得多吗？

柏拉图：我不准备回应假想的政治问题。但是我知道人们会怎么论证它。

德摩斯梯尼：多么荒谬啊！他是个野蛮人。

阿尔西达马斯：我们希腊人肯定不是野蛮人？

亚里士多德：我们又回到那个老话题了。尽管"野蛮人"指的是那些不说希腊语,而是发出在我们听起来叭叭叭的声音的人,但野蛮人依据自然就是希腊人的**奴隶**,被菲利普统治是悖逆事物自然秩序的。

阿尔西达马斯：我看到你一点都没有变,亚里士多德。我很高兴地告诉你,我也没有变。但是,对我来说不幸的是,你荒谬的观点会得到大多数人的认同,并且在以后一段非常长的时间内,都可能是这样。

但是,柏拉图,我想重新回到刚才的问题。由于民主在你这个新的、非典范的城邦里有巨大的改变,我只能推断:一定还有很多其他的问题也发生了改变。比如说,谁来统治它?

柏拉图：我仍将统治者称为护卫者,他们轮流执政并在离职时接受审查。

阿尔西达马斯：城邦怎么培养他们？是你曾经提到过的生产统治者的种马场吗？

柏拉图：不。现在每一个人都会得到同样的教育,将根据人们表现出的德性和统治能力选出统治者。

德摩斯梯尼：太令人惊讶了。现在我知道你为什么要用一种新的方式来谈民主了。顺便问一下,是不是男人和女人还是都可以成为统治者呢？当初,你首次提出这个观点的时候,引发了不少争议呢。

柏拉图：不。这次仅仅是男人能担任统治者。女人可以擢升到相当高的位置,但是统治必须严格由男人来进行。

阿尔西达马斯：哈！我刚开始觉得你有进步了……你会接着告诉我们你也保留了奴隶制吧。

柏拉图：当然。你不能期望严肃的思想家持有你的观点,阿尔西达马斯,不是吗？离开了奴隶,城邦将会分崩离析。就像你知道的那样,我并不同意亚里士多德所说的有一些人"依据自然"是奴隶,但是不管怎样有些人必须是奴隶。

阿尔西达马斯:荒唐!

德摩斯梯尼:证明一下。

阿尔西达马斯:我不能证明。或者至少找不到一种方式,可能说服你或者和你持有相同观点的人。但我依然是正确的。只是当事实**表明**我正确的时候,我已经不在了。

亚里士多德:这也能作为一个论证吗?

阿尔西达马斯:不,亲爱的亚里士多德,那是一个断言,它至少和你那个有些人依据自然是奴隶的断言具有同等的价值。

德摩斯梯尼:我好像记得**上次**我们碰面时也遇到了同样的僵局。让我们谈谈可能会达成共识的事情吧。柏拉图,在你的新城邦中,法律会处在什么位置?或者,那里会有法律**存在**吗?在你的《理想国》中最好笑的部分,就是在那里似乎**没有**任何法律。统治者仅是命令应该做什么,你将这命令的基础归之于知识以及德性。

柏拉图:谢谢你提出这个问题,德摩斯梯尼。如果我的新城邦是由真实的,从这个角度来说也是不完美的人构成,那它自然会有犯罪出现,也就需要法律来抑制犯罪。统治者中间偶尔也会发现有罪行产生,要用法律来确保问责,并在需要的时候进行惩罚。

阿尔西达马斯:很好,我稍稍满意了一些。

普拉克西特勒斯:我可不太确定。你计划让所有人都接受教育可是让教育发生了很大的改变。你确实是说"每个人",对吧,柏拉图,没有例外?

柏拉图:是这样的。

普拉克西特勒斯:将完全一致的教育给所有的女孩和男孩?

柏拉图:是的。

阿尔西达马斯:你的意思,当然,是公民阶层所有的男孩和女孩吧?

奴隶的孩子会排除在外的。这可能会接近一半的人口。

柏拉图：当然，这些事情还用说吗？

阿尔西达马斯：我觉得是要说一下的，但是（看看周围）我看没有人赞同我，所以我们还是继续吧。

普拉克西特勒斯：是的，让我们继续往下讨论吧。这个全民教育和你在《理想国》里提倡的教育会有所不同吗？在《理想国》中，你似乎除了保留一些伊索的道德寓言和让人热血沸腾的军队进行曲外，把其他所有的都舍弃了。我希望你已放弃这些荒谬的决定？

柏拉图：很抱歉让你失望了，普拉克西特勒斯，这实际上是我再次重申的事情，而且非常详尽。

普拉克西特勒斯：我确实亲耳听见你说这个了，是吧？

柏拉图：千真万确。我依然认为艺术是危险的，必须有不变的标准对其加以控制。

阿尔西达马斯：我希望这些不是你的形式（Forms）吧？除了在场的斯彪西普和色诺克拉底，还有少数被吸引到你圈子里的人之外，谁还会在这一点上相信你？

柏拉图：先别急着嘲笑，阿尔西达马斯。最近这些年来，我事实上已经有所**改变**了，这尤其要感谢在场的亚里士多德的批评。我已经不那么确定这些被我称之为形式的东西是时空之外的实在。现在我将更多的兴趣放在确认它们的普遍应用，而不是它们作为某种类型的超越实体的地位上面。正是这种普遍性使它们继续成为衡量所有事物的标准——也包括艺术。

普拉克西特勒斯：我想我必须说自己算是幸运的了，因为很多希腊的造型艺术，包括我自己的雕塑都能够在你的新城邦中幸存。但是这仅仅是偶然的，这绝不是因为你关于普遍标准的论证，无论这些标准最终是不是超越的形式。依我之见，你只是能或不能够识别美。但是当然，我不是哲学家。

色诺克拉底:十分正确。为什么你不坚持做雕像,而把哲学留给哲学家呢?

阿尔西达马斯:像你那样?饶了我们吧。

伊索克拉底:不要对他太苛责,阿尔西达马斯。色诺克拉底正在尽全力成为一个哲学家。我们都知道这一点。只是他有太多的工作拖累他。我相信如果芙丽妮能接近他的话,她在这方面可以给他带来一些喜人的改变。

(色诺克拉底瞪着他)

但是我很想回过头来和柏拉图讨论一会儿他正在写的新对话。柏拉图,如果我理解你的话,你似乎采用了一个与支撑《理想国》的正义理论完全不同的正义观。还是我说错了?

柏拉图:不,你说对了一部分。我放弃了那种认为正义是某种均衡的观点,转而认为正义是某种公平或平等。我想这是向苏格拉底过去提到过的正义概念的回归;正义体现在我们如何对待他人,而不是我们在灵魂中达到的均衡程度。

德摩斯梯尼:你是说苏格拉底在《理想国》中走了一条错误的道路。

柏拉图:我想是这样的。

德摩斯梯尼:不要跟你所有的崇拜者说这些,他们永远都不会原谅你的。

柏拉图:这是一个我必须承担的风险。但是我已经开始认为,我本不应该让苏格拉底在《理想国》中接受那些挑战,证明在任何情况下,人们行正义都"更有利"。(看着亚里士多德)我看到亚里士多德点头表示同意。

亚里士多德:在我看来是这样的。苏格拉底如果期望展示这一点,他只能将"更有利"曲解为"就个人灵魂的均衡状态而言更有利",而他的对话者显然认为"更有利"的意思是"**感到**更有利"。按照他们的理解，谁会相信一个终生被绑在刑架上的人会**感到**自己"更有利"呢？

色诺克拉底：苏格拉底明显并且正确地做到了这一点。

亚里士多德：不，既不明显也不正确，亲爱的色诺克拉底。这个观点远非明显正确，同时苏格拉底也远非明显持有这个观点。至少在我看来是这样。也许柏拉图希望对这个问题做出评论。我刚才被柏拉图非常小心的措辞吸引了，"我本不应该让苏格拉底"……苏格拉底也成为洞穴内的木偶之一了？而柏拉图就是那个操纵木偶的人？

柏拉图：你还真是与平时一样毫不掩饰呢，亚里士多德。我必须得承认你说的一些是正确的。我确实没有在任何时候听见有人劝苏格拉底提出这样的挑战。在对话中我仅仅试图想象如果被问到这些问题，他**可能**会如何回应。

德摩斯梯尼：你现在是说你有可能全部理解错了？

柏拉图：不，并不是所有的。但是可能有一些重要的部分错了。经过反思之后，我现在认为事情很可能是这样的，如果苏格拉底被问到这样的问题，他可能因为提问的角度而拒绝回答问题，并陈述拒绝回答的理由，接着引导他的对话者用另外一种他认为更有意义的方式来提问。

阿尔西达马斯：你是指在你写作的新对话中采取的方式吗？

柏拉图：不完全是。这就是在新对话中他并不是对话者的原因。相反，我安排了一个主要角色，我称之为"雅典的访客"，但实话实说，这个角色更接近我而不是苏格拉底。并不是说苏格拉底可能不会认同他的很多说法，而是他与苏格拉底在很多重大的议题上有分歧。

阿尔西达马斯：很有意思啊！比方说？

柏拉图：很难决定从哪里开始讲起。一些议题是非常复杂的，更不用说是富有争议的了，当我把一些草稿给学生看的时候，它已经在我和学生之间引起了麻烦。我们可以留到明晚见面的时候再聊吗？

普拉克西特勒斯：这正合我意。反正我现在必须要离开了。（其他人看着他，笑着。色诺克拉底看起来有点疑惑他们为什么这样。）

(普拉克西特勒斯离开了。)

德摩斯梯尼：明天的比赛有什么精彩之处吗？

阿尔西达马斯：哦，明天没有什么我知道的知名运动员比赛。

德摩斯梯尼：那意味着我们不会见到你了？

阿尔西达马斯：当然不是。明天围观的人群会比平常还要多，就像今天一样。我也会来，我们最著名的观众就会让我大饱眼福了。我只是很遗憾我们不能邀请她到这里来，在赛后加入我们的讨论。但是，这确实是普拉克西特勒斯唯一和她单独相处的机会，所以如果我们邀请她的话，他不会开心的。太遗憾了。他们说芙丽妮也是个非常好的谈话者。

伊索克拉底：是的，太遗憾了。但是我听说另外一个人将在明天晚些时候到达。但是，我不太确定你们之中有多少人有兴趣邀请他来加入我们。

亚里士多德：是谁？

伊索克拉底：第欧根尼。

色诺克拉底：什么！那个肮脏、猥琐、衣衫褴褛的家伙！你想和那个，那个人，交谈……

阿尔西达马斯：为什么不呢？

色诺克拉底：为什么不？你需要问为什么不？如果你……

柏拉图：色诺克拉底，请你冷静一下。我同意他不是我们心中的好伴侣，但是，话说回来，从他的行事言论来看，很明显**我们**也不是他心中的好伴侣。为什么我们不能只把他看成一个挑战，就像苏格拉底一定是把他的一些吵闹的、满口粗话的谈话者，比如说卡里克勒斯(Callicles)或者色拉叙马霍斯，当成挑战一样。

伊索克拉底：这么说非常合理。第欧根尼也恨智者，但是我想如果他想对我们说什么的话，我们也应该洗耳恭听。事实上，我非常愿意看到他暂时离开他的木桶。也许他会有所不同。

阿尔西达马斯：不要指望这个了。不管在不在他的木桶里，他都是唾沫横飞的。但是，让我们在奥林匹亚会会他。至少，这是个唾沫横飞的新地方。

德摩斯梯尼：那么，我们所有人都同意邀请他了——除了色诺克拉底？

（除了色诺克拉底所有人都同意）

德摩斯梯尼：我们是不是应该将他安排在最后一个晚上，后天晚上？

（大家都同意）

德摩斯梯尼：好的。我会在明天稍晚和他说，如果他那时候露面的话。

同时，最后喝一杯，明天还有比赛要看。

（所有人喝酒）

第二幕

和头一天晚上一样，同样的人在同一个地方。

德摩斯梯尼：我觉得今天的比赛差强人意。

阿尔西达马斯：最起码芙丽妮在那里起到点儿振奋的作用。虽然很遗憾，我没看到什么事情可以让柏拉图从他的悲痛中解脱出来。

柏拉图：是的，到现在已经有五年了，我依然难以相信狄翁已经离开了。我一直喜爱这个赛会，但是这次，我发现自己要通过泪水观看比赛。

德摩斯梯尼：你非常想念他，对吧？

柏拉图：是的。我以前也经历过生离死别，但是从来没有像现在这样。即便苏格拉底的离去也没有像现在这样让我悲痛欲绝。

伊索克拉底：鉴于你对**他**的爱，我想我们能够理解。

斯彪西普：鉴于你所写的关于爱的作品，我本人对你刚才说的话一点都不惊讶，柏拉图。并且，也许我们可以谈一谈这件事。我必须要告诉你，就像你知道的那样，我自己对狄翁的死也非常悲痛。

柏拉图：我明白。我的一部分伤痛来自于回忆，这种回忆一直伴随着我，即当他第一次告诉我们他计划回到西西里夺取王国时，我们对该给他什么建议产生了巨大分歧。你，斯彪西普，全力支持他。而**我极力反对**，警告这样的努力所面临的可怕危险。他处在流放之中，如果不能及早赢得人民的支持，那么他将随时面对死亡的威胁。到那时候，刺杀者的匕首会很快结束他的生命。

斯彪西普：这是事实，我确实鼓励了他。现在看来，我那时对他机会的判断过于乐观了。回忆起来，我发现我对他获得成功的渴望遮蔽了良好的判断力。

柏拉图：他是一个具有很多伟大德性的人，因为这一点所以我深深爱他。但是我从不认为他具有统治者所需的政治洞察力或技能，也不认为西西里的其他很多人会认为他拥有这些才能。他返回西西里拥有的也只能是众多敌人以及对获胜机会的幻想。

伊索克拉底：所以你没有把他视作"护卫者"之一，你的哲学家统治者。

柏拉图：不。他本来可以是我辅助者中的一员——士兵阶层中的一员，但他不是统治者。

伊索克拉底：这样是不是有可能因为，他没有接受过你设想的对统治者的训练？

柏拉图：这可能是部分原因。但是，事实是他确实拥有完全不同的潜能——士兵的天赋而不是统治的潜能。

阿尔西达马斯：你曾经和他谈过这个吗？

柏拉图：谈过。

德摩斯梯尼：他有什么反应呢？

柏拉图：不高兴。这是我们之间很少的分歧之一。

阿尔西达马斯：但这是一个很大的分歧。

柏拉图：是的。

伊索克拉底：那么你为什么认为他**以为**自己具有统治的潜能呢？

柏拉图：我只能告诉你我的猜想。他去西西里之前，我已经开始和他谈论我对正义城邦的一个**新**观点了。在这个正义的城邦里，统治者的遴选标准不是良好的出身或者受到过良好的专门教育，而是一种**可以被观察到的**天赋。当他们长至成年，并开始服务于城邦时，城邦的统治者就有机会发现那些有天赋的人了。他可能怀有这样的想法，他能够证明他**自己**的统治天赋最终也会被发现，而回到西西里为他提供了这个机会。

阿尔西达马斯：当他离开的时候，是否有**别的**原因让他可能希望离开学园？

柏拉图：这是个真正的问题吗？阿尔西达马斯，还是你试图委婉地说你有一个假设？

阿尔西达马斯：我想两者都有点。这本你正在写作的关于好城邦的新书——你开始写的时候，有没有和狄翁谈论什么细节？如果有的话，他是否喜欢那些观点呢？

柏拉图：我们讨论过书中的大部分内容。你为什么会问这个问题？

阿尔西达马斯：我只是好奇是否有什么事情是他**不**喜欢的，以至于做出决定是时候离开了。我知道你刚刚说过，在所有重大问题上，你只和他存在一点分歧，但是……

柏拉图：什么？

阿尔西达马斯：我听到传言，你书中还未公开的一些观点已经激怒了学园中的一些朋友和学生。我只是好奇是否其中可能包括狄翁。

柏拉图：再多说两句。我猜想我知道你要说什么，但是不管怎样还是说吧。

阿尔西达马斯:好吧,是关于爱的,这就将我们特别带回到狄翁的问题上。我们之中这些已经阅读过你以前关于这个主题的作品,特别是它们中最晚的作品《斐德罗》的人都深信:最高形式的爱是存在于两个男人的**灵魂**之间的爱,第二高的爱——也包括身体上的爱——是两个有德性的男人之间的爱,一个年长,一个年少。这第二高的爱同样也保证了来世有重要的奖赏。

这样理解你的立场对吗?

柏拉图:不错,这确实是对我过去立场的准确理解。

德摩斯梯尼:过去?

柏拉图:是的,德摩斯梯尼,**过去**。阿尔西达马斯是对的,我已经改变了。

普拉克西特勒斯:我不确定我是否听对了。你把它变成了什么?

柏拉图:变成了一个你能想象的几乎完全相反的立场。

普拉克西特勒斯:我很难想象。不过我愿意听一下。

柏拉图:嗯,相比较而言,我最近认为两个男子之间肉体上的爱是不自然的。

普拉克西特勒斯:你不会是认真的吧?

柏拉图:我是认真的。

普拉克西特勒斯:如果你是指这种行为只存在于一小部分男性之间,我倒可以认同你的说法。

斯彪西普:但是柏拉图的意思远非如此。

普拉克西特勒斯:你听起来有点失落。

斯彪西普:我觉得我是这样的。柏拉图的意思**确实**远远不止于此,他的新观点在朋友和学生中引起了极大的不安。但是,我最好还是让他来发表对这个问题的见解吧。

柏拉图:斯彪西普是对的。这些年我经常这样做,即在发表完成稿之前,先把我的想法试着讲给朋友和学生。当我在几个月前尝试着告诉他们这些特别的想法时,他们都觉得很懊恼。

德摩斯梯尼:因为这些想法,还是由它们推断出的结论?

柏拉图:兼而有之。

德摩斯梯尼:我很好奇,请再多说说吧。

柏拉图:好的,我认为我开始萌发出改变观点的想法是在几年之前,当时我正在写我的对话《斐德罗》。回头想来,我就是在那部作品中初次使用"反自然"这个词的。在那个语境中,讨论男同性恋关系时,我谈到特定的活动是反自然的。那个时候,我认为"反自然"这个词指的是"遵从本能冲动行动",而我们作为生灵,在自然中正确的做法应该是遵从**理性**行动;在**那个**意义上说,像动物一样遵从本能冲动行动是"不自然的"。但是随着时间的流逝,我对这个概念的理解有些不同了。

斯彪西普:而这就是给学园中的很多人带来困扰的事情。我们似乎在这里看到了在哲学上颠覆性的改变,还是一个令人忧心的改变。

德摩斯梯尼:我不是哲学家,你需要向我们仔细解释一下,柏拉图,因为看起来你已经非常成功地让你的很多崇拜者万分紧张了,比如说这里的斯彪西普。

柏拉图:德摩斯梯尼,我很乐意这样做。让我从近几年让我受到极大震撼的发现开始吧。我发现,人行为的基本范本并不是(像我原来所认为的那样)形式(Forms),而是我们生活其中的自然世界的运转。在过去我从没有真正花费时间来思考这个世界,但是写作《蒂迈欧》迫使我不得不更加仔细地,以前所未有的程度观察自然,这让我改变了很多。从那时起,我发现自己不仅仅在讨论性行为,而且在讨论整个行为的范型时都越来越少强调形式,越来越多强调自然。

德摩斯梯尼:自然是指一般意义上的自然,还是有特别的指向?

柏拉图:特别是指作为生产的自然。如果苏格拉底是对的(我想他是对的),一个好人是一个在道德上有能力的人,就像一个好的笛手是有能力把笛子演奏得很好的人,所有这些的合理范型就是作为整体的自然在何种程度上能够有效运作。这就将我们立即带回到整个生殖领域。自然怎么做才是好的,有效的呢?自然繁衍自身。偶尔会有一些失败的情况出现,但是大多数情况下它完成得非常好。我也同样注意到自然永远不会在它通往这一目标的道路上设置障碍;植物和动物就是遵从自然的进程,达到了生育下一代的目标。

德摩斯梯尼: 我能够明白这一点,但是这个为什么如此重要?

柏拉图: 好吧,一个生物有机体的未来看起来即便不是比它的现在更加重要的话,至少也是一样重要的。我所知道的每个生物有机体都有繁殖器官,并且那个器官是专用于繁殖同一物种的下一代的。现在,如果苏格拉底在这一点上是对的话(我想他是对的),即他曾经说过任何事物的功能就是去做只有它才能去完成,或者它能完成得最好的事,那么**我们**生殖器官的功能,比如说生殖系统或者其他活跃的部分,都要做唯有**它们**能做或做得最好的事情。在这件事情上设置障碍就是违反我们人类的至少一部分功能。

德摩斯梯尼: 让我看看我是否理解了你的意思。你在《斐德罗》中谈到遵从本能的冲动是不自然的,是动物的行为,但是现在你似乎主张在性关系上,我们恰恰**应该**像动物一样,不应该设置任何干扰自然进程的妨碍。

柏拉图: 我明白你的意思,德摩斯梯尼,我还需要更仔细地解释一下我的观点。自从写了《理想国》之后,我坚持认为本能的冲动在我们的生命里有着很重要的位置。只是它从来不应该被允许占据主导地位;好生活永远是本能冲动处在理性指导的更大框架之中。

德摩斯梯尼: 这听起来像是一个有价值的目标,只是有时候完成起来有点难度。但是我看不出这为什么会冒犯到你的那么多朋友,因为这看起来是说最自然的关系是男女之间的关系,而不是男人和男人之间的关系。所以，如果一对男女在一起，主动做了一些妨碍他们互补的性器官达成自然目标的事情，那么根据你的定义，**他们**所做的就是不自然的（让我们暂时假设你在这个问题上是正确的）。但不自然怎么可能指男人和男人在一起的性行为呢？因为这两个性器官完全是一类的，而不是互补的，所以并不存在妨碍目标的问题。因此他们的做法看起来不会受到你论证的攻击。

阿尔西达马斯：德摩斯梯尼，说得好。你为什么不从将我们从菲利普手中拯救出来这事儿上抽身出来，在学园待上一段时间呢？他们很显然需要你这样的人。

柏拉图：实际上，我们确实需要你这样的人。辩证法是我们都在为之努力的，最起码从理论上来讲是这样的。但是回到德摩斯梯尼提出的那个非常好的问题。我坦率地承认，我的论证的确不但包含了异性恋性行为，还包括同性恋性行为，它们都是我猛烈攻击的阻挠自然的企图。说到同性恋行为可能不会阻挠自然的这个观点，我必须要说这个反对错误理解了自然目标。我想，如果像下面这样提出假设的话，我的观点就更加明确了。如果基于某种原因，世界上所有的男人都决定变成同性恋者，那么将会出现什么样的后果？人类或许会在不到一百年内灭绝，并且显然永远不会再出现。作为自然的一个最重要物种，有意识地违背自然的清晰目标和自我生产的能力就会导致这个后果。

阿尔西达马斯：所以，你不认为同性恋倾向是自然的一种缺陷，就像生来就有五条腿的牛。

柏拉图：绝非如此。我所见到的绝大多数都是有意识的选择。我同意有一些情况是由于病态导致的（那类情况让我们的喜剧作家从中挖掘出不少笑料），但是这些病理状况并不是普遍情形。

阿尔西达马斯：我现在有点开始被你吓到了。如果同性行为绝大多数都是有意识的选择，并且你认为这种行为是违背自然的，那想来你对这行为可能的法律**后果**已经有强烈的想法了吧。

柏拉图：当然。

阿尔西达马斯：我不太清楚我是否愿意知道答案。但是不论如何告诉我们吧，这样我们可以在回应你之前就知道最糟糕的部分了。

柏拉图：亲爱的阿尔西达马斯，我非常珍视你的友谊。我知道我们俩的哲学之间分歧非常尖锐，所以，我不指望能够在这个观点上说服你，就像在很多其他问题上一样。但是不管怎样，还是要谢谢你给我这样一个机会来表达我的观点。

除去偶尔的病理情况会让自然走入歧途——有些时候会是这样——这就需要特别的帮助，大多数参与同性性行为的人都是出于有意识的选择。我可以肯定在这种行为里，他们非常清楚，自己在以很明显违背性器官显著目的的方式使用这些器官。在这一点上，他们是有意识地做出违背自然的行为。在任何一个好城邦里，就像我正在写的那一个，他们将会受到严厉的惩罚。

德摩斯梯尼：有多严厉？

柏拉图：他们会有机会终止他们的所作所为。但是如果他们坚持，就会被剥夺公民权。

德摩斯梯尼：你的意思是，他们作为城邦一分子的权利？你是认真的？你知道这对希腊人来说和死亡一样悲惨。有些人会认为甚至比死亡更糟。

柏拉图：我知道，这也说明我对这个问题的态度是多么坚定。

斯彪西普：我们，你的这些朋友和学生，在听到你讲这些的时候是多么的惊恐啊！你现在已经变得可怕了，我们不知道该转向何方。

阿尔西达马斯：斯彪西普觉得很惊恐，因为他是你这个圈子里的一员，亲爱的柏拉图。但我不是，所以我可以告诉你，我只是很感兴趣。让我给你一些来自优秀的、充满怀疑精神的智者共同体中的一员的反馈吧。

在开始讨论你的主要观点之前，让我先说一些个人性的次要观点吧。

首先,我假定这意味着你一定对那些年你和狄翁一起度过的时光后悔了,因为那段时间是有意识地浪费在不自然的行为上了。假如你们两个实际上**生活**在你所构筑的这个新城邦中,有这样的行为的话,你们每个人都会面临丧失所有公民权的危险。所以我的问题是,你是否曾经设法和狄翁**讨论**过这些想法,如果讨论过的话,他是什么反应?我这样问是因为在今晚早先的讨论中有人提到过这个话题,即是否可能有**其他**原因,让他最终离开学园前往西西里——比如说,也许是这个?

柏拉图:(停顿许久)我从来没有想过公开讨论这个话题。但是我们都是朋友。那我就说说吧。是的,当那些年我开始构想我的新观点时,他确实在学园。我确实和他讨论过这些观点。

阿尔西达马斯:他当时是什么反应呢?

柏拉图:他很惊恐,并且如实地告诉了我。

普拉克西特勒斯:那有什么后果吗?

柏拉图:确实有,亲爱的普拉克西特勒斯。鉴于我的新观点,我告诉他我们之间的关系需要转向完全精神的层面,或者终止关系。

普拉克西特勒斯:然后他拒绝了?

柏拉图:是的。我们的关系从来就是我在《斐德罗》里形容的那些高贵但不完美的情人。这些情人们从来没有将关系变成纯粹精神上的结合,但是在来世还是能得到一个美好的奖赏。

阿尔西达马斯:我总觉得这是一个非常方便的学说。

柏拉图:当我撰写《斐德罗》时,并不相信这一点,但是我现在能知道为什么有人会这样想。现在想来我真是欺骗了自己和每一个相信我的人。男人之间的爱压根儿就没有什么高贵可言。它就是不自然的,如果他们拒不悔改依然坚持这种关系,就应该受到最严厉的惩罚。

阿尔西达马斯:我想大家现在是时候都应该慢饮一杯酒了。各位,举杯?

（大家饮酒,忧虑地看着柏拉图）

阿尔西达马斯:我亲爱的柏拉图,我相信如果我们之间的一些人对你的新观点反应激烈,你一定不会感到惊讶。如果你允许的话,我愿意从人的角度表达一个最坦率的观点。如果你说的都是正确的,在这里的斯彪西普以及你一半的也许是更多的朋友和学生,在你的新城邦里都极有可能被定罪并丧失他们的公民权。我说得没错吧?

斯彪西普:你正在重复我和其他人那时候所说的话。

柏拉图:这是事实,并且给我带来了巨大的痛苦,除了这些我还能说什么呢?

伊索克拉底:我想我们必须听听亚里士多德对这个问题的看法。亲爱的亚里士多德,你沉默了这么久很反常啊。既然你是这样肯定有些人是"自然"奴隶,那你对自然和不自然一定有一套强有力的观点。

亚里士多德:的确,但是我们讨论的这个问题虽然乍看起来很相似,但实际上是不同的。我赞同柏拉图认为,不论是由于自然的缺陷还是仅仅由于习惯,同性恋行为从自然上说是病态的。但我不会称之为"不自然"。如果小牛生来就有五条腿,这仅仅是一个小的生物学异常,仅仅强调了有四条腿才是正常的。同样的道理也适用于少年时期的同性恋行为,很大程度上是因为有许多其他人在这个年纪都在做同样的事情。所以在我看来将这些事中的任何一件称为"不自然"都有点太过分了。

柏拉图:但是你肯定会同意,有意识地选择违背自然的行为是不自然的行为吧?你一直同意苏格拉底的观点,即一个事情的功能是做只有它才能去做,或者它做得最好的事,难道不是这样吗?

亚里士多德:是这样的,但这和这件事情又有什么关系呢?

柏拉图:当然非常有关系了。性器官的专有功能就是在物种繁衍方面起作用。所以,用妨碍其职能的方式使用它们就是不自然的。

亚里士多德:我们可以在这里停一下吗?让我们根据你在《理想

国》中的记述,重新回顾一下苏格拉底的理论。他说,**修枝刀**发挥它独有或最好的作用就是去修剪,所以修剪是它的功能。如果它将这个作用完成得很好,那么它就是一把特别好的(或者用苏格拉底的话来讲就是有德性的)修剪枝刀。但是如果在某些紧急情况下,比如说突然刮来一阵大风使房门无法关闭,我们把修枝刀推到地板和房门的空隙中不让房门被风吹开。这个当然不是它的功能,但是它确实很好地解决了问题。我想你不会说对修枝刀的这种使用是"破坏自然"吧?

柏拉图:不,我很难这样说。

亚里士多德:那么为什么在满足生殖用途以外使用阴茎就是破坏自然呢?如果苏格拉底的观点是正确的,而且我也认同他的观点,那么你可以称之为破坏自然的唯一情况就是,积极干预来阻止**可能**导致繁衍的活动。这个情况也总是发生在**异性性行为**之中。两个**男人**为了快乐而使用他们的性器官就像使用修枝刀挡门一样;确实,这不是生殖器的"自然"功能,但同样也不是"**不自然**"。

德摩斯梯尼:所以你不会将它看作在道德上可憎的,并且应该受到惩罚?

亚里士多德:完全不会,这就是柏拉图和我之间的分歧。

德摩斯梯尼:但是你会同意他那个关于如果**异性恋者**用某种方式积极阻止自然进程,就应该予以惩罚的观点吗?

亚里士多德:我也不太确定我会那样做,或者下意识肯定不会那么做。尽管我确实认为这种特定的情况是不自然的行为。

德摩斯梯尼:不自然是因为动物们从来不这样做?

亚里士多德:不是的,不自然是因为这样的行为违反异性性行为的自然目的,不管是人的还是动物的。但是,即便说到这里,我也看不出为什么一个不自然的行为必须受到惩罚,尤其是柏拉图心目中那个毁灭性的惩罚。它显然应该是依据具体情形而定的。

阿尔西达马斯:越来越有趣了。我以为你、柏拉图和苏格拉底都同意某些行为在本质上是不道德的,在任何情况下都不应该被宽恕。这不就是其中之一吗?

亚里士多德:不是,或者至少对于我来说不是这样的。柏拉图很明显和我有不同看法。这是我们在是否需要惩罚这种行为上有分歧的原因。柏拉图不会考虑情况的不同。

阿尔西达马斯:让我们说得更明白一点。你认为这种行为**并非**本质上不道德的,即便在本质上它**确实是**不自然的,判定它是否**道德**则是要依具体情况而定?

亚里士多德:我是这个意思。

伊索克拉底:比如说,是什么样的情况?

亚里士多德:比如说当两个人是**通奸式的**性行为,同时又蓄意阻止生殖。在这个事例中,一个道德中性的情况就变成不义了,因为有作为潜在受伤害的第三方被牵扯进来,并且在这件事情上无能为力。这时候**法律**就应该发挥作用——毫无疑问还有受害的那一方。

阿尔西达马斯:我认为你已经非常清晰地阐明了你和老师之间的一致与分歧。不过,怎么说呢,这些论断全都是在相信自然中有**目标**的哲学家们之间令人苦恼的自说自话。更重要的是,虽然哲学家们对这一体系的各种细节和你刚刚谈到的这类问题持有各自不同的意见,但是他们都认为自己可以**确定**这些目标。不幸的是,如果目标根本就**不存在**,那你们所有的论证就都站不住脚了。

亚里士多德:阿尔西达马斯,你说得很对!这就是为什么我们和你们智者之间存在那么多争执。我们不能允许你们在这个问题上取胜。如果我们输了的话,那一切就都毁了。如果你认为苏格拉底整个都搞错了,那你必须向我们表明他错在哪儿。

阿尔西达马斯:不完全是这样。如果有人提出了一个无法证明而且完全荒诞的观点,那么并不该由他的批评者去证明这个论点是错的;而是这个人有义务来证明自己的观点是正确的。比如说,如果有人宣称月亮是一大块在天空中的蜜糖蛋糕,我没有义务去和他辩论。我还不如帮助他找到回家的路呢。

色诺克拉底:(惊愕状)你就是**这样**看待苏格拉底的伟大论证的?

阿尔西达马斯:不要这样大惊小怪的嘛,色诺克拉底。我所做的正是苏格拉底一直说的——跟随论证。包括**他的**论证。用他谈到的修枝刀的例子,或者在这个问题上他不断谈论的**所有**技艺来说吧。他很容易选择**技艺**来与德性行为做类比。**它们当然**有目的或目标——因为我们**赋予**它们目标!我们将修枝刀**造成**了这个样子,以便让它成为修剪枝蔓最好的工具。但是说自然(不管那意味着什么)也是用同样的方式运作,则是假设了需要证明的东西。

色诺克拉底:但这肯定是个合理的假设。难道我们不是很明显地用手取物、用腿走路、用眼看东西吗?谁能否认这个呢?

阿尔西达马斯:有很多人呢。当然,他们都不在柏拉图学园。

色诺克拉底:但是,除了原子论者提出的混沌的宇宙,还有什么其他可能性呢?我希望你不是支持他们的吧?

阿尔西达马斯:让我们暂时忘了原子论者吧。我感兴趣的是苏格拉底提出了什么。让我们以你提到的眼睛为例。我知道自己是因为有眼睛才能看见。这看起来是很清楚的。苏格拉底的下一步论证却让我困惑。我真的是为了观看才拥有眼睛吗,就像我做了把修枝刀是为了修剪枝蔓那样?如果这两个过程真的是可类比的,我想我们应该需要有一位伟大的造眼者来做这份工作吧。

柏拉图:你的逻辑可谓毫无瑕疵。这恰恰是我自己得出的结论,只需要读一下我的《蒂迈欧》。

阿尔西达马斯:我已经读了,字斟句酌。但是完全没有被说服。而且我想即使亚里士多德也赞同我。

亚里士多德:这倒是真的。我同样也不同意柏拉图的伟大"工匠"。

阿尔西达马斯:但是你确实相信,如果说眼睛的目标是"看"的话,那**某物**必须是伟大的制眼者。它们肯定不能给**自己**那个目标。

亚里士多德:你问了一个好问题,阿尔西达马斯。我不得不论证说,被视为整体的自然自身,为其构成部分提供了目标。

阿尔西达马斯:所以,如果我听明白了的话,你是说并不是神从外面起作用,而是自然从内部起作用。也就是说,自然为比如说植物、动物还有眼睛这样的器官等万物设立了目标。

亚里士多德:是的,可以这样总结。

阿尔西达马斯:好吧,我不知道在座的其他人怎么想,但现在我想知道是谁提出了月亮是蜜糖蛋糕的论证。**我**的看法是,那些有着能够发挥功能的眼睛的生物就可以观看。柏拉图和亚里士多德宣称我们有眼睛是为了观看,但是他们承认需要一个神来**支持**这个观点,不管这个神是外在还是内在于世界。这两个立场之中的第一个——即我自己的观点——事实上**是**自明的;另外一个(不论是哪一种形式)则需要很多论证来支持,这又取决于要让像我这样的怀疑论者信服,我们能对怎样的**证据**算数达成共识。

一言以蔽之,**我**所说的是一个**真正的**蜜糖蛋糕,任何人都可以拿起来并对其进行检验,然后说"当然,这是个蜜糖蛋糕"。而柏拉图和亚里士多德是宣称**月亮**是蜜糖蛋糕。所以我没有义务去论证**我的**观点,色诺克拉底,而柏拉图和亚里士多德有义务来证实他们的观点。

亚里士多德:别那么快下结论,阿尔西达马斯。你有句名言,说我们生来都是自由的,没有一个人是奴隶,你说过这是神所规定的。神?在你刚刚说过那些话之后?我们现在是不是应该认为这是个玩笑啊?

阿尔西达马斯:不,不是玩笑。这只是确保用别人能够听懂的话来与他们交流的一个很好例子而已。我们公共演说家擅长于此。如果我们和一群信徒说话,我就会是一个信徒。我所感兴趣的是沟通时传达的**信息**。我想你能理解吧?

柏拉图:像智者一样说话。当被指责违反了誓言时,希波吕图斯(Hippolytus)怎么说来着?

"是我的舌头而不是我的心发的誓!"你承认没有神圣的约束。只有人才是你的标准。

阿尔西达马斯:是这样的。普罗塔哥拉有句很优美的话,"人是万物的尺度"。怎么,你有不同意见?(停顿了一下)是的,我肯定你有。

柏拉图:是的,我有不同意见。**神是万物的尺度**!

阿尔西达马斯:柏拉图,即便对你来说,这也是个非常坚定的声明。你正在撰写的书里也谈到这个吗?

柏拉图:我谈了——很多。

阿尔西达马斯:有意思,我现在觉得你对**同性恋**的新观点是如此具有革命性了。你的意思是说,你的新城邦也是神权政体?

斯彪西普:是的。我必须要说,在**这个**问题上,柏拉图的很多观点也让他的很多朋友感到困扰。

普拉克西特勒斯:没有点酒精壮胆儿,我真不确定我能否承受更多让人惶恐的谈话了。各位,喝酒?

(除了色诺克拉底之外,所有人喝酒)

那现在,斯彪西普,给我们讲讲吧。

斯彪西普:我可以讲,但是我确信柏拉图可以自己讲讲。大家做好准备被吓到哦。这比他在同性恋问题上的新观点还要让人震惊。

阿尔西达马斯:噢,我最爱这些哲学家们争斗了。亲爱的柏拉图,开始说吧,我都等不及了。我相信这将会是另一场搏击比赛。

柏拉图:阿尔西达马斯,你的比喻很恰当。我保证你不会失望的。如果上一场搏击让人流血的话,我相信这一场可能会流得更多。但是,现在我仔细想了一下,虽然这个搏击的比喻很吸引人,但我觉得称它为搏击有一个问题。

德摩斯梯尼:什么问题?

柏拉图:在一场搏击赛中,有一方会获胜;在我们的争论中,**每一方**到最后都倾向于认为自己取得了胜利。但是,让我继续吧。斯彪西普和其他人毫无疑问会纠正我,但是我真的不认为他们的问题是我建立了一个神权国家。引起他们苦恼的是我打算对无神论做的论述。

斯彪西普:好吧,那就从你对无神论的**定义**开始吧?为什么我们不从这里说起呢?

柏拉图:我非常乐意。我对无神论的定义是不相信神,以及/或者信神但认为他们并不关心我们,以及/或者认为他们关心我们,但是可以用祭品或临终的忏悔收买。

伊索克拉底:我想我从未听过一个如此宽泛的定义。当然你可以坚持这个观点,但是考虑到你对同性恋的新观点,我害怕可能会有一些古怪的后果。

柏拉图:作为一个智者,你当然会感觉它们是——古怪的;但是作为一个哲学家,我认为它们是更加严肃的。

伊索克拉底:毫无疑问。但是在你告诉我们它们是什么之前,我们不能做出任何回应,所以请继续吧。

柏拉图:好的,我提出的观点是这样的:鉴于若干论证具有不言自明的力量可以证明神的存在,而这些证明将会成为基础教育的一部分,所以在我的新城邦里否认神的存在是一种罪行。

伊索克拉底:证明?

柏拉图:是的,伊索克拉底,证据。如果你愿意的话,我很高兴给你讲几个。

伊索克拉底:不用了,否则我们会整晚呆在这儿,并且不会在任何事情上达成共识。我们还是先接受你认为有证明存在这个观点,开始讨论那些激怒斯彪西普和其他人的部分吧。如果斯彪西普同意的话,就让我们这样做吧。

斯彪西普:我同意,我们继续吧。

柏拉图：好吧，虽然我认为在这一点上由斯彪西普来接着质疑也许会更好一点，因为我的观点似乎最严重地伤害了他和他的朋友。我想问题的核心是我所提出来的对无神论的惩罚方式。

斯彪西普：是这样的。按照我对你的理解，你会提议新城邦判处无神论者（任何持有你三种无神论观点之一的人）五年监禁，如果他们放弃无神论，就被释放；如果拒不放弃，则被判处死刑。

柏拉图：正确，或者说部分正确。

斯彪西普：我遗漏了什么吗？

柏拉图：是的，一些重要的部分。并不是所有人都会被处死。

德摩斯梯尼：噢，你的意思是，他们还有机会为自己辩解，或是上诉到一些更高的法庭。

柏拉图：不，德摩斯梯尼，审判他们的法庭**就是**最高法庭；没有申诉，判决是最终的。

德摩斯梯尼：现在我不明白了。就我的理解而言，定罪的理由是以下两点：坚持无神论并且冥顽不化地拒绝放弃。

柏拉图：没错。

德摩斯梯尼：那么，为什么你会给出特例？

柏拉图：我想是出于非常好的理由。我区分了两种顽固的无神论者：第一种人在其他方面都完美无缺，而另外一种人是过不道德生活的无神论者。

阿尔西达马斯：有意思。所以有可能一个无神论者同时是一个好人。

柏拉图：是的，如果你记得我说过"**除此之外**很好"。无神论就其自身来说永远都是坏的，并且如果拒不悔改的话最终会被判处死刑。

德摩斯梯尼：但是如果两种类型的无神论者不管如何都会被处决，为什么你会做出区分。

柏拉图：非常好的问题，他们不是都要被处决。那些"好的"顽固的无神论者(也就是**除此之外**很好的顽固的无神论者)确实将会被马上处决。另外一种人则会让他们活着。

伊索克拉底:我想我知道这个论证后面要怎么进行了。

阿尔西达马斯:我也是,当我们需要安提戈涅时,她在哪里?但是请继续吧,柏拉图;虽然我也非常确定我已经知道你要说什么了。

柏拉图:好吧,我说下去也无妨,哪怕就是为了让德摩斯梯尼明白。那些不但秉持无神论,还过一种不道德生活的顽固的无神论者,将会被关在准备好的最黑暗的牢房里,并且在那里过完余生。死后,他的尸体将会被丢弃在城墙之外让野狗啃食;任何企图去掩埋他的人都将以死亡为代价。

阿尔西达马斯:克里昂(Cleon)复活了!所以你是要像克里昂一样,在人死后也追究他应承担的罪刑?

柏拉图:这是太过简单的类比,但是我反对这一类比。我的新城邦将会是可能实现的最好城邦;克里昂是败坏的。蔑视**我**城邦的法律就是蔑视神自身的法律。追究邪恶的无神论者仅仅是实现神的意愿。

德摩斯梯尼:你的意思是它的法律实际上与安提戈涅诉求的那些伟大的未成文法是一致的?

柏拉图:正是如此。当我将我的城邦称之为神权政体时,我指的正是这几个字非常确切的含义。

阿尔西达马斯:我想现在是时候再来一杯了。你是对的,柏拉图;这确实比你对同性恋的新观点更加糟糕。

(除了色诺克拉底,所有人喝酒)

我可以像刚才那样,首先对你想说的这个观点的个人暗示给出一些评论吗?首先,你对无神论者的定义太宽泛了,它将包含这里一半以上的人。举个例子,我们之中,谁没有曾经为了希望得到一些好处而献祭呢?或者想当然地认为某些神至少喜欢一些贿赂?这是我们文明的一部分。我们全都因此成了无神论者了吗?

还有，苏格拉底呢？如果我理解正确，亲爱的柏拉图，你的老师苏格拉底也可能成为你新城邦里要处决的一个人选！我知道在你的对话《斐多》中，你让他看起来更像个信徒，但是在你对他审判的记述里，他更像是个不可知论者。而不可知论者，如果我没说错的话，就是被处决的首要对象。

柏拉图： 顽固的不可知论者，是的。

阿尔西达马斯： 但是如果不顽固的话，他又怎么会是苏格拉底呢？如果他真的相信不可知论才是正确的立场，又为什么会放弃它呢？

柏拉图： （沉默良久）我不认为，假如苏格拉底出现在我的新城邦，他会不接受我对神存在的有力论证，并且身体力行。

阿尔西达马斯： 真的吗？我想我们又回到月亮是蜜糖蛋糕的主题了。

柏拉图： 我不明白这和我说的有什么关系。

阿尔西达马斯： 真实的苏格拉底死在大概12届奥林匹克运动会之前。并且根据你自己的记载，当他在审判中公开谈及他的宗教信仰时，是一个不可知论者。这是有记录的，并且可供查询，就像一个蜜糖蛋糕。这是一个蜜糖蛋糕吗？是的，它看起来、闻起来、尝起来都像蜜糖蛋糕，这很明显是个蜜糖蛋糕。请尝尝。

而你假设的苏格拉底，就是**月亮**之为蜜糖蛋糕。除了假设，事实上没有这样一个人。就像你构建的这个城邦也是不存在的，并且很可能永远也不会存在。在这个"可能会有的城邦"的框架之下，要求我们相信一个"可能会有的苏格拉底"会看到你那些证明神存在的不言自明的证据，并且身体力行。但是苏格拉底如果不怀疑这个论证，那他就不是苏格拉底了。为什么他会发现可以接受的论证——如果这些论证在我看来是令人厌倦的旧观点的话——并且事实上被全体有思想的人反对？

柏拉图： 你是说所有的智者？

阿尔西达马斯：我想比那些要多一点。比如说，我们身边的所有这些完全认同德谟克利特理论的年轻人。如果所有存在只是一个虚空以及在里面运动的质料颗粒，我想无神论是自然而然的结论。这也是他们很多人得出来的结论。

斯彪西普：在我看来是这样的，柏拉图。在我们关于无神论的对话中，很明显是将这些现代年轻人作为目标，特别是那些坚持唯物主义的人。

柏拉图：你说得很对，斯彪西普。我确实已经把唯物主义，不仅仅是德谟克利特学派所提出的唯物主义，作为最大的敌人了。因为不管老德谟克利特自己怎么想，它很明显没有给有神论留下任何空间。也许这是上年纪最可怕的事情之一，认为自己已经活得足够长，以至于可以有一些为之去死的信念，他会被年轻人嘲笑。

阿尔西达马斯：所以，你解决这个问题的办法就是把他们都杀掉？连带其他一些有可能破坏神权政体稳定性的人。

柏拉图：你讲得太血腥了，阿尔西达马斯。但是我对那些证明神存在的有力论证有着极大的自信，并且这信心远远超越了我对无信仰的态度和生活方式的愤怒（我确实感到怒火中烧），后者似乎已经俘获了雅典年轻的唯物主义者。就我而言，我的证明非常令人信服，否认它们的正当性就会自动证明是某种形式的恶，应该被处决，而不管在这个问题上我对那些冒犯者有多少**个人**的愤怒。我就是这样认为的。

阿尔西达马斯：我们显然必须要非常小心地审视你说的话。尽管我恐怕我们可能要审视另外一个把月亮当作蜜糖蛋糕的例子了。我们明天晚上再谈论它好不好。这一定是场相当激烈的讨论，尤其是第欧根尼可能也会在场。

伊索克拉底：我同意。说到蜜糖蛋糕，我开始感觉有点饿了，有点渴了，还有点累了。我们需要为明天，也就是比赛的最后一天好好休息。各位，最后一口酒？

（大家都喝了。）

德摩斯梯尼：在我们走之前，我可不可以作为非哲学家问最后一个问题？有哪位讨论者在今天晚上的讨论中被对手的论证说服，在任何程度上改变了自己的**想法**——哪怕是在最细微的程度上？

色诺克拉底：为什么你要这样问，德摩斯梯尼？

德摩斯梯尼：哦，我在想苏格拉底的名言，不顾一切地"跟随论证"。你知道，参与这种对话不是为了个人的输赢，而是为了确保更好的论证会获胜。或诸如此类的事情。

今晚没有人发现别人在任何事上有比自己更好的论证吗？

（一片寂静）

完全没有人？完全没有任何观点？

（还是一片寂静）

真有意思。晚安各位，我们明天再见。

第三幕

相同的地点，和头一天晚上相同的参与者。除了色诺克拉底所有人都在大笑，喝酒。

阿尔西达马斯：行了，色诺克拉底，这就是个玩笑。她还没有抢走你珍贵的德性。她仅仅是给你抛了一个媚眼并在你的脸颊上轻轻地捏了一下。你怎么回事呀？

色诺克拉底：怎么回事？我觉得被玷污了，就是这么回事。在上百人面前被这么一个令人恶心的女人抛媚眼和动手动脚！

阿尔西达马斯：恶心？你肯定是疯了。我们其余的人全都嫉妒死了。你有什么我们没有的啊？

柏拉图：伟大的德性，亲爱的阿尔西达马斯。我猜就是这个让她觉得很有吸引力。她喜欢追逐着那些有德性的人，显然这更有挑战性。放松点吧，色诺克拉底，你的德性依旧很完整，并且很多人都得到了极大的娱乐。

色诺克拉底：你怎么能这样说呢？你，我的老师。她让人恶心。

普拉克西特勒斯：色诺克拉底，请注意你在说谁恶心。芙丽妮是我的女人，我知道她的脾气。这样的反应保准让她更加不顾一切地去得到你。

色诺克拉底：你怎么敢这样和我说话？这是我最后一次自愿来到她可能出现的场合了。

阿尔西达马斯：好吧，如果你认为芙丽妮恶心，我简直等不及让你见见我们的下一位客人了。

色诺克拉底：（怀疑地）是谁？

德摩斯梯尼：你的意思是，你已经忘记了？第欧根尼已经在比赛中露面了，我们已经邀请他在今晚加入我们！事实上，我想他刚刚已经到了。

（第欧根尼进来了，肮脏，裹着破布。一些人捂住了鼻子，看起来好像在他们的身上寻找跳蚤。）

伊索克拉底：欢迎啊，第欧根尼，绝对自由的人。老狗第欧根尼，谁会料到你会到这里来？

第欧根尼：为什么不呢？狗是转来转去的。你知道的，我会偶尔离开雅典，我碰巧在埃利斯（Elis），所以我来到赛会。在过去的几年，我来过这里几次。我是出于好奇来的。

伊索克拉底：哦？真的？你有什么可好奇的？

第欧根尼：有机会在同一个地方看到那么多奴隶，但他们还不知道自己是奴隶。身为一个原来是奴隶的人，这让我觉得非常有意思。

德摩斯梯尼：这是一个对比赛的新定义。那些奴隶是谁？

第欧根尼：当然是所有那些汗流浃背的运动员们。他们被奴役着，去赢得愚蠢的力量和耐力比赛。但是,还有那些去观看他们的人。

德摩斯梯尼:比如说我们?

第欧根尼:当然。

德摩斯梯尼:但是不包括你?

第欧根尼:当然不包括我。我只是来观察愚蠢。你们这些人太认真了!

伊索克拉底:那么,到现在为止你有什么印象呢?

第欧根尼:好吧,当然,我仅仅有机会观看最后一天的比赛。但是,这已经足够了。我发现这些运动员还是那么可笑。并且他们像雅典人一样散发出臭味招人讨厌,和你们这些人一样。

普拉克西特勒斯:我很惊讶你在周围嗅来嗅去的时候,可以特别区分出我们不同的气味。要做到这一点,我们必须得与你的气味很不同才行。

第欧根尼:是这样的,你们身上有一种虚伪、傲慢和过度教育的臭气。有一种自诩为知识分子的臭气,有一种……

柏拉图:喝杯酒吧,第欧根尼。一个人尝试去做细致的区分非常好……(周围发出了不满意的嘟囔声)

(除了色诺克拉底,所有人喝酒)

第欧根尼:这就好多了,我喜欢免费的酒。所以,你们这些知识分子在这儿说什么呢?我希望不是比赛吧?所有那些大块头对着那些没脑子的人炫耀他们浑身肌肉的身体。还有像芙丽妮这样昂贵的妓女来玷污这个地方。上次我看见她的时候,是在德尔菲举行的皮西安运动会(Pythian Games)上。那时候,她厚着脸皮向阿波罗敬献了一个阿弗洛狄忒的雕像。

阿尔西达马斯:第欧根尼,你真是必须得认识一下色诺克拉底。在认为芙丽妮玷污了这个地方上,你们两个还真是一样咧。

色诺克拉底:这是我们唯一的共同点。(愁眉苦脸,看起来像是从

他自己身上拣走跳蚤）

阿尔西达马斯：无论是在你的木桶之内还是木桶之外，你永远都不会失望的。回答一下你的问题，是的，我们确实喜欢看汗流浃背的身体，特别是如果有一场好比赛的时候。并且我们会为之冒着被称作没脑子的风险。另外，你是怎么认识芙丽妮的？她时常会去你的木桶拜访你？

第欧根尼：事实上，她是的。你知道她喜欢聪明人，我在她眼里很显然是一个聪明人。她要价的规矩取决于她是否喜欢这个客人。所以，如果一个有钱人在她看来是一个乡巴佬或者笨蛋，她就会漫天要价。但是一个像我这样少见的人，她收取得很少。当然，当我说"收取"的时候指的是**礼物**。只有街头妓女才会要现金。

普拉克西特勒斯：我可以问一下，她想向你收取了什么东西？

第欧根尼：什么都没收，我什么也**没有**。你说"想"向我收取是什么意思？

普拉克西特勒斯：好吧，让我改正一下用词。她曾经向你收取过什么？

第欧根尼：这样好多了。答案是一样的：什么也没有。怎么？你嫉妒了吗，普拉克西特勒斯？我知道她是你的女人。

普拉克西特勒斯：嫉妒？你在说什么呢？我一直认为嫉妒是卑劣丑陋的恶。

阿尔西达马斯：你是在木桶里做吗？

第欧根尼：你疯了吧？不，她带我去了一个非常优雅的地方。不要问我是哪里。之后她会把我带回木桶。我们做完之后，她给我灌了太多的酒，以至于我自己**找不到**回来的路。

色诺克拉底：虚伪。你刚刚还在说，她在德尔菲的时候，污染了那个地方。

第欧根尼：你在说什么呢？从什么时候开始，我不能同时容纳两种完全相反的想法了？我是一个自然的男人。自然的男人抓住一切能抓住的机会。一个绝顶美丽、聪明的女人向我免费投怀送抱。难道我应该说不吗？她确实污染了德尔菲，但是我的木桶不是德尔菲。

但是让我们回到刚刚正在讨论的话题吧。你们这群知识分子喜欢看这群笨蛋运动员？

阿尔西达马斯：确实如此。但是在每天比赛结束后，我们同样喜欢进行自己的小型智识竞赛。这正是我们现在做的，也是为什么邀请像你这样的人参与进来的原因。原来，阿里斯托芬总是殷勤地来参加，他的讥讽确保每一个人都实事求是，特别是像苏格拉底和欧里庇德斯这类哲学家。但是他已经和所有老喜剧诗人一起，很久之前就离我们而去了。所以你将必须代替他扮演这个角色。如果你不介意的话，就这样吧。

第欧根尼：所以我就是你们安排的搞笑角色？

阿尔西达马斯：既然我们很明显都是你取乐的对象，为什么不呢？

事实是，鉴于今天晚上准备讨论的话题，我们需要一个真正知道如何戳破坏论证的人。阿里斯托芬本来能做得很好，但是他不在这里。所以，我们希望你来弥补这个不足。

第欧根尼：我受宠若惊。阿里斯托芬是少数我敬佩的人之一。

阿尔西达马斯：太好了，就这么定了。我一整天都在想（好吧，当我能把眼睛从芙丽妮身上移走的时候，我都在想）柏拉图说的话，即他可以非常有力地证明神的存在，所以任何否认其合理性并且顽固地坚持自己看法的人，就会自动被证明是一种邪恶的行为，并且要被处决。

第欧根尼：又是来自伟大人物的无意义的傻话。什么时候才能结束啊？柏拉图，你真的已经说太多了。为什么你不少讲点话，说一些更有说服力的观点呢？

色诺克拉底：我们一定要听这个男人说话吗？他是……

阿尔西达马斯：无耻的？恶心的？

柏拉图：亲爱的色诺克拉底，耐心点。人可以从最意想不到的地方学到东西，这是令人惊喜的。如果阿里斯托芬通过嘲笑别人娱乐了一半雅典人，我想我们也可以忍受第欧根尼。不管怎样，至少忍受一会儿。我想，这就是他愿意称之为的"言论自由"。

第欧根尼：谢谢你，柏拉图。你怎么突然对我这样宽容了。

柏拉图：事实上我真的不知道。也许是因为离开雅典有一阵子了。或者可能是因为在前两个晚上我受到的攻击。也许，我希望一个新的声音可能对我们的讨论有好处——即便是你的声音。

第欧根尼：我感到受宠若惊。但是不要指望我了。你知道我认为你们这些人是多么愚蠢。德摩斯梯尼也是这样。而且，我发现比起你们这些知识分子，他是更大的威胁。我原以为民众领袖都没有了，但是他们回来了，他就是最大的一个。他可能会在死之前毁掉我们所有人。

阿尔西达马斯：哪些"所有人"？你是说雅典人？

第欧根尼：雅典人，是的，还有余下的希腊人。他没有意识到马其顿的时代已经到来了。他的咆哮只会激怒来自北方的新强敌。

德摩斯梯尼：我很高兴看到你确实注意到了我的咆哮。有时我在想我仅仅是对牛弹琴，但是你打消了我的疑虑。

第欧根尼：你可以嘲笑我，但你**是**一个危险人物。

伊索克拉底：这也包括我吗，第欧根尼？这么多年来，我一直在讲团结希腊去抵御马其顿的强权。这什么都不算吗？

第欧根尼：恐怕远不如你想象的那样。那些值得联合的事物早已经联合起来了。

阿尔西达马斯：那是什么？

第欧根尼：当然是人性。作为人，我们都是同一个世界的公民。你知道我对此的观点。顺便问一下，你是谁？我不记得见过你，但是你挺能说的。

阿尔西达马斯：我叫阿尔西达马斯。

第欧根尼：(停顿)演说家阿尔西达马斯？

阿尔西达马斯：是的，但是看起来在你长长的憎恨名单中也有演说家。为什么我们不接着讨论刚才的话题呢？你刚刚说我们都是这个世界的公民。或其他诸如此类的话。

第欧根尼：(沉默良久)阿尔西达马斯，不就是那个曾经说过那，那些话是什么来着，那些精彩的话……

阿尔西达马斯："起初神让所有人自由。自然没有让任何人成为奴隶……"你是在想这些话吗？如果你问**我**是否说过这些话，是的，我说过。

第欧根尼：(再次停顿)今天是我一生中最快乐的日子之一。作为一个曾经是奴隶的人，我非常荣幸地见到了阿尔西达马斯。阿尔西达马斯，我应该怎么感谢你说出这些话呢？

亚里士多德：你到底为什么要感谢他，第欧根尼。他的观点是说不通的，一些人**自然**就是奴隶，我们都知道这一点。

第欧根尼：我想那个群体里也包括我吧，亚里士多德。

亚里士多德：当然不。你是被**贩卖**为奴的；被奴役，如果愿意的话，并不**自然**就是奴隶。

第欧根尼：多么好的区分啊。就像你的吕克昂学园里充斥的那么多区分一样。所以，你可以不顾一切，继续愉快地保有你的奴隶——至少是那些"自然"奴隶，即便其他人可能会偶尔扰乱一下你那平静的内心。同时，一个**智者**——是的，那些**智者**中的一个——首先站出来，面对在整个体系之中有一些东西已经腐烂了的可能性，并且将其公之于众。你们这些人还号称比智者**更优秀**。如果狗嗥叫的有点多，还请多多谅解。

(嗥叫了一会，停下，喝酒，微笑，接着就安静了下来)

柏拉图：就像我说过的那样，我们希望你会在今晚的讨论中增加一个新的声音。你会吗？

第欧根尼：如果这是阿尔西达马斯的愿望，我会的。

（看着阿尔西达马斯）

阿尔西达马斯：我想不出更好的伙伴了。

第欧根尼：（停了一会儿之后）你们在讨论什么？

斯彪西普：无神论者，还有杀了他们。

第欧根尼：无神论者。现在还是有很多疯子。

色诺克拉底：所以你赞同我们的观点？

第欧根尼：我说疯子，色诺克拉底，但不是罪犯。神当然是存在的。只有疯子才会否认这一点。但是不要让我去**证明**他们存在。

柏拉图：但是我希望看在阿尔西达马斯的份上，你可以屈尊花一点时间来听一下我**尝试**提出的证明吗？

第欧根尼：（看着阿尔西达马斯，阿尔西达马斯微笑并且点头）继续吧。

柏拉图：好的，让我从一些我不太相信，但是很多人很信服的证明讲起吧。首先，不管去哪里，人们总是相信某种神。不管身处在地球多遥远的角落，探险家是否曾经找到一个地方，那里的城邦不相信某种神吗？

第欧根尼：假定你是对的。这个又能证明什么呢？

柏拉图：好的，我承认这不是证明，但是它肯定起到一些说服作用吧。

第欧根尼：从什么时候开始，大多数人的意见开始对其是否是真理有说服作用了？你自己坚定地认为世界是一个球体。大多数人同样坚定地相信它是平的。根据这个逻辑，你应该主张大多数人的意见，即地球是平的。但是你当然不会。这也是非常正确的！所以，我们为什么不进行你的下一个论证呢？

阿尔西达马斯：请说下一个吧，柏拉图。这个论证说出来都显得太傻了，我们还是看看第二个论证吧。

柏拉图：只有智者才会说这论证没有价值，即便它是没什么说服力的。但是我希望智者会发现二个论证更强大。

普拉克西特勒斯：那是？

柏拉图：这个世界是这样神奇地井然有序。季节、恒星和行星的运行……

阿尔西达马斯：停一下，柏拉图，那个词"有序"。

柏拉图：这个词对你来说有什么问题吗？

阿尔西达马斯：很大的问题，你在假设要证明的东西。

柏拉图：并非如此。我只是从日常观察之中得出这些推断。

阿尔西达马斯：不，你不是。你观察到的是恒星和行星按照一个你可以推测的轨道运行。但是对运行做出"有序"这样的进一步描述前，你已经假定存在一个管理者了。但这是没有根据的。以大漩涡的运动为例，比如那种在河流转弯处的漩涡，扔一些树枝进去，人可以无需谈论漩涡的管理者，就可以预测树枝在漩涡中转一圈的时间；只需要知道那个漩涡形成的物理环境、树枝的大小和重量等等。这与庞大宇宙的旋转是同一个道理。你只需要知道物体的速度、大小和重量的基本信息，就能预测出恒星和星星的运转。

柏拉图：（停顿）好吧，就像刚才说的那样，我知道不是每个人都能接受这两个论证。既然你已经表明不会被这些论证说服，我也就不浪费时间试图去捍卫它们了。我自己会捍卫的只是第三个论证，因为它有百分之百的说服力。

阿尔西达马斯：我已经迫不及待了。

柏拉图：把它从细节上完完整整地说清楚需要很长时间，所以，我只是简单地概括一下。宇宙中有很多运动着的物体，它们使彼此运动，也因彼此而运动。但是没有一个物体可以做到让**自己**运动。所以，一些自我推动的非物理对象对于解释我们看到的物理运动来说就是必要的。这些自我推动的物体我们称之为灵魂，在所有的灵魂中最高等级或者最好的那个就是神。

第欧根尼：(停顿了一会)就是这个？

柏拉图：第欧根尼，你还想要更多吗？对我来说这听起来是个完美的论证。

第欧根尼：这是完美的,完美的谬论。事实上,这比前两个要糟糕得多。因为这个更加做作。

柏拉图：你经常说我做作,所以这次的指责我也没有什么好吃惊的。但是这跟这个论据的质量有什么关系？

第欧根尼：太有关系了。在这个谈话中所有涉及的灵魂、非物质性、作为这样灵魂的神或诸神,如果最后都被证明是无意义的,那么你的论证就没有根据。它就**是**废话。即便真有非物质性的灵魂存在,它又如何能推动一个物体？唯一可以推动物体的是其他有形的物体。如果真的有非物质的东西,也没有任何物质的部分来与另外的物体接触。并且如果它们不能接触,它又如何影响那个物体？

所以你的论证是行不通的。

柏拉图：但是如果你相信神,你说过你相信的,你应该相信这样的道理。

第欧根尼：我不相信这些东西。我并不是说**没有**能证明神存在的方法。我只是认为你刚才提出的三种方式都是失败的。如果有更好的论证,我会等着。我发现亚里士多德已经心痒难耐地要说话了。

亚里士多德：是的,我能看出第欧根尼批评的力道,但是我对柏拉图会给出一个更好的论证持更加乐观的态度。但是如果要给出这个更好的论证,将要对灵魂进行重新定义,很可能要抛弃神是灵魂的说法。

德摩斯梯尼：听起来你好像已经开始这方面的思考了。

亚里士多德：是的,我想过。并且这要感谢柏拉图这些最新的想法。他关于需要解释运动的论证对我启发很大,但是这不是安置一个或者多个非物质性的灵魂就可以完成的。第欧根尼是正确的。我们需要给灵魂一个新的定义。

阿尔西达马斯：你已经想到了吗？给我们讲一讲。

亚里士多德：还没有，但是我正在为此努力。

阿尔西达马斯：哦，告诉我们你现在的思考就行。我们在场的可都是朋友。

亚里士多德：好吧，冒着听起来完全荒诞的风险，我有了一个想法，那就是灵魂并不是一个实体（或者事物，如果你愿意的话），而是使得实体**成为**它所是的实体的东西。但是，它不是一个额外的实体。

德摩斯梯尼：哦，这些哲学家们。你的意思是说，你不能把我的身体和我的灵魂加起来，得到两个？

亚里士多德：完全正确，亲爱的德摩斯梯尼。只有一个实体，让我们叫他德摩斯梯尼这个人。你拥有构成你身体的一堆物理质料，还有"德摩斯梯尼的形式"（它也可以是别的名称）将这堆质料聚合在一起，形成德摩斯梯尼而不是别的什么人。我倾向于称这个为灵魂。我可以从逻辑上区别出这两者，但是作为一个实体的两个**方面**，而不是两个实体。但是，现在不要问我更多的问题。这只是一个想法，我还需要想清楚它的细节。

阿尔西达马斯：有意思。但是我们现在开始偏离讨论的核心了，那就是柏拉图为什么要处死那些不愿意接受他第三个伟大论证——它需要一个能够推动自身的不动的推动者——的人。

亚里士多德：好吧，对我来说，那本身就是一个很好的想法，只是柏拉图假定那个不动的推物者是灵魂就有点过了。如果它是一个既非物理对象也非灵魂的实体呢？

阿尔西达马斯：有意思，一个天才般的新想法。我希望我能理解它。

亚里士多德：嗯，我还在研究这个问题。所以现在也先不要问我关于这个的细节。但是我提出它是因为我们都为柏拉图的说法感到恐慌,即认为神(或者诸神)存在的证明是如此有说服力,而否定它就是严重的恶,以至于要被判死刑。我个人倾向于认为,一个真正可信的论证**可以**沿着柏拉图提出的线索得出,但是需要加上一个对灵魂和神(假设神不是灵魂的话)更有说服力的概念。另一方面,我并不认为我想杀掉在那个问题上不认同我的人。

柏拉图:我总是很感激你尖锐的批评,亲爱的亚里士多德。但是你想要完善我的论证的善意努力只会毁了它。灵魂**确实是**实体,仅仅称它为实体的一个**方面**是不理性的。

阿尔西达马斯:我们又来了。我喜欢这样在学园之内的小争论。

伊索克拉底:争论?这在我听起来像是死结。我建议还是把它留给他们来讨论吧。

第欧根尼:终究我的出现并没有帮到你,柏拉图?

柏拉图:我怎么会存有这个期待呢?现在是时候离开了。我想这是我最后一次参加赛会了。这次讨论不知怎么让我感觉自己老了,**我之前从未有过这种感觉。**

阿尔西达马斯:我们都老了,柏拉图。希腊也老了。

柏拉图:一个有趣的概念,阿尔西达马斯,请解释一下吧。

阿尔西达马斯:好吧,我保证德摩斯梯尼和伊索克拉底愿意谈谈这个问题,但是我们明天就要离开这些比赛,去面对一个不确定的未来。去年,就像亚里士多德知晓的那样,他自己的城市斯塔吉拉(Stagira)被摧毁了。谁知道在菲利普的名单上,哪些城市是他下一个目标。在两届或者三届奥运会之后,希腊还是我们认识的那个希腊吗?

伊索克拉底:如果希腊不加快速度采取联盟,我认为这个几率不会很高。

德摩斯梯尼:我同意,但是我还是指望雅典来使希腊度过难关。我们拥有士兵和资源,只要我们鼓舞大家的斗志。

阿尔西达马斯:这前提太不可能了。我认为甚至在伯罗奔尼撒战争结束前,雅典就已经衰落了。最多在三届奥运会之后,我们将会是马其顿的殖民地。

第欧根尼:对我来说还不错。我们仅仅是被马其顿的傻瓜统治而不是被现在的这些傻瓜统治。我向他们乞讨和我向别人乞讨没什么不同。

德摩斯梯尼:那你怎么看雅典?你怎么能想象如此文明的地方屈服于野蛮人的统治呢?

第欧根尼:为什么不能?谁曾经说过文明一定会胜出?或者,就这件事情而言,雅典有那么文明吗?试试跟少数"非自然的奴隶"谈谈这个吧——比如说曾经从弥罗斯掠夺来的女人和孩子们。如果你想用你的豪言壮语继续激怒我们未来的主人,我不能阻止你。我所能说的是——当他们最终到来并像风暴般席卷城门的时候——不要指望他们会有仁慈之心。

(德摩斯梯尼停顿了一下)

德摩斯梯尼:现在是时候回去了。还有工作需要完成。

(大家举杯,喝下最后一杯酒,拥抱,安静地离开)

尾　声

公元前 320 年奥运会的精灵入场

欢迎来到希腊博物馆。你说"那是什么"?从什么时候希腊成了博物馆?自从马其顿不久前占领了它。当然,我们依然拥有使希腊著名的一切——纪念碑、神庙、艺术、诗歌、戏剧、雕塑、哲学。我们的征服者并不是文化的毁灭者。我想我们所失去的是灵魂。希腊在未来会如何走下去是由**非希腊人**来决定的。**我们完了。**

感觉很奇怪。人们从现在开始会用**我们**看待埃及之类地方的方式来看待我们——一个曾经荣耀的伟大文明。它的纪念碑、文学、思想都作为一些博物馆的展品而保持完整，但是也仅仅是这些了。在很多方面我们的占领者都值得致以巨大的钦佩，在他们开始想方设法制造出自己的艺术品和思想（如果他们确实这样做了的话）之前，他们无疑花了很多时间来复制我们。

阿尔西达马斯是对的，仅仅用了差不多三届奥运会的时间，我们作为希腊就消失了。由于我们所有的德性，我们曾经拥有的很多德性，让我们从来没有认识到听取伊索克拉底意见的重要性，分裂毁掉了我们。而德摩斯梯尼也从来没有听取过第欧根尼的意见。菲利普和亚历山大被他无休止的挑衅激怒了，在他们最终抓到他之前，他在仓乱中自杀了。

当然，博物馆式的城邦还在继续。我们将继续制造出一些哲学家，毫无疑问，还有一些艺术品，人们也将会到这里来**学习**我们的文化和成就。但是那些改变世界的决定将会由别的地方做出。马其顿也不会永远存在，总有一天也会轮到它被取代。被谁取代？谁知道呢？但是，一个几年前和摩罗西亚的亚历山大（Alexander of Molossia）签订和平条约的意大利新兴城市听起来可能会承接下去。她的名字是什么？我想是罗马——或者罗玛或者诸如此类的名字。

我们戏剧的参与者后来又怎样了呢？柏拉图仅仅在一年后就去世了，留下了他即将完成的伟大著作《礼法》。但是令人悲痛的是，他最后几年所形成的一些新的但是令人恐惧的想法让他疏远了很多曾经很亲密的人。他坚定的信仰是第一位的，不管后果如何。我想这也是伴随着本质主义哲学的众多危险之一。

阿尔西达马斯也是在一年内去世的。紧接着柏拉图，他无疑是一个非常微小的人物。但是他确实有一个值得纪念的思想。这个思想在某一天可能会改变世界。如果这事儿发生了，我会不遗余力地想要知道。

但是除了第欧根尼，同时代的人没有哪个认同他这个思想。他的智者同伴伊索克拉底和亚里士多德，非常乐意去劝说亚历山大，将他不断征服的东方人变成奴隶。

说到亚里士多德,作为一个哲学家,他一直从事着伟大的研究。他两年前去世,就在亚历山大死后不久。他死的时候基本上处于被放逐的状态。他曾是亚历山大年轻时的私人教师,并且被看成是马其顿的坚定支持者。所以当亚历山大死后,他因不敬神而被起诉,便匆忙离开了雅典,到达卡尔基斯(Chalcis)后不久就离世了。

以"老狗"闻名于世的第欧根尼后来怎么样了呢?他也刚刚过世,不过是在过完了很长的一生之后。你也许能够想象得到,他到了生命的最后阶段都是非常蛮横和喜怒无常。但是当他到了90岁的时候,他切实感到了老年所受的疼痛和痛苦,决定结束他的一生。所以他就——憋住了呼吸。我猜想憋得足够长,直到一根血管破裂了。或者这只是一个故事,信不信由你。

斯彪西普接替柏拉图,担任了八年学园的领袖,之后由色诺克拉底接任。啊哈,色诺克拉底!他全神贯注于他的灵魂,以及灵魂之外的,导致灵魂(他怎么形容来着)"纷扰"的大千世界。但是他同样也有一件神奇的故事广为人知。当成为学园领袖之后,一些学生跟他开了一个让他终生难忘的恶作剧。其中一个学生非常有钱,可以偶尔请得起芙丽妮。在一个下午,他们偷偷把她送到老师非常简朴的住处。当色诺克拉底晚上回来,正准备休息的时候,芙丽妮突然从被子下跳了出来,一丝不挂,只带着一条项链,微笑着把他压向自己精致的胸口,并且大声呼喊——谁知道她喊了什么?不管她说了什么,我们的英雄,为我们所熟知和喜爱的色诺克拉底大声尖叫,双手将他依然完整的德性紧握于胸前,惊恐地逃走了。芙丽妮的失败多么精彩,她给我们留下一个多么精彩的故事啊。感谢你,芙丽妮。

哦,最后一件事。鉴于著名雕塑尼多斯的阿弗洛狄忒的复制品还幸存于世,我们事实上对芙丽妮的相貌有清楚的了解。

(尼多斯的阿弗洛狄忒的大照片)

再见,芙丽妮。假如没有你,不知道希腊会变成什么样子呢?

附　录
未择之路：对女性和动物本性的古典理解

附录 未择之路:对女性和动物本性的古典理解

本文想考察古典希腊思想中对女性和动物之本性/自然(nature)的探究。

我们先从女性的问题开始。毫无疑问,在古希腊她们生活在男人的世界中。同样确凿无疑的是,她们在大多数方面也都被视为无法与男人比拟。当然也有例外——狄俄提玛,阿斯帕西亚,或者英雄主义文学中的安提戈涅(Antigone)。在这方面,希腊当然和其他社会并无差别,但与其他社会不同的是,希腊培养了很多哲学家,他们对这个问题进行了思考,并且让人有些不安,因为这种思考似乎给了古老偏见以看似理性的支持,这些理性的支持在之后经历了漫长却并不光彩的历史,一直流传至今。在本文中,我会集中讨论柏拉图和亚里士多德这两位哲学家。

我们先从柏拉图开始。对很多只读过柏拉图《理想国》的人来说,柏拉图被认为是女性平等地位的拥护者。但这种印象谬之千里。他的确令人震惊地断言,如果正义城邦能够不只作为范型并且还能实现的话,在极为特殊的情况下,很少一部分拥有良好出身背景和特殊教育的女性,和一小群拥有同样出身背景和教育的男性一样,都有资格统治正义的城邦。除此之外,柏拉图对正义城邦中的其他女性(也就是其他大约98%的女性)的态度和他的同时代人并无二致。在469d7一处生动的表达中,苏格拉底称那些等到战争结束跑去战场抢夺死人财物的人为"**女人气的**,小人"。此处的说法假定女人都倾向于懦弱(希腊语中"勇敢"一词是 andreios,意为"有男性气概的"),柏拉图在《礼法》中再次提到了这一点,在944d他说,对于在战场上弃甲而逃的战士最合适的惩罚就是尽快将其变成女人。在同一部对话中(781a-b),他说"一半的人——女人——因其弱点通常被认为是偷偷摸摸的和狡猾的";"女人——如果不受控制——不会是如你所想的只是一半的问题;她实际上会是两倍甚至是更多的问题,与她自然秉性低于男人的程度相对应。"

但是就眼下的讨论而言更为重要的是,柏拉图在《蒂迈欧》中尝试对这些观点进行理性的**辩护**。该辩护的第一部分是他在早期对话中就已经提出的观点,即我们所有人,男人和女人,与**动物**王国的区别就在于我们自身之中拥有神圣的要素——理智。辩护的第二部分是主张这一理智的最高**形式**是**男性**。

第一个主张是大家熟知的,我不打算做进一步的说明。第二个主张则不那么出名。在一处重要段落(41e),我们读到工匠神(Demiurge)在塑造宇宙之后塑造人类灵魂时,向他们指出宇宙的本性和命运的法则。"它们将被第一次赋予身体,所有的灵魂都是一样的,谁也不会在他手中受到偏待;他们被播种到时间的工具之中,每一个灵魂都进入适合它的容器,生成所有生物中最惧怕神的东西。人的本性是双重的,较好的(或"更强的"? to kreitton)以后就被称为男人。"在42b,蒂迈欧补充说:"他(即'任何男人')在命运规定的时间里生活得好的,要回到相应的守护星上去,过幸福合宜的生活;要是没有做到这一点,就得在第二次投生时变为女人。如果其罪恶仍未改变,则根据堕落的品格不断投生为与品格有着相应本性的动物。"

到目前为止,这个图景既熟悉又陌生。熟悉的是他对灵魂轮回理论的阐述,在柏拉图其他对话中也能找到类似的说法,从柏拉图对这一理论的频繁提及以及它在柏拉图万物秩序中的作用来看,可以认为柏拉图始终秉持这一理论。而让我们感到陌生和吃惊的是如下几个主张:(1)人类灵魂的第一代无一例外都被造成了男性;(2)女性的灵魂只在第二代中出现;(3)女性身体作为灵魂的载体是对那些在第一次轮回中表现不够好的男性灵魂的惩罚;(4)对女性不良生活的惩罚是转世为野兽,这种野兽的特征与罪行的本性相类似。同样至关重要的是,在蒂迈欧眼中,在轮回中不断下降的灵魂最初是男人的灵魂(参见 pauomenos[停止]分词的性,42c1)。我后面还会讨论这些主张以及在我看来它们的意涵是什么。现在让我们考察一下蒂迈欧对这一主题的另一套说辞。

在90e以下,蒂迈欧回到性别差异的问题上来,这里的论述在很多方面与前面一致,但是在一些地方不同,这些不同之处可能非常重要。我们先来听听他是怎么说的:

> 对于那些生为男人者,所有胆小鬼和在不义中生活的男人,根据我们那个很有可能的论述,来生都会转变为女人。理由是这样的,诸神在造人时设计了性交的欲望,在我们(也就是男人)身上安放了一种有生命本能的东西,在女人身上安放了另一种。

在对男女生殖器的本性和目的进行了详细描述之后,蒂迈欧接下来描述了动物王国,以及其中不同等级的动物如何充当承担人类因罪行而受惩罚后的灵魂载体。

> 鸟只长羽毛而不长毛发,它们是由那些不害人但却智力低下的男人(andres)转变而成。这些人研究天体,却天真地认为最确实的证据是眼见为实。地上走兽则来自那些与哲学无关,也无视天空的人……他们只为胸中的灵魂(即灵魂意气的部分)所支配。

他总结说(92b),最低的一类是生活在水中的,"它们来自最蠢最笨的人。诸神在重新设计它们的形式时,认为它们不值得呼吸纯净的空气,因为它们的灵魂被各种罪行污染……作为对最极端的愚蠢(amathia eschate)的惩罚,它们要生活在最末端、最底层。"他总结说,我认为这非常重要,"这便是在过去与现在,一种生命形式变为另一种生命形式的原则:因着它们的理智(nous)或愚昧(anoia)的得失而变换位置。"

为了讨论之需,如果我们首先按照字面意义来理解这一论述,那蒂迈欧就是在告诉我们,工匠神创造的第一代人在**灵魂**上是男性,但是并没有配以男性生殖器官。那些生活良好的再生为男人,这一次出现了性别分化,他们的伴侣就是受到惩罚的先前男性,这回再生为**女性**。蒂迈欧还关键性地澄清了性别差异和不同类型的惩罚。之前那个更为纲要性的段落或许会让读者认为这个堕落过程是严格线性的,从男人到女人再到动物(大概往回的路径也是一致的),而 91—92 更为细致的图景似乎提出了(据我所知)柏拉图式思考中独特的岔路(bifurcation)。如果按照我对这段话的理解,蒂迈欧就是在告诉我们,女人的身体是对前世过了"懦弱和不义"(90e7)生活的男人灵魂的合宜惩罚。这条路到此就停下了。另外一条截然不同的路通向了动物王国的最底层,是为那些拥有不同形式的**愚蠢**男人准备的!根据《理想国》中精心构建的灵魂三分理论,蒂迈欧说那些在理智方面愚蠢的人会再生为鸟;那些在意气(*thumos*)方面愚蠢的人会再生为走兽;那些在欲望灵魂(*epithymetikon*)方面愚蠢的人将再生为鱼和贝类。

就像米卡多(Mikado)*总是让罪罚一致那样,蒂迈欧看起来为拥有如不义和软弱等道德缺陷的男性在女人那里找到了合宜的惩罚载体,正如他在不同种类的动物那里为不同程度**愚蠢**的男人找到了合宜的惩罚载体一样。鉴于 91d7 处提到鸟是由智力低下的男人(*andres*)转化而来的,我至少会如此论证;这里使用的是 *aner*[男人],而非 *anthropos*[人],在我看来这对论证而言至关重要。

有人到这里可能会说,蒂迈欧的论述只是告诉了我们最初会发生什么;没有理由认为这是在描述自那以后的轮回过程。但是如我们所见,蒂迈欧就是做了这样一个普遍性的概括;他说得很明确,这些原则在"过去与现在"(92c1)起着作用。鉴于此,我想我们可以用接下来的内容完成我们的岔路理论了。虽然一开始似乎出现了明显的岔路,但是这两条岔路无疑从下一代又汇合了,尽管汇合的基础听起来匪夷所思。根据蒂迈欧的看法,男人的灵魂因为之前的道德不端,要承受将灵

---

* 米卡多是漫画书 *The Question* 中的连环谋杀者,他在准备谋杀前总会低声说:我的目标就是让罪罚一致,总有一天我会实现的。——译者注

魂置入女人身体的惩罚,只有在他显示出某种**愚蠢**时才会在轮回过程中进一步降级;继续的**道德**不端只会将他限制在他所能到达的最低层级,即女人。或者换个更具挑衅性的说法,在道德生活方面,成为女人已经是最坏的惩罚了。

在这里人们可以很自然地反对说《蒂迈欧》"只不过是个神话",不应该被严肃对待。但是这种阅读《蒂迈欧》的态度是错误的(个中缘由此处不能详述),远为重要的是,要概览柏拉图对这一问题的总体**看法**的话,他在《礼法》又**回到**了这个主题,而且任何人都不会认为在那里所讨论的语境是神话式的。如我们所见,在《礼法》中雅典陌生人讨论了对于卸甲而逃的战士合宜的惩罚。他说最为合适的惩罚,就是将这样的男人变成女人,如果可能的话(944d)!

因为很少人知道这段话,并且这段话的意涵在我看来影响深远(并且令人沮丧),故而我对它进行了比较详细的讨论。更为大家熟知的是亚里士多德的观点,我简要总结一下。和柏拉图一样,亚里士多德相信男性"基于自然优于"女性,并且[最好是]"男人统治而女人被统治"(《政治学》1254b13-14)。但有趣的是,他将这样的统治关系的本质称为"政治性的",也就是两个自由人之间的关系,并且这两个自由人应该被当作平等的人对待,就像公民期望在担任官职时**统治**,而卸任后**被统治**,但是在每种情况中,都要将别人作为**平等**之人对待,同时自己也**被**当作**平等**之人对待(1259a39-1259b7)。

就思虑而言,亚里士多德认为女人像男人一样拥有这个能力,但是在女人这里它"并无权威"(1260a13);在另外的地方(《动物志》IX.1)他重复了对女人性格的很多通常观点,包括她们的虚与委蛇——柏拉图也提到过这些。

在我看来,有趣的是亚里士多德的讨论方式,他一方面重复了很多对女性的惯常偏见,但是同时又说了一些新的、听起来非常积极的观点,即虽然理论上存在着统治—被统治的关系,但婚姻中应该是平等的关系。但是我想我们得继续深究才能理解在**哲学家**看来什么使得女人与男人相像以及不相像(先撇开他们潜在的歧视不谈)。简言之,这就是他们都主张的功能主义(functionalism)理论,或者在更宽泛的意义上说就是目的论,这最初是由苏格拉底在《理想国》卷一结尾处详细阐述的,亚里士多德在《尼各马可伦理学》中也继承了这一理论。

苏格拉底假定自然世界中的所有事物(包括我们自己)都**有**某种功能,就像人工制品那样,他告诉我们某个事物的功能就是"唯有它能做或做得最好"的事。所以修枝刀的功能(ergon,"工作")就是修剪果树,这是**它**做得**最好**的事情;眼睛的功能就是看,这是**唯有它们能做的**,如此等等。对于人来说,我们的功能就是在生物中**唯有我们能做的**,也就是发挥理智,并为所做的或谋划的行动担负道德责任。

"德性"就是任何事物发挥其功能的卓越状态。所以锋利的修枝刀就有"德性";钝刀则不具备德性。战马让它的骑手在战场进退自如就有"德性";做不到的就不具备德性,如此等等。换一种说法,事物的"德性"就是做唯其能做或最擅长做的事情的效能。换言之,对于希腊人来说,"德性"根本上说是表示"效能"的语汇。对我们来说这听起来很奇怪,因为我们认为自己已经学会区分"德性"和"效能"这两个概念。我们会认为将有德性的人视作擅长做某事的人匪夷所思的;德性难道是某种**技艺**吗?

答案虽然看起来很荒谬,但是对柏拉图来说是这样的!这就是柏拉图(和苏格拉底)在始终将人的德性与诸如农艺、航海、纺织等其他技艺的卓越类比时所持的看法。有德性之人是特别擅长实现唯独他能实现的目标的人,这些总结起来就是在最重要的人类环境——城邦——中实践最大限度的理性和责任。

到目前为止这理论只适用于人,并没有性别差异。但是这个理论也可以继续应用。一旦有人问"什么是唯独女人能做和最擅长的事?"那他就会立即循着这个问题回答说"生儿育女",于是"女人的位置就是家庭"这一咒语突然之间就摇身一变成为了符合著名**哲学**学说的格言!根据这个学说,"有德性的"女人就是**当好**家庭主妇的人,于是雅典人突然发现自己——用哲学家的论证——证成了在那么多年中否认女性的公民权,并将女人几乎排除在城邦生活之外。

功能主义的学说持续了很长时间,这很大程度上是因为希腊的目的论思想家,如柏拉图和亚里士多德,直到相对晚近的时代都一直影响巨大。但是他们的一些同时代人则持有不同的看法,特别是原子论者德谟克利特、留基波和伊壁鸠鲁,他们认为自然**不是**像柏拉图和亚里士多德认为的那样是固定生物形式的聚集,因此对他们来说,询问**关乎**那些假定的确定形式"为了什么"的问题是没有意义的,而柏拉图和亚里士多德会自信地认为这些问题是有意义的,并且是能够解答的。

过去一个半世纪兴起的进化论目睹了这种目的论思想的巨大衰落,进化论让我们看到了很多可喜的进展,最后在女性权利领域也有了进步。但是在所谓的动物权利方面,柏拉图和亚里士多德式的思考仍然留下了清晰的印记,而且很少有人挑战。我说的是他们认为人区别于所有动物的原因在于人拥有理智,而动物则只有本能。现在人们花了很大力气来展示比如黑猩猩能被教会完成一系列任务或辨识特定的符号,这被认为是黑猩猩具备理智的例子,而不**仅仅**受本能支配。就其本身来说,这是确定无疑的,但这是我们应该坚持的方向吗?为什么理智以这一方式享有特殊地位?我们难道不是简单地**接受**了灵魂的金字塔观点,认为理性优越于情感,同时接受了生物界的金字塔观点吗?这两种观点都是柏拉图和亚里士多德最先提出的。虽然我们现在仁慈地允许少数其他理性生物和我们共处于金字塔的顶端,但我们这么做难道不是继续接受支撑这两个理论的目的论吗?

在我看来,更安全也是更不自吹自擂(它毕竟是优越的俱乐部——**我们的**俱乐部,我们允许黑猩猩而非肝吸虫进入)的做法是在无害原则之下,采用所有生命形式普遍平等的学说。这一学说需要平等地考虑不同生物群体,而不是假定的某一特殊生命形式的理性程度;要愿意直接处理不同群体之间的**冲突**,这种必然会出现的冲突通常是由于一个群体压倒另一群体所带来的苦难。这是一条没有被早期理论家选择的道路,但是我想这将会是未来之路。